우연이란 무엇인가
偶然性の問題

쿠키슈우조우 저 · 김성룡 역

이회문화사

이 책은 1999년도 호서대학교 교내 학술연구비의 지원을 받아 번역·출판되었다.

서 언

　나는 쇼와(昭和) 4년(1929년) 오오타니(大谷)대학 가을 공개 강연회에서 우연성이란 문제로 나의 견해를 서술했다. 쇼와 5년(1930년) 쿄오토오(京都)제국대학의 강의에서도 같은 제목을 선택했다. 그 때문에 나는 이 문제에는 상당히 전부터 관심을 가지고 있었지만, 이 점에 생각을 집중하는 것을 사정이 허락지 않았다. 그러나 이 문제는 실존의 중핵(中核)에 접하고 있는 문제여서 언젠가 어떻게든 궁극적인 형태를 취하지 않으면 나를 쉬게 하지 않을 것이다. 우선 이 정도의 형태로 공표해 놓으려고 생각한다.

　또한 나는 이 책의 완성에 동정과 가르침을 준 선배, 지기, 그 중에도 토모나가 산쥬우로우(朝永三十郎), 타나베 하지메(田邊元) 두 박사에게 깊이 감사의 뜻을 표해둔다.

차 례
우연이란 무엇인가

서언 / 3

서설 / 9
  1. 우연성과 형이상학 • 9
  2. 필연성의 본질과 그 세 양태 • 13
  3. 우연성의 세 양태 • 16

제1장 정언적 우연 / • 19
  1. 개념과 정언적 우연 • 19
  2. 종합적 판단의 우연성 • 23
  3. 특칭판단의 우연성 • 25
  4. 고립적 사실로서의 우연 • 31
  5. 예외적 우연 • 36
  6. 정언적 우연의 존재 이유 • 42
  7. 정언적 우연으로부터 가설적 우연으로 • 46

차 례
우연이란 무엇인가

제2장 가설적 우연 / 49

1. 이유적 우연 • 49
2. 이유적 소극적 우연 • 52
3. 이유적 적극적 우연 • 59
4. 인과성과 목적성 • 65
5. 인과적 우연과 목적적 우연 • 71
6. 목적적 소극적 우연 • 81
7. 목적적 적극적 우연 • 85
8. 목적 없는 목적 • 90
9. 고의와 우연 • 95
10. 아우토마톤과 튜케 • 100
11. 목적적 우연으로부터 인과적 우연으로 • 108
12. 인과적 소극적 우연 • 109
13. 인과적 적극적 우연 • 125
14. 복합적 우연 • 130

차 례
우연이란 무엇인가

15. 가설적 적극적 우연의 일반성격 • 132
16. 주역과 우연 • 139
17. 동시적 우연과 계기적 우연 • 145
18. 우연성과 시간 공간적 한정 • 156
19. 역사와 우연 • 160
20. 우연의 객관성 • 164
21. 가설적 우연으로부터 이접적 우연으로 • 169

제3장 이접적 우연 / 171

1. 이접적 우연의 의미 • 171
2. 양상성 일반 • 176
3. 양상성의 두 가지 체계 • 183
4. 우연성과 가능성의 유사관계 • 191
5. 우연성과 불가능성의 접근관계 • 195
6. 양상성의 제3체계 • 202

차 례
우연이란 무엇인가

7. 세 종류 체계의 개괄 • 218
8. 우연의 유희와 개연성의 개념 • 223
9. 우연성의 시간 성격 • 240
10. 우연성과 경이의 정서 • 248
11. 우연과 예술 • 253
12. 우연과 운명 • 261
13. 형이상적 절대자 • 274
14. 유(有)와 무(無) • 286

결론 / 293
1. 우연성의 핵심적 의미 • 293
2. 우연성의 내면화 • 298

역자 후기 / 305

서 설

1. 우연성과 형이상학

우연성(偶然性)이란 필연성(必然性)의 부정이다. 필연이란 반드시 그러한 것이 있음을 의미한다. 즉, 존재가 무엇인가의 의미로 자기 안에 근거를 가지고 있는 것이다. 우연이란 우연히 그러한 것이 있다는 뜻으로, 존재가 자기 내에 충분한 근거를 가지고 있지 않은 것이다. 즉, 부정을 포함한 존재, 없는 것이 생긴 존재이다. 말을 바꾸면 우연성이란 존재에 있어서 비존재(非存在)와의 떨어질 수 없는 내적 관계가 관찰될 때에 성립하는 것이다. 그것은 유(有)와 무(無)의 접촉면 사이에 끼어있는 극한적(極限的) 존재이다. 그것은 유가 무에 근거하는 상태, 무가 유를 침범하는 형상이다.

우연성에 있어서 존재는 없음[無]에 직면한다. 그러나 존재를 초월해서 무(無)로 가는 것이, 형(形)을 넘어서서 형이상(形而上)의 것으로 가는 것이, 형이상학(形而上學)

의 핵심적 의미이다. 형이상학은 "참된 존재"를 문제로 하는 것이 틀림없다. 그러나 '참된 존재'는 '비존재'와의 관계에 있어서만 근본적으로 문제를 형성한다. 형이상학의 문제가 되는 존재는 비존재 즉 무에 포섭된 존재이다. 그래서 형이상학, 즉 본질적 의미에 있어서 철학과 다른 학문간의 차이도 분명히 이 점에 존재한다. 다른 학문은 존재 혹은 유의 단편을 주어진 존재 및 유의 단편으로서만 문제로 삼는 것이어서, 무에 대해서는, 또는 유와 무의 관계에 대해서는 아무 것도 알려고 하지 않는다.

우연성의 문제는 무(無)에 대한 물음을 떠날 수 없다는 의미에서 엄밀히 형이상학의 문제이다. 따라서 또 형이상학으로서의 철학을 벗어난 학문은 우연성이라고 하는 것을 본래의 의미에 있어서 문제로 삼지 않는다. 수학에 속하는 확률론이 우연성을 자기의 문제로 삼고 있다고 생각할지도 모른다. 확률론은 우연의 경우를 취급하고 있음이 틀림없다. 그러나 확률론의 의도는 우연을 우연으로서 우연성에 있어서 다루려는 것은 아니다. 우연성의 의미 그 자체를 그 자체에 있어서 천명하려고 하는 것은 아니다. 확률론의 관심은 하나의 사건이 발생하거나, 발생하지 않거나 하는 가능한 경우의 총체(總體)와, 그 사건이 발생하는 우연적인 경우와의 사이에 존재하는 수량적(數量的) 관계 외에는 없다. 이론상 수량적 관계는 경험상으로는 관측 회수를 무한히 크게 할 때 비로소 타당성을 가질 수 있으므로, 확률론은 우연적 사건이 발생하는 수량적 관계의 이념적 항상성을 거시적으로 규정하려는 것에 불과하다. 미시적인 세세한 항목에 존재하는 우연적 가변성(可變性)은 조금도 건드리지 않는다. 그러나 우연이 우연인 까닭은 분명히 세세한 항목의 움직임에 존재한다. 요컨대 확률론이란 우연 그것의 연구는 아니다. '우연'의 '계산' 조차도 할 수 없다. 우연 그것은 계산할 수 없다. 확률론이 일정한 시각에 있어서 우연성에 곁눈질을 보내는 것에 의해서 그 구조를 어느 정도까지 보게 하는 것은 부정할 수 없지만, 우연성의 전모에 관해서는 어떠한 파악도 허용하지 않는다.

양자역학(量子力學) 이론이 우연성을 문제로 한다고 생각하는 사람도 있을지 모르겠다. 그러나 양자역학이론은 양자역학적 현상으로서 위치와 속도의 두 조건을 동시에 결정할 수 없다는 것을 단정하고, 따라서 어느 정도의 우연성의 지배를 허용할 뿐이다. 이른바 불확정성(不確定性) 원리는 우연성을 단순히 원리로서 승인하고 있는 데 불과하다. 양자역학적 우연은 양자역학 그것에 의해서 어디까지나 '불가지(不可知)한 차원'에 속한 것이다. 양자역학의 이론으로는 자기 원리에 관한 반성을 존재의 전면에 걸쳐 원리적으로 하는 것을 구할 수 없다. 우연성은 과학의 원리적 여건으로 되는 것은 가능해도,

분명히 그 우연성 그것에 의해, 과학의 대상으로서 취급하지 않는다는 근원적 성격을 가지는 것이다. 우연을 우연으로서 그 본래의 모습에 있어서 문제로 삼을 수 있는 것은 형이상학으로서의 철학밖에는 없다.

그렇지만 또한 모든 학문은 사물의 필연적 내지 개연적(蓋然的) 관계를 구명하려는 이유, 바로 그것에 의해서, 원리적으로는 우연성의 문제를 벗어날 수는 없다. 모든 학문은 자기의 노력에 관해서 원리적 반성을 하는 경우에는 반드시, 단지 그 때에 처음으로, 우연성의 문제에 본래 모습으로 직면하는 것이다. 거기에는 예외가 없다. 일체의 학문은 그 근저에 있어서 형이상학에 연결되어 있기 때문이다. 요컨대 우연성의 문제는 무(無)에 관한 것인 한, 즉 무의 지평에 있어서 완전히 파악되는 한, 엄밀히 형이상학의 문제이다. 이 문제가 완전히 해결할 수 있는 문제인가 아닌가 하는 것은 또한 애당초 스스로 별개의 문제이다. 다만 우리들은 우연성이라고 하는 것을 철학의 문제로서 끝까지 추구해 보지 않으면 안 된다. 셰스토프의 말을 빌면, 우리는 "이 세계의 속에서 통계학과 '필연성'이외의 무언가를 발견하려는 희망을 버리려고 하지 않는 사람들"[1])에 속하는 것이다. 그래서 우연성의 존재론적 구조와 형이상적 이유를 될 수 있는 한 밝혀줄 것을 원하는 것이다.

---

1) L. Chestov, *La Philosophie de la Tragédel*. Paris, 1926, Préface, p. XV.

2. 필연성의 본질과 그 세 양태

우연성이 필연성의 부정인 한, 우연성의 의미를 파악하기 위해서는 먼저 필연성의 의미를 밝히는 데서 출발하지 않으면 안 된다. 그렇다면 필연성이란 무엇인가? 이미 말한 것과 같이, 필연성이란 반드시 그러함이 있는 것, 곧 반대가 불가능한 것을 의미한다. 반대가 불가능하다는 것은 자기 내에 존재의 이유를 가지고, 주어진 자기가 주어진 채로 자기를 유지하는 것이다. 그래서 자기가 어디까지나 자기를 유지하는 경우에는, 자기 보존 또는 자기 동일의 형태를 취한다. 즉 필연성의 개념은 동일성(同一性)을 예상한다. 따라서 '갑은 갑이다'고 하는 동일률(同一律)의 형식이 가장 엄밀한 필연성을 나타낸다. 결국, 필연이란 동일하다는 성질상의 규정을 양상의 견지로부터 언표(言表)하는 것과 같다. 트렌델렌부르크는, "필연적인 것은 그 개념상 불변의 것이고, 따라서 이미 아리스토텔레스는 ἀίδιον(영원(永遠))이라고 일컬었고, 스피노자는 aeternum(영원)이라고 일컬었는데, <u>필연적인 것 중에는 동일적인 것이 나타나 있다</u>. 모든 필연적인 것은 자기동일성(自己同一性)이어서 이러한 것으로서 자기를 고수하는 것이다."라고 하고[2], "동일성의 뒤에는 필연성이 표리관계에 있다."고 말했다.[3] 헤겔도, "<u>필연성</u>이란 그 자체에 있어서는 하나의 자기<u>동일적인</u>, 단지 내용

---

2) Trendelenburg, *Logische Utersuchugen*, Ⅱ. 3 Aufl, S. 210.

3) *ibid.* S.175.

의 충실한 본질이다."고 하고, 또, "필연적인 것은 그 자신의 속에 절대적 관계가 있다. 즉, 관계가 자신을 또한 절대적 <u>동일성</u>으로 지양(止揚)하는 바의 전개된 과정이다."4)라고 말했다.

동일, 따라서 필연이라고 하는 규정은 (1) 개념성(槪念性), (2) 이유성(理由性), (3) 전체성(全體性)에 의해서 인정된다. 즉, (1) 개념과 징표와의 관계, (2) 이유와 귀결과의 관계, (3) 전체와 부분과의 관계에 관해서 파악되는 것이다. 로츠는 갑과 을의 상호간의 관계에 있어서 필연적 인식으로 이끄는 형식이 셋 있다고 했다. (1) 보편적(普遍的) 판단(26쪽 참조)을 세워서, 유개념(類槪念) 갑 속에 그 자체가 이미 사유되어 있을 법한 을을 구한다. 그러면 이 을은 필연적으로 갑의 각각의 종(種)에 귀속한다. (2) 가설적(假說的) 판단을 세워서 x라고 하는 조건이 갑에 가해지는 것에 의해, 이 조건 없이는 존재하지 않는 바인 을이 그 갑에서 생겼음을 나타낸다. 그러면, 마찬가지 조건이 마찬가지 방식으로 작용을 미치는 데에 각각의 갑에 관해서 이 을은 필연적으로 타당하다. (3) 이접적(離接的) 판단을 세워서 어떤 문제를 엄밀히 "이것인가 다른 것인가"로 환원하게 되면, 그와 동시에 사태를 확실히 파악할 수 있게 된다. 그러면 이미 하나의 경험을 요구하는 만큼, 각개의 경우에 있어서 을인가 병인가 하는 두 가지 술어 중의 어느 것이 갑에 관해서 필연성을

4) Hegel, *Encyklopädie*, hrsg., v. Bolland, 1906, &&149, 150.

가지고 규정할지를 결정할 수 있다.

필연적 인식에 도달하는 길은 이상의 세 가지에 한하는 것이고 다른 길이란 없다.[5] 헤겔도 필연성을 구현하는 절대적 관계로서 (1) 실체성(實體性)과 속성(屬性)의 관계, (2) 인과성(因果性)의 관계, (3) 교호작용(交互作用)의 관계 등 셋을 들었다. 그래서 실체가 필연성의 개념을 충실하게 하기 위해서는 실체가 원인으로서, 속성이 결과로서 파악되지 않으면 안 되는 것, 즉 실체 속성의 관계가 인과관계로 변해가지 않으면 안 된다고 했다. 또한 인과계열이 참으로 무한(無限)하기 위해서는 인과계열은 직선의 형태를 취하지 않고 원형을 취하지 않으면 안 된다는 것, 즉, 인과성은 교호작용으로 되지 않으면 안 된다고 하고 세 종류 필연성의 내적 관련을 설명했다.[6]

나는 필연성의 이러한 세 가지 양태를 (1) 정언적(定言的) 필연, (2) 가설적(假說的) 필연, (3) 이접적(離接的) 필연이라고 이름 붙여두겠다. 대체로 판단관계 상의 구별은 오히려 정언적, 가언적(假言的), 선언적(選言的)이라는 용어로 표현되는 것이 보통이지만, 나는 특별히 정언적, 가설적, 이접적이라는 용어를 사용하려고 한다.

---

5) Lotze, *Logik*, hrsg. v. Misch, Leipzig, 1912, S.65.

6) Hegel, *Encyklopädie*, hrsg., v. Bolland, 1906, §§150-156.

3. 우연성의 세 양태

우연성은 필연성에 대립된 의미이므로 필연성의 세 양태(樣態)에 대해서 우연성의 세 양태가 존재할 것이다. (1) 정언적 우연, (2) 가설적 우연, (3) 이접적 우연의 셋이다. 우연성을 이와 같이 세 양태로 구별하는 것에 의해 비로소 우연성의 의미가 잡다(雜多)와 통일(統一)에 있어서 분명하게 된다고 생각한다. 우연에 관한 이론이 항상 명석함이 부족한 것은 물론 문제 그 자체의 어려움에도 있지만, 문제를 제기하는 출발점에 있어서 우연성의 양태를 구분하는 것이 전혀 원리에 기초해서 명석하게 이루어지지 않고, 그것을 통일적으로 파악하는 것이 명확하게 주제로서 의식되지 않는 데 근거하는 바가 크다고 생각한다.

사실 이 세 양태의 구분에 해당하는 것을 아리스토텔레스에게서 볼 수 있다. 뒤에 자세히 논의하겠지만, 아리스토텔레스가 말한 '슈모베베코스'(συμβεβηκός, accidens)는 정언적 우연에 해당되고, '아우토마톤'(αὐτόματον, casus)과 '튜케'(τύχη, fortuna)는 가설적 우연에 해당되고, '엔데고메논'(ἐνδεχόμενον, contingens)은 이접적 우연에 해당된다. 또 미로는 <아리스토텔레스 및 구루노에 의한 우연>이라는 글에서 아리스토텔레스의 우연론과 구루노의 우연론에 있어서 공통되는 우연의 세 분야를 지적하고 있다. 첫 번째는 '조우(遭遇)'(rencontre)이다. 두 번째는 '희유(稀有)'(rareté)이다. 세 번째는 '가능한 하나'(unpossible)이다.[7] 그러나 '조우'란 하나의 이유계열과 다른 이유계열과의 조우를 의미하기 때문에 가설적 우연에 불과하다. 또 '희유'란 드물게 소속될 수밖에 없다는 의미이므로 개념과 징표와의 사이에 존재하는 정언적 우연일 수밖에 없다. 또 '가능한 하나'란 동등하게 가능한 몇 가지의 이접지 중에 있어서 하나의 가능을 의미하고 있으므로 이접적 우연임에 틀림없다.

리케르트도 우연의 세 의미를 들고 있다. (1) 법칙적이지 않는 것, (2) 원인을 갖지 않는 것, (3) 본질적이지 않는 것이 그것이다.[8] 법칙적이지 않는 것의 예로서는 지구에 없고 토성에 고리가 있다는 것, 프리드리히 대왕이 로이덴 전투에서 승리를 했다는 것[9] 등을 들 수 있기 때문에 법칙의 보편적 포섭성에 대해서 이접적 우연의 이접적 고립성을 지적하는 것이다. 원인을 가지지 않는 것은 인과성 밖에 있는 것으로 가설적 우연이다. 본질적이지 않는 것으로는 개념의 본질에 소속되지 않는 것으로서 정언적 우연이다. 우연성을 정언적, 가설적, 이접적의 셋으로 나누는 것이 사태에 입각했던 바임인 것은 이들 범례에 비추어도 거의 분명하다고 믿는다.

또, 뒤에 보는 바와 같이 정언적 우연은 논리학상의 개념적 견지에 시종하고, 가설적 우연은 경험계에 있어

---

7) Gaston Millhaud, *Études sur la Pensée Scientifique*, 1906, p. 137-158, *Revue de Métaphysique et de Morale*, 1902, p.667-681.

8) H. Rickert, *Die Grenzen der naturwissenschaftlichen Begriffsbildung*, 3. Aufl. 1921, S. 286~287.

9) 역주 : 프리드리히 대왕 Friedrich II (1712.1.24~1786.8.17) 프로이센의 국왕(재위 1740~86). 강력한 대외정책을 추진하여 우선, 오스트리아와 슐레지엔 전쟁(제1차, 제2차)을 일으켜서 경제적으로 요지인 슐레지엔을 병합하고 그 지역을 대대적으로 개발하였다. 오스트리아의 여제(女帝) 마리아 테레지아는 프랑스와 우호관계를 맺고, 러시아 여제 엘리자베타도 대왕을 미워했기 때문에 프로이센은 고립상태에 빠졌다. 때마침 영국·프랑스 간에 식민지 전쟁이 일어나자 대왕은 영국과 동맹을 맺고 기선을 잡아 작센을 침공함으로써 7년전쟁(1756~63)이 일어났다. 로이덴전투는 1757년 오스트리아군에게 승리를 거둔 전투로 오스트리아에게 커다란 타격을 주었다. 뒤에 오스트리아와 후베르투스부르크 화약(和約)을 맺음으로써 전쟁은 일단락되었다.

서 인과성에 관해서 현저하게 나타나고, 이접적 우연은 형이상적 절대자에 대해서 특히 떠오르는 것이므로, 우세적(優勢的) 명명법에 의해서 셋을 논리적(論理的) 우연, 경험적(經驗的) 우연, 형이상적(形而上的) 우연이라고 하는 것도 하나의 방법이다. 그러나 우연성은 그 근원에 있어서 논리학적 양상성(樣相性)에 속한 것이므로 이 종류의 우세적 명명법은 엄밀히 말하자면 부적절함을 면할 수 없다. 이하, 우연성의 문제를 정언적 우연, 가설적 우연, 이접적 우연의 세 항목으로 나누어 고찰하겠다.

제1장 정언적 우연

1. 개념과 정언적 우연

개념의 구조는 개개의 제 표상(表象)에 어떤 공통의 보편적 동일성을 보는 데 기초하고 있다. 그래서 개념의 구성적 내용은 동일성으로서 추상된 본질적 징표 전체이므로 그것의 가능한 내용은 사상(捨象)에 의해 동일성의 권역 밖으로 놓여진 비본질적 징표에 통로를 마련하는 것에 의해 성립된다. 본질적 징표의 특색은 그것을 부정하는 경우에 개념 그것도 부정된다는 데에 있다. 개념의 구성적 내용과 본질적 징표의 전체가 동일한 것이기 때문이다. 또 본질적 징표와 개념의 관계는 이러한 동일성에 의해 규정되는 한 필연적이다. 이에 반해 비본질적 징표와 개념과의 관계는 통로가 주어져 있는가 그렇지 않은가 하는 것에 의존하는데 그 자체의 동일성을 결여하고 있으므로 우연적이다. 본질적 징표는 필연적 징표라고 일컬어지고, 비본질적 징표는 우연적 징표라고 일컬어진다. 정언적(定言的) 우연이란 우연적 징표의 우연성에 지나지 않는다.

예컨대 삼각형이라는 개념으로써 세 선분으로 둘러싸인 면적의 한 부분을 일컫는 것은 필연적 징표이다. 즉 그것은 삼각형이라는 개념의 구성적 내용을 이루는 것이고 이 성질을 부정하는 것과 함께 삼각형의 개념도 사라지는 것이다. 삼각형이라는 개념과 세 선분으로 둘러싸인 면의 한 부분이라고 하는 것은 동일성에 의해 결부되어 있기 때문에 양자의 관계를 필연적이라고 하는 것이다. 그에 반해서 각이 직각인가, 둔각인가, 예각인가 하는 따위들은 단순히 삼각형의 가능적 내용을 이룰 뿐이다. 즉 이들 징표는 삼각형 개념으로는 우연적 징표인 것이다. 삼각형 개념은 단순히 이들 징표에 통로를 주는 것에 의해서만 이들 징표와 관계를 갖게 되는 것이어서 양자간에는 그 자체의 동일성을 결여하고 있기 때문에 양자의 관계를 우연적이라고 하는 것이다. 내각의 합이 2직각과 같다고 하는 것도 삼각형의 개념과 동일성을 갖지 않는 한, 삼각형에 있어서는 우연적인 것이다. 비(非)유클리드 기하학이 삼각형의 내각의 합이 2직각보다 작다든가 크다든가 하고 생각할 수 있는 것도 그 때문이다.

개념에 실재성을 부여하는 것이 실체이다. 실체란 동일률에 의해 시간 속에 자기를 불변적으로 유지하는 것이다. 칸트의 말을 빌면, "기체(基體)의 동일성"[1]이라는

---

1) 칸트, 『純粹理性批判』, B229.

것이 실체의 의미이다. 헤겔도 실체의 "절대적 동일성"[2]에 대해 서술했다. 실체에 대해 속성이 고려된다. 속성이란 실체의 여러 가지 규정으로, 하나의 실체의 존재 양태를 의미한다. 즉 실체와 속성의 관계는 개념과 징표의 관계에 상응한다. 따라서 본질적인 속성과 비본질적 속성 또는 우연적 속성이 고려된다.

개념의 실재화로서 실체의 의미를 명확히 표현한 현저한 예로서는 말할 것도 없이 플라톤의 이데아이다. 이데아는 개념으로서 개개의 여러 사물에 대해서 '공통자'(共通者 το κοινον) 따라서 '일자'(一者 μονας)이다. 그래도 그 자체로 독립된 세계를 형성하는 '참된 존재'이다. 개개의 사물은 한편으로는 이데아로부터 분여(分預)된 것이지만, 또 한편으로는 공간으로 해석된 비존재에 뿌리를 두고 있다. 그래서 우연성이란 이데아로부터 분여가 비존재에 의해서 불완전하게 된 것을, 즉 원형과 모형과의 사이에 존재하는 간격을 의미한다. 아리스토텔레스는 이런 종류의 우연성을 '슈모베베코스'(συμβεηκος: accidens)라고 일컬었다. 슈모베베코스란 "어떠한 것에 속하며, 또 참으로 언명될 수 있으나, 그러나 필연(ἐξ αναγκης)적으로 그런 것도 아니고, 많은(ὡς ἐπι το πολυ) 경우에 그런 것도 아니다."[3] 이렇게 해서 아리스토텔레스는 '그 자신에 의한'(καθ αὐτο)과 '우연에 의한'(κατα συμβεβηκος)을 명확히 구별한다. "그 자신에 의한"것은 '본질'

[2] Hegel, *Encyklopädie*, hrsg., v. Bolland, 1906, §150 S.202.

[3] Aristoteles, *Metaphysica*, Δ. 30. 1025ᵃ.

혹은 '본질에 속한 전체의 것' 혹은, '직접으로 자신의 내에 혹은 자기의 일부분 내에 무엇을 받아들일 때'이다.4) 예컨대 "인간은 그 자신에 의해 산다. 왜냐하면 생명이 직접 깃들여 있는 곳인 정신은 인간의 일부이기 때문이다."5) 즉, "그가 생물인 것은 우연에 따른 것은 아니다."6) 그러나 "어떤 인간이 백인인 것은 우연이다. 왜냐하면 항상(ἀεί) 그런 것도 아니고 대부분의 경우 그런 것도 아니기 때문이다."7) 그래서 "물질(ὕλη)이 우연의 원인이다."8) 따라서 "우연이란 비존재에 가까운 것(ἐγγύς τι τοῦ μὴ ὄντος)이다."9) 또한 아리스토텔레스는 내각의 합이 두 직각과 같다는 것은 삼각형에 따라서, 또한 조금 다른 의미로, 우연이라고 말한다. 이러한 종류의 우연은 그때그때 '영원'(ἀίδιον)일 수가 있고 그 대상으로 "그 자신에 의해서 소속하지만 그러나 그 본질 중에(ἐν τῇ οὐσίᾳ) 있는 것은 아니다."10) 이러한 종류의 "그 자신에 의한 우연"(καθ αὑτὸ συμβεβηκός)11)이라는 개념은, 말하자면 모순을 갖고 있어서 어떤 의미에서 훗설이 말한 "우연적 아프리오리"(kontingentes Apriori)12) 등과도 비교할 수 있는 것이다.

요컨대 정언적 우연이란, 개념에 대해서 우연적 징표의 우연성을 일컫는 것이다.

4) *ibid.* Δ18, 1022ª.
5) *ibid.*
6) *ibid.* E. 2,1026ᵇ.
7) *ibid.*
8) *ibid.* E. 2, 1027ª.
9) *ibid.* m E. 2, 1026ᵇ.
10) *ibid.* Δ.30, 1025ª.
11) *ibid.* B. 1, 995ᵇ.
12) Husserl, "Formale und transzendentale Logik", *Jahrbuch f. Philos. u. Phän.* F.X, S.25-26.

2. 종합적 판단의 우연성

개념을 판단의 요소로 보면, 판단은 전개된 개념이라는 것이 된다. 따라서 개념에 기초한 우연성이 판단으로도 어떠한 형태를 취하면서 나타나지 않으면 안 된다. 어떤 개념을 판단의 주어(主語)로 할 때 술어(述語)의 위치를 차지하는 징표가 개념의 우연적 징표인 경우, 주어와 술어의 관련에 있어서 우연성이 발견된다. 그래서 주어와 술어와의 결합이 판단이기 때문에 양자의 관련에 우연성이 존재하는 것은 판단 그 자체가 우연성의 성격을 갖고 있는 것이 틀림없다. 분석적(分析的) 판단과 종합적(綜合的) 판단을 구별하는 경우, 분석적 판단이란 주어 개념의 동일성 내에서의 분석을 기초로 하기 때문에 판단의 술어는 개념의 필연적 징표로 되어야 한다. 그에 반해서 종합적 판단이란 주어 개념과 가능적 내용의 종합을 본질로 하기 때문에 술어의 위치에 개념의 우연적 징표가 생긴다는 뜻이다. 따라서 종합적 판단은 우연성의 성격을 갖는다.

칸트는 『순수이성비판』에서 "분석적 판단(긍정적)은 술어의 주어와의 결합이 동일성에 의해서 사유될 수 있는 것이다."13)라고 말했고, 또한 『논리학』에서도 "분석적 명제란 그 확실성이 개념의(술어와 주어의 관념과의) 동일성에 기초한 명제를 일컫는다."14)고 말했다. 즉 분석적

---

13) B.10.

14) *Logik*, hrsg. v. Jäsche, 3 Aufl. §36.

판단이란 동일성에 의해서 파악되는 개념의 분석, 동일성 내에서의 분석임에 틀림없다. "무릇 물체는 연장된다."고 하는 것은 물체인 개념을 a×b라고 한다면 그 개념의 내에는 연장 b가 포함되고 있음을 주장하는 것이다. 그래서 동일성이 기초를 이루는 한, 우리들은 이러한 종류의 "판단의 필연성을 의식할 수 있게 된다."15)는 것이다. 분석적 판단의 징표가 극한에 도달하는 것은 "물체는 물체이다."고 하는 것과 같은 동일판단(同一判斷)이어서, "갑은 갑이다."라고 하는 동일률에 따른 필연성을 그대로 가지고 있다. 이와 반대로 종합적 판단이란 술어와 주어와의 결합이 "동일성 없이 사유되는 것"16)이다. "모든 물체는 무겁다."고 하는 것은 물체라는 개념 a×b에 인력(引力) c도 결합되어 있음을 주장하는 것이다. 그래서 c인 술어는 개념 a×b와는 어느 정도 구별되는 한, 무게와 물체와의 결합은 "단순히 우연적"17)이다. 대체로 종합(συνθεσις)이란 자기 동일을 벗어나 우연하게도 다른 것과 합하여(συν) 존립하는 것을 의미한다.

원래 하나의 특수한 지각 판단에 관해 말하면 지각하는 주관에 부여된 지각의 구체적 내용이 분석되어서 판단이 생기는 것이므로 "이 인간은 황색이다"라고 하는 것과 같은 판단도 분석적 판단이라고 말할 수 있는 것이어서, '이 인간'과 '황색'과의 결합은 필연적이다. 우리들은 주어를 일반 개념으로 간주한다는 가정 아래, 분석적

15) 칸트, 『純粹理性批判』, B.12.

16) B.10.

17) B.12.

판단과 종합적 판단과의 구별을 허용한 이상 전자는 필연성을 갖추고 있는 것을 지적하고, 후자는 경험적 종합적 판단을 의미하는 한 우연성을 갖추고 있는 것을 지적하려고 하는 데 불과하다. 즉, "어떤 인간은 황색이다."라고 하는 경험적 종합판단에 있어서 '인간'이라는 개념과 '황색'이라는 술어와의 결합은 완전히 우연적이다. 말을 바꾸면 '인간'이라는 개념의 구성에 있어서 피부의 색이 황색이라고 하는 징표는 우연적 징표로서 사상(捨象)되는 것이고, 인간이라고 하는 개념적 동일성의 밖에 놓이게 되는 것이다. 종합적 판단이 개념으로서 인간과 황색을 경험적으로 종합하는 경우에 인간과 황색의 결합이 우연적인 것은 물론이다.

3. 특칭판단의 우연성

판단의 주어와 술어가 개념 동일성을 기초로 해서 필연적 결합을 보일 때에는 판단은 전칭판단(全稱判斷)의 형태를 취하게 된다. 그와 반대로 우연적 결합 외에는 있을 수 없는 경우에는 판단은 특칭판단(特稱判斷)의 형태를 취할 수 있다. 특칭판단은 정언적 우연성에 기초해서 판단 그 자체에 있어서의 우연성을 보이는 것이다. 예컨대 "모든 물체는 무겁다."고 할 때에는 엄밀히 말하자면 무게가 물체라는 개념의 필연적 징표인 것, 즉 무게와 물체 사이에는 필연적 관계가 있다는 것을 예상할 수 있다. 이 필연성이 부정될 때에는 특칭판단에 의해서, "어떤 물체는 무겁다."가 "어떤 물체는 무겁지 않다."고 말할 수 있다. 그래서 무게가 물체라는 개념의 우연적 징표에 지나지 않는 것이 표명된다. 또 무게가 물체의 우연적 징표에 지나지 않는 이상, 가령, "모든 물체는 무겁다."고 해도 그 경우의 보편성은 엄밀한 보편성은 아니고 "단순히 비교적"18)인 것이다. 칸트는 『순수이성비판』에서는 "무릇 물체는 무겁다."고 하는 전칭판단을 이용했으나, 『프롤레고메나』에서는 우연성을 한층 정확하게 언표하기 위해서 특칭판단으로 바꾸어 "어떤 물체는 무겁다."19)고 말했다.

로츠에 의하면 전칭판단(das unversale Urteil)은 일반적 사실을 주장할 뿐이며, 따라서 단순히 언명적(言明的)(182쪽 참조)이다. "모든 인간은 죽는다."(alle Menschen sind sterblich)라고 말해도 사실상 끝내 살아있지는 않다고 하는 정도여서 죽는 것의 필연성은 근거가 되지 않는다. 그와 반대로 보편적 판단(das generelle Urteil)은 필연적 타당의 근거도 보여주는 것이어서 확증적(確證的)(182쪽 참조)이라고 말한다. "인간이란 죽는다."(der Mensch ist sterblich)라고 말할 때, 인간의 성격 중에, 이 성격에 부여된 것은 누구라도 죽음을 피할 수 없는 것이 포함되어

---

18) Kant, Welches sind die wirklichen Fortschritte, die die Metaphysik etc., Beilagen I, Abschnitt I.

19) *Prolegomena*, §2, a.

있음이 주장된다. 요컨대 전칭판단은 필연성을 나타낼 수는 없다. 필연성을 나타내기 위해서는 보편적 판단을 선택하지 않으면 안 된다[20]고 하는 것이다.

과연 전칭판단으로는 주어가 외연으로부터 고찰되고, 보편적 판단으로는 내포로부터 고찰되기 때문에 이 두 종류의 판단을 구별할 필요는 있지만, 벤노 에르트만도 논한 것처럼 로츠는 양자의 구별을 지나치게 과장하고 있다. 전칭판단이 단순히 일반적 사실을 주장하는 데 그친다고 말할 수는 없다. 사실은 모든 인간은 지금까지 죽었다고 하는 정도의 것이다. 모든 인간은 일반으로 죽는 것이라고 하는 것은 이미 단순한 사실 주장 이상의 것이다.[21] 그 때문에 우리들은 필연성은 전칭판단에 의해 나타나고, 우연성은 특칭판단에 의해 나타난다고 생각해도 지장은 없는 것이다.

특칭판단의 우연성은 기호적 논리학의 기호에 의해 상징적으로 표현된다. 쿠튜라의 기호법에 따르면[22] 전칭 긍정(全稱肯定)은 a와 b의 포섭관계를 <의 기호로 단적으로 표현된다.

a<b

전칭 부정의 "모든 a는 b가 아니다."고 하는 것은 "모든 a는 non-b이다."고 하는 것을 의미한다. 즉 전칭 부정은 부정적 술어를 가진 전칭긍정과 동일하다. 명사의 부

20) Lotze, *Logik*, hrsg. v. Misch, 1912, S.93.

21) Benno Erdmann, *Logik*, 3 Aufl. S. 456.

22) L.Couturat, *L'Algèbre de la Logique*, 2e éd.

정은 기호 ′로 표현되기 때문에 전칭부정(全稱否定)은 다음과 같이 쓴다.

a<b′

특칭판단에 관해 말하면, 특칭판단은 전칭판단의 부정이다. 그래서 판단 전체를 부정하기 위해서는 계사(繫辭) <를 부정하면 된다. 계사의 부정은 가운데 선을 그어 지우는 것으로 표현된다. 즉, 기호 ≮를 이용한다. 그래서 특칭긍정은 전칭부정의 부정으로 되기 때문에 다음과 같이 표현한다.

a≮b′

특칭부정은 전칭긍정의 부정이기 때문에 다음과 같이 표현된다.

a≮b

더욱이 a와 b의 포섭관계의 기초는 어떤가 하면, 한편으로는 a×b 즉 ab와 다른 한편으로는 a와의 사이에 존재하는 동일성의 관계이다. 그 때문에 전칭긍정은 다음과 같이 표현될 수도 있다.

a=ab

전칭 부정에 있어서 a와 b와의 비(非)포섭성은 a와 b′와의 포섭성이라고 생각할 수 있다. 따라서 한편으로 a×b′ 즉 ab′와, 다른 한편으로 a와의 사이에 존재하는 동일성으로 볼 수 있다. 전칭부정은 다음과 같이 표현된다.

$a = ab'$

특칭판단은 전칭판단의 부정이기 때문에 특칭긍정과 특칭부정은 다음과 같이 표현하는 것이 된다.

$a \neq ab'$
$a \neq ab$

이 두 가지는 각기 ab′와 a와의 동일성, ab와 a와의 동일성을 부정하고 있는 것이다. 동일성의 양상은 필연성이기 때문에 동일성의 부정은 우연성이다. 특칭판단의 기초를 이루는 정언적 우연성은 동일성으로서의 필연성을 나타내는 기호 =의 부정으로서 ≠의 형태로써 아주 명료하게 기호화되는 것이다.

게다가 특칭판단과 정언적 우연과의 관계는 추리와 특칭판단의 관계를 고려하는 것에 의해 더욱 명료하게 된다. 직접추리 내에 "우연에 의한 환위(換位)"(conversio per accidens)라고 하는 것이 있다. "모든 갑은 을이다."고 하는 경우에는 "어떤 을은 갑이다."라고 말할 수 있다.

이 환위법(換位法)이 "우연에 의한다."라 할 수 있는 것은 갑과 을 사이에 우연성이 개재해 있기 때문이다. "모든 갑은 을이다."라고 전칭판단이 사용된 이상 갑과 을의 사이에 무엇인가 동일관계로서 필연관계가 없으면 안 된다. 그러나 그 필연관계는 a<b 즉 a=ab의 필연관계이다. a=b라고 하는 절대적 동일관계, 절대적 필연관계가 없는 이상은 b<a 즉 b=ba의 관계는 성립하지 않는 것이다. "모든 을은 갑이다."라고는 말할 수 없는 것이다. 특칭판단으로서 "어떤 을은 갑이다."라고 밖에 말할 수 없는 것이다.

그 이유는 b≮a′ 또는 b≠ba′의 기호가 나타내고 있는 것처럼, 갑과 을의 사이에 우연성이 개재할 여지가 남아 있기 때문이다. 예를 들면, "모든 황색인종은 인간이다."라고 말할 수 있다. 그에 대해서 "모든 인간은 황색인종이다."라고는 말하지 않는다. 전칭판단은 특칭판단을 바꾸어서 "어떤 인간은 황색인종이다."라고 말할 수 있을 뿐이다. 인종적 차별을 나타내는 피부색은 인간이라는 개념의 우연적 징표이다. 이 정언적 우연성이 잠재되어 있는 한, "우연에 의한" 환위로서 특칭판단을 사용하는 수밖에는 도리가 없다.

또한 간접 추리에 있어서 결론으로서 새로운 특칭판단을 가져다주는 것은 3단 논법의 제3격이다.

Darapti:
모든 에디오피아인은 검다.
모든 에디오피아인은 인간이다.
그러므로 어떤 인간은 검다.

Felapton:
대개의 에디오피아인은 희지 않다.
대개의 에디오피아인은 인간이다.
그러므로 어떤 인간은 희지 않다.

이 경우 결론의 특칭판단은 인간이라고 하는 일반개념에 대해 검은 피부(희지 않음)라고 하는 것이 우연적 징표에 지나지 않고, 때마침 에디오피아인에 있어서 검은 색(희지 않음)이라고 하는 징표가 인간이라는 개념의 가능적 내용을 이루는 것임을 보여주고 있다.

요컨대 정언적 우연성을 특칭판단에 의해 논리적 언표를 찾지 않으면 안 되는 것이다. 다시 말해서 특칭판단에 있는 우연성은 우연적 징표의 정언적 우연성에 기초하고 있는 것이다.

4. 고립적 사실로서의 우연

이상 정언적 우연성이 우연적 징표의 우연성으로서, 종합판단 및 특칭판단의 우연성의 기초를 이루는 것을 서술했다. 여기서 다시 우연적 징표의 의미를 고찰해서 우연을 고립적(孤立的) 사실로서 규정할 수 있다. 우연적 징표가 비본질적인 것으로서 개념의 동일성 권역(圈域) 밖에 있는 까닭은 그 고립성에 기초하는 것이다. 이렇게 해서 우연성은 일반적으로 체계에 대한 고립적 사실을 의미하고 따라서 또한 개개의 사물을 의미하는 것도 된다.

코헨은 우연성에 관해, "사실, 비록 그 현실성이 증명된다고 해도, 어떤 일반적인(이라고 하기보다는, 차라리 가장 일반적인) 관련에로 아직 빠져들지 않을 때는 우연적이라고 간주되어야 한다."[23]고 말한다. 예컨대 수학적 자연과학의 존재하는 물체라는 일반 개념에 의하면 유기체는 고립적(孤立的) 사실에 지나지 않는다. "수학적 자연과학은 기계적인 것에 제한되어 있으므로, 유기적인 것을 유기적인 것으로서 규정하지도 않고 기술하지도 않는다. 그 때문에 우연적인 것이란 유기체를 나타낸다. 유기적 자연형태는 기계적인 것에 대해서 단순히 상대적으로만이 아니라 개념적으로도 우연적이다."[24] 빈델반트도 우연을 "고립된 사실"(das vereingelte Factum)로 간주한다.[25]

다음의 예에서 이런 종류의 우연성의 의미가 보다 잘 드러난다. "미술품 수집의 역사적 발전을 보아도 예술과학적인 흥미는 극히 2차적인 것이어서, 예술적 흥미라

23) Cohen, *Logik der reinen Erkenntnis*, 3 Aufl. S. 580.

24) Cohen, *Kants Theorie der Ertahrung*, 3. Aufl. S. 708.

25) Windelband, *Die Lehren vom Zunfall*, S. 28.

든가 문화사적 흥미가 주가 되었다. 장식욕구라든가 호기심이라든가 종교심 등이 주가 된 시대에는 특히 제일 먼저 수집된 것은 주로 고대 미술의 유품이었다. 점차 문예 부흥기에 이르러 각 시대의 작품이 수집되었다. 그 결과 각 시대의 유품들을 계통적으로 정리할 필요를 느끼고 마침내 미술사적 연구가 일어났다. 그러나 옛날부터 이름난 수집은 그 성립의 역사가 대단히 개인적 우연적이었으므로 미술사적 흥미에 의해 정리 확장되어 온 듯싶은 것은 적었다. 이러한 것은 오직 새롭게 성립된 수집에 한했다. 현재 각국의 국립미술관은 중앙집권의 결과 다수의 이름난 수집품이 한 개의 장소에 모이게 되어서 그 기초가 되면서 그 때부터 점점 계통적으로 발전해 왔던 것이다."26) 이 경우의 일반 개념은 '예술과학' 혹은 '미술사적 체계'라고 하는 형태를 취한다.

더욱이 이른바 '우연성 범죄'의 관념과 같은 것도 일정한 인격에 관한 일반개념에 대해 어떤 범죄를 고립된 사실의 위치에 두고 있는 것이다. 다음의 예도 대체로 같은 경우이다.

26) 兒島喜久雄, <國立美術館의 問題>, 오오사카 아사히 신문, 1931년 3월 18일

자화(子華)의 문도(門徒)는 모두 세족(世族)이었다. 흰 비단 옷을 입고 수레를 타고 느릿느릿 걸으면서 오만하게 쳐다봤다. 상구개(商丘開)가 연로하고 힘이 약하며, 면목이 거무튀튀하고 의관이 정제되지 않은 것을 보고는 깔보고 그를 모욕하고 욕하며 밀치고 등을 때리는 등 못하는 짓이 없었

다. 상구개는 화내지 않고 평시와 같았다. 여러 손님들이 온갖 짓을 다하고 나더니 더 이상 장난을 치지 않았다. 자화는 상구개와 높은 다락에 올라가 여러 무리들에게 공언하기를, '여기서 뛰어내리면 백금(百金)을 주겠다.'고 했다. 무리들이 모두 다투어 응했다. 상구개도 그 말을 믿고 먼저 뛰어내렸는데 모습이 마치 나는 새처럼 땅 위에 떠오르니 몸이 다치지 않았다. 범씨의 무리들은 우연이라고 여기고 아주 이상한 일이라고 생각하지는 않았다. 다시 물굽이 깊은 곳을 가리키며 말하기를, '저 속에 귀한 구슬이 있으니 헤엄치면 얻을 수 있도다.' 했다. 상구개가 다시 그 말을 좇아 헤엄쳤다. 나와 보니 과연 구슬을 얻었다. 무리들이 의아하게 여기기 시작했고, 자화도 비로소 아주 좋은 육식(肉食)과 의백(衣帛)을 내려 주게 했다. 얼마 있지 않아 범씨(范氏)의 창고에 큰불이 났다. 자화가 말하기를, '만약 네가 불 속에 들어가 비단을 가져온다면 가져온 물건의 다소(多少)에 따라 네게 상을 주겠다.'고 하니 상구개가 조금도 어려운 기색 없이 불 속을 들어갔다 나왔는데, 불길이 번지지 않았고 몸에 불이 타지 않았다. 범씨 무리들이 그가 도(道)가 있는 사람이라고 여기고 이에 모두 사례하며 말하기를, '저희는 선생께서 도가 있음을 알지 못하고 선생을 놀렸으며 선생께서 신인(神人)인 줄 모르고 선생을 욕보였습니다. 선생께서는 우리를 어리석고 귀먹고 눈멀었다고 생각했을 겁니다. 감히 도를 여쭙겠습니다.' 했다.27)

27) 『列子』, 「黃帝 제2』. 子華之門徒皆世族也 縞衣乘軒緩步闊視 顧見商丘開 年老力弱 面目黎黑 衣冠不檢 莫不眲之 旣而狎侮欺詒 攩挱挨抌亡所不爲 商丘開常無慍容 而諸客之技單 憊於戲笑 遂與商丘開俱乘高臺 於衆中漫言曰 有能自投下者賞百金 衆皆競應 商丘開以爲信 然遂先投下 形若飛鳥揚於地 肌骨無碾 范氏之黨以爲偶然 未詎怪也 因復指河曲之淫隈曰 彼中有寶珠 泳可得也 商丘開復從而泳之 旣出 果得珠焉 衆昉同疑子華昉令豫肉食衣帛之次 俄而范氏之藏大火 子華曰 若能入火取錦者從所得多少賞若 商丘開往無難色 入火往還 埃不漫 身不焦 范氏之黨以爲有道 乃共謝之曰 吾不知子有道 而誕子 吾不知子之神人 辱子 子其愚我也 子其聾我也 子其盲我也 敢問其道

범씨자화(范氏子華)의 손님들은 상구개(商丘開)의 인물에 관해서 경멸하고 모욕할 만한 인간이라는 일반개념을 만든 것이다. 그러므로 그 개념에 포섭되지 않는 하나의 고립적 사실을 우연으로 보았던 것이다. 유사한 사실이 상구개의 행위로서 몇 번이나 반복되는 데 이르러 그것이 우연이 아닌 것을 깨닫고 이전의 일반개념을 파기했던 것이다. 그래서 그 대신에 유도자(有道者) 혹은 신인(神人)의 개념을 동일성에 의해 구성했던 것이다.

고립적 사실이 개개의 사물 또는 개체를 의미하는 것도 된다. 아리스토텔레스도 "보편적인 것(τα καθολου)은 그 자신에 따라서 귀속하는데 우연적인 것은 그 자신에 의한 것은 아니다. 개개의 것(τα καθ ἕκατα)에 관해 단순히 말할 수 있는 것이다."[28]라고 하고 있다.

훗설도 다음과 같이 말한다. "각각의 개체적 존재는 일반적으로 말해서 우연적이다. ……그렇지만 사실성을 의미하는 이 우연성의 의미는 필연성에 상관적으로 관계를 갖는 점에 있어서 스스로 한정되고 있다. 그 필연성이란 공간적 시간적 제 사실을 정돈하는 바의 하나의 타당한 규칙의 단순한 사실적 존립을 말하는 것은 아니다. 본질필연성의 성격을 갖고, 따라서 본질보편성으로 관계를 갖고 있는 것이다.…… 각각의 우연적인 것의 의미 중에는 분명히 하나의 본질을, 따라서 순수하게 파악할 수 있는 하나의 형상을 갖는다는 것이 포함되어 있다. …… 예컨대 각각의 소리는 그 자체로 개개의 소리로부터 간취할 수 있는 계기로서 순수하게 이해되는 하나의 본질을 갖는다. 그래서 최상위에는 소리 일반 혹은 차라리 청각적인 것 일반이라고 하는 보편적 본질을 가지고

---

28) Aristotle, *Metaphysica*, Δ · 9, 1017^b.

있다."29) 게다가 훗설에 의하면 현상학적 영역은 초월론적 환원과 형상적 환원에 의해서 형성되는 것이므로 "현상학적 영역에 있어서는 우연은 없다."30)는 것이다. 훗설의 현상학은 이데아 직관(直觀)의 본질학이므로 본래의 과제로부터 보아 우연을 허용할 여지는 없는 것이다. 정언적 우연이 개개의 사물 또는 개체를 의미하는 데 기초해서 우연적 속성이 거듭 개체적 속성으로 일컬어지는 이유도 분명해진다. 또한 슐라이어마허가 "본래적(本來的) 판단"(eigentliches Urteil)이라고 한 종합적 판단의 적용범위를 개개의 사실에 한정한다고 했던 이유도 알 수 있다.31)

29) Husserl, *Ideen zu einer reinen Phänomenologie*, S. 9.

30) *ibid.* S. 288.

31) Shelèiermacher, *Dialektik*, Ausg. v. Jonas, §155. S. 88~89, 405.

5. 예외적 우연

앞 절에서 정언적 우연이 고립적 사실 또는 개개의 사물, 개체의 의미를 갖고 있음을 고찰했다. 여기서는 일반 개념이 법칙을 의미하고 우연이 예외를 의미하는 경우를 고찰해 볼 것이다. 대체로 개념의 구성적(構成的) 내용은 보편적 규정을 의미하는 한, 그 개념 아래에 포섭할 수 있는 개개의 표상에 대하여 법칙의 가치를 갖고 있다. 따라서 구성적 내용에 반하는 가능적(可能的) 내용은 가능적 예외로 간주된다.

아리스토텔레스는 여름철에 추운 날씨가 있는 것을 우연의 사례로 든다.[32] 또한 우리들은 클로버의 예를 든다. 세 잎은 "많은 경우에" 혹은 "거의 늘상" 클로버에서 볼 수 있는 것이므로 우리들은 동일성에 따라서 그것을 목격하고 본질적 징표로서 클로버 개념의 구성적 내용으로 삼는 것이다. 엄밀한 의미로서는 필연적 징표라고 일컬어지는 것은 불가능하나 동일성에 있어서 받아들이는 한, "준필연성"인 것으로 간주하는 것이다. 그래서 그것이 법칙의 가치를 가져온다. 개개의 클로버는 세 잎이라는 준보편성으로서 현실적으로 의존하고 있다. 세 잎이라고 하는 규정은 법칙으로서 개개의 클로버에게 타당한 것이다. 그와 반대로 네 잎이라는 것은 클로버의 가능적 내용을 이룰 수 있는데 개념과의 사이에 동일성을 결여하는 한, 우연적 징표에 불과한 것이어서 법칙에 대한 가능적 예외로 보여진다.

예를 하나 더 들면, 어떤 기상대 기사의 일기예보가 99퍼센트까지는 맞는다고 하는 대단한 적중률을 갖는 경우, '맞는다'고 하는 것이 구성적 내용으로 되어 그 기사의 일기예보라고 하는 일반개념을 구성한다. 그래서 그 '맞는다'고 하는 것이 개개의 경우에 대해 법칙적 가치를 갖게 되므로, "빗나간다"고 하는 가능적 내용은 법칙에 대한 예외적 우연으로 간주되는 것이다. 정언적 우연은 이와 같은 예외적 우연의 모습을 갖는 경우가 있다.

[32] Aristotle, *Metaphysica*, E. 2, 1026^b.

다음 사례에서 예외적 우연이 명확해진다. "나는 자연 상태에서 어떤 우연 구조의 편향, 예를 들면 기형과 같은 것이 보존되는 것은 희귀한 사실일 수 있는 것, 그리고 최초로 보존되어도, 그것은 그 다음에 계속되는 정상의 개체와 잡교(雜交)에 의해 일반적으로 없어질 수 있는 것을 보았다."33)

33) 다윈, 『種의 起源』, 小泉丹 역, 上, 266쪽.

다음의 예에서는 어떤 사실이 예외적 우연이 아니라고 하는 것이다. "노동쟁의는 노동자가 노동조건에 관해서 불평을 품을 때에만 일어나는 것은 아니고, 또 일어날 수 있는 것도 아니다. 투쟁한다면 이길 수 있다고 믿는 경우에 비로소 일어나는 것이다. 통계적으로 보아 쟁의가 가장 많은 때는 호경기(好景氣)가 막 불황(不況) 시대로 전환하는 경우와 불황시대를 탈출해서 활성기로 한 발짝 들여놓는 경우이다. 전자의 경우에는 사업가는 재빨리 장래에 불안을 느끼고 노동조건을 저하시키려고 하는데, 경기의 미묘한 움직임에 둔감한 노동대중은 자칫하면 실제 움직임을 잘못 관측해서 고용자의 긴축에 반항하려고 한다. 후자의 경우는 기업이윤은 증가하고 물가는 상승하고 생활비는 증가하는데도 노동수입은 좀처럼 증가하지 않기 때문에 노동자는 몹시 분개해서 쟁의를 하려 한다. 사업가의 쪽에서는 경기 시작이 어느 정도 신장할 수 있을까 불안하기 때문에 쉽사리 긴축의 손길을 늦출 수 없다. 대전(大戰) 직후에 노동쟁의가 빈발한 것은 앞의 경우에 해당되는 것이고, 최근 미국이라든가 일본에서 쟁의가 증가하는 것은 후자의 경우에 꼭 맞는 예일 것이다. 때문에 최근에 노동쟁의를 우연의 일이라고 생각해서 가볍게 간과해서는 안 된다. 오히려 노동쟁의 시대를 맞이하고 있는 것으로 각오하고 그 참화를 미연에 방지할 준비를 해야 할 것이다." (오오사카 아사히 신문, 1934년 9월 14일) 노동쟁의 시대라고 하는 일반개념과 개개의 노동쟁의 사실과의 관계에 대한 고찰인데, 지금은 노동쟁의의 시대이기 때문에 최근의 노동쟁의는 예외적 우연은 아니라고 하는 것이다. 비(非)노동쟁의 시대에 일어나는 노동쟁의는 예외적 우연이다.

대체로 우연적 징표로서의 정언적 우연은 보편적 동일성의 포섭기능에 부여되지 않는 것이다. 그 포섭기능은 "항상" 또는 "거의 항상"이라는 도식을 갖고 영위(營爲)되는 것이기 때문에 그 기능에서 버려진 정언적 우연은 "항상" 및 "거의 항상"의 부정으로서 "어떤 때는" 또는 "드물게"라고 하는 구조를 갖고 있다. 우연이 일반적 법칙에 대한 예외적 의미를 취해온 것은 특히 "드물게"의 경우이다. 또한 우연을 표하는 말이 "드물게"라는 것에 부리를 두고 있는 경우가 있는 것은 그 때문이다.

"わくらばに"[病葉:드물게]라고 하는 우연을 의미하는 고어가 있는데, わくらば(病葉)란 여름 무렵 단풍처럼 색이 든 고목 잎으로 "드물게" 밖에는 볼 수 없는 것이다.

여름 잎은 푸른 것을 법칙으로 한다. 그런데 드물게 색이 든 것이 있다. 여름의 푸른 잎에 있어서, 색이 든다는 것은 드물게 보는 예외이다. "たまたま(때때로)"이라는 말도 우연을 의미함과 동시에 "稀れに(드물게)"라는 의미도 갖고 있다. 원래 "たまたま(때때로)"는 "たま(때로)"를 반복하는 것에 의해 그 의미를 강조하는 것이다. 그러나 "たま(때로)"는 "手間(시간)"의 의미를 갖는다고 한다. 그리고 이 "たま(때로)"는 "まま(때로, 간혹)" 즉 "間間"과 거의 동일한 의미를 갖고 있다. 따라서 핵심적 의미는 "たま(때로)"와 "まま(때로, 간혹)"에 공통되는 "ま"에 있을 수밖에 없다.

"ま"란 무엇인가? "ま"는 "틈[間:사이]"이다. 사이이다. 공간적 및 시간적 사이이다. 또한 사이는 바로 사이를 두는 데에서 존재하지 않는 것을 의미한다. 따라서 "まれ[稀れ:드물다]"는 것을 의미한다. "稀(ま)れ"도 실제로는 "間有れ(まあれ)"의 줄임이다. (사서(辭書) 『언해』(言海) 참조) "ま"는 드물기 때문에 존재하지 않는 것이므로 "ま"는 또한 우연을 의미한다. "제 때에 맞다."(まに合ふ)란 우연의 기회로 적합한 것이다. "때가 나빴다."(まがわるい)란 조우(遭遇)한 우연이 적합성을 결여하고 있는 것이다. "이렇게 때가 되었다.(こんなまになつた)"란 이와 같은 우연한 사태에 이루어진 것을 의미하고 있다. 요컨대 "ま"를 기초로 해서 "まま(때로, 간혹)"도 "たま(때로)"

도 "たまたま(때때로)"도 "まれ(드물다)"도 모두 동일한 어군을 이루고 있다. 그래서 "わくらばに(우연히)" 및 "たまたま(때때로)"가 "まれに(드물게)"로서의 예외적 우연을 의미하고 있으면서, 일반적으로 우연을 의미하는 말이 되었다고 하는 사실은 정언적 우연이 특히 예외적 우연에 있어서 파악되기 쉬움을 증명하고 있다.

형식논리학의 허위론(虛僞論)으로 "우연의 허위"(σόφισμα παρὰ τὸ συμβεβηκός fallacia ex accidente)라고 하는 것도 주로 예외적 우연에 관한 것이다. 이른바 "단순 우연의 허위"는 일반개념에 관한 입언을 예외적 우연적 내용으로까지 적용하는 것이다. 예를 들면 '꿈'(夢 : ゆめ)은 '寢目(ゆめ)'의 뜻인데, 자면서 보는 것으로 시각적 내용이 많다."고 하는 것이므로, "맹인의 꿈도 시각적 내용이 많다."고 생각하려는 경우가 있다. 꿈이라고 하는 일반 개념에 관한 일반적 입언(立言)을 맹인의 꿈이라는 예외적 우연에도 적용하는 점에서 허위가 생기는 것이다. 맹인에게 꿈은 보는 것은 아니고, 듣는 것으로서 청각적 내용이 많다는 것은 맹인의 일기 따위에 비추어보아도 분명하다.

"도역 우연(倒逆偶然)의 허위"는 예외적 우연에 관한 진리를 곧 일반화하는 것이다. 예를 들면 "모르핀은 의약으로서 가치가 있다."고 하는 사실에서, "아편의 주성분은 모르핀이기 때문에 아편은 건강에 좋다."고 주장하려는 경우가 있다. 마취제 또는 진통제를 필요로 하는 병든 몸이라는 예외적 우연적 사건과 신체 일반을 변별하지 않기 때문에 일어나는 허위이다.

이상 예외적 우연을 고찰한 것인데, 요컨대 일반개념에 대한 비본질적 징표가 예외로서 우연은 징표인 경우에 비본질성, 우연성이 특히 드러나는 것이다.

6. 정언적 우연의 존재 이유

『나선비구경』(那先比丘經)34)에서 미란왕(彌蘭王)은 나선(那先)에게 다음과 같은 질문을 한다. "세간(世間) 사람들 중에 머리, 얼굴, 눈, 신체, 사지(四肢) 등이 모두 갖추어져 있는데, 어찌하여 장수하는 자, 단명(短命)하는 자, 병이 많은 자, 병이 적은 자, 가난한 자, 부유한 자, 우두머리 된 자, 천한 자, 단정한 자, 추악한 자, 사람들에게 신임을 얻은 자, 불신을 받는 자, 현명한 자, 아둔한 자 등 무슨 연고에서 같지 않는 것입니까?"(상 권) 이 물음은 인간의 기쁨과 고뇌를 담고 있는 철학적인 물음인데, 필경 개개 사물의 우연성, 정언적 우연성에 대한 물음임이 틀림없다. 개개의 인간이 인간이라고 하는 일반적 개념에 관한 한 가지고 있는 우연적 규정에 관한 물음인 것이다. 나선은 이에 대해, "비유컨대 여러 나무들이 과

34) 역주 : 『나선비구경』(那先比丘經) 사가라(舍竭: sagara)국왕 미란(彌蘭)과 천축(天竺)의 승려 나선비구(那先比丘)와의 문답을 기술한 것으로 줄여서 『나선경』이라고 한다. 처음에는 본생담에서 시작해, 나선이 출가·수계·득도한 과정과 미란이 아유팔라 사문을 논파한 것을 기록하고 둘의 대화가 점점 불교의 핵심에 나아가 50여조를 토론한 내용을 기록했다.

일에는 신 것, 쓴 것, 매운 것, 단 것이 있다."고 답했다. 그러나 이것은 단지 정언적 우연의 다른 한 예를 든 것에 불과하다.

정언적 우연의 존재에 대한 이런 의문은 일반적으로는 개개 사실 및 개개 사물의 존재에 대한 의문을 의미한다. 개개 사물의 존재에 대한 의문은 어떤 이유로 유(類)라든가 종(種), 그 외에 개개의 사물이 존재하는가 하는 의문이다. 그래서 이런 물음은 결국 존재 그 자체에 대한 물음인 것이다. 그렇다면 주어진 종은 그 안에 개개의 사물을 포함하지 않으면 자기가 개개의 사물이 되어서 유(類)에 대하여 존재할 것이다. 그러한 유(類)는 또한 자기 내에 특수를 부정하는 것에 의해 자기가 개개의 사물로 되어서 상위의 유(類)에 대해 존재하게 된다. 이렇게 해서 최고의 유(類)로 소급되는 것이다. 그래서 개개의 사물을 부정해서 최고의 유(類)의 존재만을 고려한다고 하는 것은 하나의 공허와 추상을 고려하는 것에 불과하다.

무엇보다 보편자가 개별화하는 때에 일체의 개별형태가, 보편자의 동일성에 기초하고, 상호간에 엄밀한 상등성을 가지고 있을 것 같은 경우 또한 고려하지 않는 것은 아니다. 그러나 그 경우에는 개개의 사물이란, 훗설이 말한 바 이데아적 단체성(單體性)[형상적 단체성(形相的 單體性)]과 같은 것이 되어버려서 진정한 개체성을 가진 것이라고는 말할 수 없는 것이다. 현실의 세계에 있어서는 어디까지나 라이프니츠의 "변별할 수 없는 것은 동일한 것[불가변별 즉동일(不可辨別 卽同一)]"의 원리가 지배하고 있는 것으로 생각하지 않으면 안 된다. 각각의 단자(單子)는 "형이상학적 점"으로서, "수학적 점"에 위치를 차지하고 있어서, 그 독자적인 입각지로부터 우주를 표현하고 있는 것이어야 한다. 따라서 우주에는 완전히 상동한 두 가지의 사물은 없다. 완전히 서로 같은 두 잎새도 없으며, 완전히 서로 같은 빗방울도 없다.

개개의 사물이 이데아적 단체성(單體性)으로부터 지금까지 말한 차별성을 표현하는 것은 현실의 현실성의 불가결 조건이 아닐 수 없다. 더욱이 또한 종(種)이라든가 유(類)라든가 하는 것과 같은 일반 개념이 원래 개개의 사물을 기초로 해서 동일화적 추상의 작용에 의해 구성되는 것인 이상 사상(捨象)에 의해 동일성의 범위 밖에 놓여진 우연적 징표가 정언적 우연으로서 반대로 개개 사물의 존재를 말하는 것은 당연한 것이다.

정언적 우연의 존재에 대한 의문은 다시 또 우연적 징표가 예외의 형태를 취하여 일반 개념 그 자체를 위협하는 경우에 대한 의문을 포함한다. 그에 대해서는 예외를 허용하는 일반 개념은 고정적 정적인 것은 아니고, 생성적 동적인 것으로서 도리어 일반 개념으로 움직여가려는 경향을 의미하고 있다고 답해야만 한다. 이 종류의 일반 개념은 한정판단적(限定判斷的) 보편성, 즉 기성적(旣成的) 보편성을 가진 것이 아니고, 반성판단적(反省判斷的) 보편성, 즉 과제적(課題的) 보편성을 지닌 것이라고 해도 좋다.

일반 개념과 개개의 사물 사이에는 움직임이 있다. 개개의 사물은 논리에 대해서 비공약성(非公約性)을 가진다. 거기서 예외의 가능성이 있다. 헤겔도 "자연의 표면에서는 이른바 우연이 자유롭게 발동하고 있다. 그것은 그러한 것으로 인정할 수 있다. 그러한 것으로만 있을 수 있고 그와 다른 것 같은 것으로는 있을 수 없는 것을 거기에서 찾아내길 바라는(때로 오해되어 철학으로 귀속되는) 요구를 가져서는 안 된다.…… 학문의 임무 그래서 자세하게는 철학의 임무는 일반적으로 우연성의 가상 아래 은폐되어 있는 필연성을 인식하는 것에 있다고 하는 것은 전적으로 옳다. 그러나 그것은 우연적인 것이 단순히 우리들의 주관적 표상에 속하고 있는 것으로, 따라서 진리에 도달하기 위해서는 단적으로 배제될 수 있는 것이라는 듯이 이해되어서는 안 된다. 이 방향을 따르는 데 치우친 학문적 노력은 공허한 놀이라고 한다든가 또는 융통성이 없는 골생원[朽子定規的인 腐儒]이라고 하는 정당한 비난을 면하기 어렵다."[35]고 말하고 있다.

또 법칙과 개체적 사실과의 관계에 관해서, "법률 및

35) Hegel, *Encyklopädie*, hrsg., v. Bolland, 1906, 195쪽.

사법은 일면에 있어서 우연성을 포함하고 있다. 그 뜻은 법률은 일반적 규정이어서 개개의 경우에 적용되지 않으면 안되기 때문이다. 만약 이 우연성에 반대의 태도를 취하게 되면 하나의 추상을 주장하는 것이 될 수 있다."[36] 라고 한다. 이것은 특히 법률에 관해 일반적 규정의 내부에 존재하는 우연의 움직임을 일컫는 것이고 또한 일반적으로 자연법칙과 개개의 우연에 관해서도 말할 수 있는 것이다. 부트루는 자연 법칙 내에 우연성에 관해서 "법칙이란 사실의 급류가 지나간 강바닥이다. 사실은 그 강바닥을 따라서 지나가지만, 본래는 사실이 강바닥을 긁어 놓은 것이다."라는 유명한 말을 했다.[37] 이미 법칙이란 일반 개념과 개개의 사실과의 포섭관계에 존재하는 것이기 때문에 일반 개념이 반성 판단적 과제적 보편성의 성격을 가지고 있는 한, 법칙의 이면에는 예외로서의 우연성이 수반되는 것은 도리어 당연한 것이 아니면 안 된다.

[36] Hegel, *Grundlinien der Philosophie des Rechts*, hrsg. v.Lasson, 1911, S.341.

[37] Boutroux, *De la contingence des lois de la nature*, 9éd., p.39.

7. 정언적 우연으로부터 가설적 우연으로

정언적 우연의 존재에 대한 의문은 곧 새로운 지평에서 문제가 전개되지 않으면 안 됨을 시사하고 있다. 여름에 추운 날이 있다면 그것은 여름이라고 하는 일반 개념에 의해서는 우연이다. 그러나 어떤 일정한 해의 여름에 온도가 낮은 것에는 태양의 흑점이라든가 무엇인가 그 원인이 있어야 한다. 또한 "이 클로버는 네 잎이다."고 하는 하나의 특수한 지각 판단에 있어서 "이 클로버"와 "네 잎"이라는 결합은 필연성을 가지고 있다. "클로버"와 "네 잎"과의 결합이 우연적인 것은 일반적인 개념이 사유된 때에만 이다. "이"라고 하는 지시 대명사에 의해서 "클로버"에 한정을 주는 것과 동시에 하나의 특수한 클로버와 네 잎과의 관계는 어느새 우연적인 것은 아니게 되는 것이다. "이 클로버"가 "네 잎"이라는 것은 영양의 상태라든가, 기후의 영향이라든가, 상처의 자극이라든가 하는 어떠한 원인이 있어야 한다.

　머리가 두 개인 뱀과 같은 것이 극히 희귀한 우연적 존재인 것은 누구도 인정한다. 그러나 생물학자의 실험에 의하면 수술에 의해 인공적으로 머리가 둘인 뱀을 만들 수 있기 때문에 자연계에서 발견되는 머리가 둘인 뱀과 같은 것도 아주 어렸을 때 머리 부위가 두 개로 잘려졌기 때문에 생긴 것으로 볼 수 있다. 머리가 두 개인 뱀을 우연적으로 고려하는 것은 뱀이라고 하는 일반 개념에 관련시켜 보는 한도에서이다. "이 뱀"이 두 개의 머리를 가지고 있음에는 무엇인가의 원인이 없어서는 안 된다.

　태어나면서부터 불구자라든가 백치 등을 우연적으로

생각하는 것도 "인간"이라는 일반 개념과의 관련에 있어서다. "이" 불구자 "저" 백치에는 그러저러한 발생학적 기타의 원인이 있어야 한다. 외모의 "단정, 추악"을 우연적으로 고려하는 것도 "인간"이라는 일반 개념을 세우고 그 일반 개념과의 관계에 있어서 특수를 보기 때문이다. "이" 사람이 "단정"하다, "저" 사람이 "추악"하다는 것에는 남녀의 양성의 생식 세포의 결합 방법이라든가, 임신 때의 모체의 건강 상태라든가 하는 어떤 원인이 있어야 한다. 마찬가지로 피부색의 차이에 따른 인종의 차별은 "인간"이라고 하는 개념적 본질에 의해서는 우연적인 것이다. 그러나 하나의 특수한 인종과 피부색과의 관계는 결코 우연적이지 않다. "이" 인종이 일정한 피부색을 가지고 있는 것은 광선, 온도, 기타 그 원인이 있지 않으면 안 된다. 또한 마찬가지로 적중률이 99%에 달하는 기상대의 어떤 기사의 일기예보가 이례적이라고 하는 것은 적중률 99%의 일기 예보라고 하는 일반개념에 대해서 그러한 예외적 우연이고, "이" 특수한 경우에는 일기의 급격한 변화라든가 예보자의 정신의 흥분이라든가 하는 것과 같은 어떠한 원인이 있지 않으면 안 된다.

우리들은 이와 같이 해서 개념성(概念性)의 문제로부터 이유성(理由性)의 문제로 이동했다. 정언적(定言的) 우연의 문제로부터 가설적(假說的) 우연의 문제로 이동한 것이다.

제2장 가설적 우연

1. 이유적 우연

　　모순율(矛盾律)과 충족이유율(充足理由律)을 라이프니츠는 "2대 원리"라고 칭했다.[1] 모순율이란 결국은 동일률(同一律)에 불과한 것이다. "동일성의 공리 또는 동일한 것이지만 모순의 공리"[2]라고 말한다. 칸트도 둘을 구별하지 않았다.[3] 그렇다면 이 2대 원리인 "동일률"과 "이유율"은 어떠한 관계가 있는가? 라이프니츠는 단편 "제1진리"(Primae veritates)에 있어서 이유성을 동일성으로 환원시키는 것의 가능성을 시사했다. 술어는 주어 안에, 귀결은 전건(前件) 안에 항상 내재한다.(Semper praedicatum seu consequens inest subjecto seu antecedenti) 그래서 내재(inesse)는 동일(indem esse)임에 틀림없다. 따라서 이유성은 결국은 동일성에 근거하고 있다. 대체로 진리의 증명은 "이유 없이는 어떠한 것도 없다."고 하는 이유율에 의한 것이다. 이유율이 타당하지 않는다면 선험적으로(a priori

---

[1] Leibniz, *Opera philosophica*, ed. Erdmann, p.515, 707.

[2] *ibid*. p.136.

[3] Kant, *Logik*, hrsg. v. Jäsche, S.58.

증명되지 않는 진리가 있다는 것이 된다. 이러한 진리는 동일성으로 해체되지 않는 진리를 의미한다. 그러나 그것은 진리의 성질에 반한다. 진리는 나타나든 은폐되든 어떻게 해도 항상 동일적이다.(Alioqui veritas daretur, quae non potest probari a priori, seu quae non resolveretur in identicas, quod est contra naturam veritatis, quae semper vel expresse vel implicite identica est) 그래서 제1진리란 "갑은 갑이다."라고 하는 명제임에 틀림없다.4) 쿠투라의 간명한 언표를 빌자면, "모든 동일명제(분석적)는 참이라고 동일률은 말한다. 모든 참된 명제는 동일적(분석적)이라고 이유율은 긍정한다."5) 에밀 메이어슨도 이유율이 동일률에 기초함을 지적하여, "합리성의 이 확신, 필연적 연결의 이 확신은 전건과 귀결과의 사이에 있는 동일성에의 환원에서만 그 근원을 가지고 있는 것이다."6)라고 말한다.

이유와 귀결은 이상과 같은 의미에서 동일성을 가지고 있다. 따라서 양자의 관계는 필연적이다. 그에 반해서 이유 귀결의 관계에 있지 않는 것은 우연적인 것이다. 그것을 이유적 필연에 대한 이유적 우연이라고 할 수 있다. 그래서 뒤에 말하는 바의 <u>인과적</u> 우연과 <u>목적적</u> 우연과 이 <u>이유적</u> 우연을 총칭해서 가설적 우연이라고 한다. 가설적 우연을 이 셋으로 구별하는 것은 가설적 관계를 이유성, 인과성, 목적성의 셋으로 구별하는 것에 기

---

4) *Opuscules et fragments inédits de* Leibniz, éd. Couturat pp.518~519.

5) Couturat, *Sur la métaphysique de* Leibniz, *Morale*, t. X. 1902, p.8.

6) Émile Meyerson, *Du cheminement de la Pensée*, I. 1931, p.55

초를 두고 있다. 쇼펜하우어는 충족이유율에서 네 가지 근원을 분석했다. "완성의 충족이유원리"(peincipium rationis sufficientis fiendi) "인식의 충족이유원리"(peincipium rationis sufficientis cognoscendi) "존재의 충족이유원리"(peincipium rationis sufficientis essendi), "행위의 충족이유원리"(peincipium rationis sufficientis agendi)의 넷이다.

완성의 충족 이유 원리는 우리들이 뒤에 다루게 될 인과성에 해당되고, 인식의 충족이유원리란 지금 서술했던 이유성에 해당되며, 행위의 충족이유원리란 뒤에 서술할 목적성에 각각 해당된다. 존재의 충족이유원리라는 것은 직관적 존재의 이유, 즉 수학적 이유에 관한 원리를 일컫는 것이다.[7] 그래서 충족이유율의 네 가지 구분에 대응해서 쇼펜하우어는 필연성을 물리적 필연성, 논리적 필연성, 수학적 필연성, 실천적 필연성의 넷으로 구분한다.[8] 수학적 이유를 논리적 이유로부터 구별해서 논리적 필연성의 외부에 수학적 필연성을 두는 것이 당연한가 그렇지 않은가 하는 것은 인식론 상 중요한 문제의 하나지만, 지금은 그 문제에 깊이 들어갈 생각은 없다. 여기서는 다만 로츠가, "필연적으로 비존재가 불가능한 것이란 다음과 같이 제약되는 것뿐이다. 즉, (1) 귀결로서 이유에 의해서 규정되는 것, (2) 결과로서 원인에 의해서 규정되는 것, (3) 수단으로서 목적에 위해 규정되는 것 등이다."[9]고 말한 데에 따라서 가설적 관계를 이유성, 인

7) Schopenhauer, *Über dei vierfache Wurzel des Satzes vom zureichenden Grunde*

8) Schopenhauer, *Die Welt als Wille und Vorstellung, Anhang. Kritik der Kantischen Philosophie.* Sämtliche Werke, hrsg. v. Deussen, I. S.549.

9) Lotze, *Mikrokosmus*, Ⅲ. 1864, S.551.

과성, 목적성의 셋으로 구별하고 이유적 필연성, 인과적 필연성, 목적적 필연성의 셋에 대응해서 이유적 우연성, 인과적 우연성, 목적적 우연성의 셋으로 나누는 것이다.

이유적 우연에는 두 가지 종류가 있다. 첫째는 하나의 무엇에 관해서 이유의 비존재를 소극적으로 보는 경우가 있고, 둘째는 둘 혹은 둘 이상의 것의 사이에 이유성이 되지 않는 무엇인가 다른 관계가 존재하는 것을 적극적으로 보려는 경우이다. 전자를 이유적 소극적 우연이라고 하고 후자를 이유적 적극적 우연이라고 할 수 있다.

2. 이유적 소극적 우연

이유적 소극적 우연이란 이유의 비존재(非存在)를 소극적(消極的)으로 보려는 경우이다. 다음의 사례에 이런 종류의 우연 개념이 나타난다. "무엇이 참인가를 분명하게 판명해 인식하지 않는 경우, 만약 자기가 판단을 내리는 것을 보류하게 되면 자기는 분명 바른 것을 하고 있는 것이지 잘못한 것은 아니다. 그러나 만약에라도 자기가 긍정하든가 부정하든가 하게 되면 자기는 자유 의지를 정당하게 사용하지 않는 것이다. 만약에라도 틀린 방향으로 자기가 향하게 되면 자기는 분명히 잘못하고 있다. 자기가 다른 방향을 잡았다고 하면 자기는 우연히 진리 안으로 떨어지지만 그러나 그로 인해서 잘못이 없다는 뜻은 아니다. 그렇다면 지성의 인식이 늘 의지의 결정에 선행하지 않으면 안 되는 것은 자연의 빛에 의해서 명백한 것이다."10) 진리를 긍정하는 데 충족한 명석판단인 이유를 결여하고 있으면서 제멋대로 긍정한 것이기 때문에 그것은 우연히 진리 속에 떨어져 들어간 것이다. 이 경우의 우연이란 이유의 비존재로서의 이유적 소극적 우연이다.

다음과 같은 예도 마찬가지다. "과학이 그 설명에 있어서 최고의 또 가장 완전한 표현을 원자론에 의해서 발견하는 것은 과학의 구조 그 자체에 의한 것이고, 일종의 우연의 결과는 아니다. 수(數)에 의하지 않고서는 명백하게 인식하지 못하는 바인 오성의 노력으로서의 과학이 현실의 불명확한 다양성을 지배하는 것은 수에 의해서만 가능하다."11) 논자에 의하면 과학이 원자론이라고 하는 귀결에 도달하는 것은 과학의 구조 그 자체에 충족한 이유가 있는 것이다. 과학과 원자론은 이유적 필연성에 의해 결합되어 있는 것이어서 이유의 비존재에 의한 우연은 보이지 않는다.

다음의 경우도 마찬가지다. "변증법적 구조를 조금이라도 왜곡하지 않고 보존하는 때는 상대적으로 대립하는 유(有)와 무(無)가 완전히 동위동격(同位同格)으로 되

---

10) Descartes, *Meditationes* IV. Oevres, éd. Adam & Tannery, VII. pp.59~60 ; *Principia philosopiae*, I. § 44 Oevres, éd. Adam & Tannery, VIII. p.21 참조.

11) A. Hannequin, *Essai critique sur l'hypothése des atomes*, Paris, Alcan, p.129.

어 우리들은 그 사이에 우열이나 앞뒤를 구별할 길이 없고, 유에서 무로 그 무에서 유로 전화(轉化)한다고 하는 보통의 해석에 의한 변증법의 구조를 버리고 유와 무는 둘이 되고 마찬가지로 직접적으로 절대 유로부터 그 자기 한정 또는 자기 부정에 의해 현시(顯示)되는 것으로 생각하지 않으면 안 된다. 또한 그 때문에 절대자의 견지로부터 유와 무는 상호에 교환할 수 있는 것이 된다. 그래서 둘의 발생의 선후를 따르는 것은 단순히 이것을 고려한 개인적 우연인 자의로 귀결하는 데서 벗어날 수는 없을 것이다."12) 논리적으로는 유와 무는 완전히 동위동격이고 어느 것을 선후로 할 이유는 없다. 만약 어느 것을 선(先)으로 혹은 후(後)로 한다면 그것은 필연적인 이유가 없는 단순히 제멋대로 하는 것이며 즉 이유적 우연이다. 요컨대 이유적 소극적 우연이란 충족한 이유를 결여한 정신적 소산이다.

   충족한 이유를 결여한 정신적 소산이란 일반적으로 말해서 비합리적인 것이다. 그와 같은 비합리적인 이유적 소극적 우연이 비교적 항상성을 갖고 존재하는 장소를 볼 수 있는 곳은 꿈이라든가 광기(狂氣)라든가 예술 제작에 있어서이다. 꿈속에서는 관념 조정이 움직이는 방향은 완전히 우연한 생각형태에 불과하다. 베르그송도 말한 것과 같이 꿈속에서는 우리들은 우연의 사건에 헤아릴 수도 없이 조우하는 것이다. 추억의 여러 잡다한

---

12) 高橋里美, 『全體의 立場』, 277쪽.

파편을 기억이 여기저기서 끌어다 붙여와, 사리도 없이, 잠자는 이의 의식에 제공한다. 그 무의미하게 끌어 모은 데 대해 무엇인가의 의미를 찾는다. 저 사리에 합하지 않는 것은 틈이 있기 때문이라고 생각하고 그것을 메우기 위해 다른 여러 종류의 추상을 환기해 오는 것이다. 그래도 또한 여러 가지 비슷한 난잡함을 가지고 나타나기 때문에 다시금 새로운 설명이 필요해 제한 없이 동일한 것이 계속되어간다.

   대체로 꿈의 불안정성은 감각을 정확히 추상에 대응시키지 않아, 거기서 쓸데없는 여지를 남겨두는 데 기초하고 있다. 같은 감각에 대해서 대단히 가까운 여러 종류의 잡다한 추상이 꿈에서는 적합한 듯이 되는 것이다. 우찌타 햣켄(內田百間)의 『백귀원수필』(百鬼園隨筆) 중에는, "8월 8일 가을에 들어섰다. 밤이 밝아서 한번 눈이 떠졌을 때 미닫이문과 창을 밝게 열어 두고 또 잠이 들었다. 전통원(傳通院) 고개 아래로 향해서 누런 색의 커다란 말이 걸어 왔다. 몸통이 사슴보다 긴데 네 개의 발 안쪽에, 뒤 편 왼쪽의 것이 하나가 짧았다. 누구도 있지 않았으므로 위태하다고 생각했다. 일단 왔던 이상한 것에 위험하므로 도망가는 것이 낫다고 생각했으나 말은 이쪽을 향했다. 그 박자에 말 왼쪽 편에 검은 부착물을 붙인 남자 두 사람이 있는 것이 보였다. 그 말이 어디로 가는지 알 수 없는데 눈이 떠졌다. 가까운 곳에 까마귀의 울음소리가 들렸다. 유달리 낮은 소리로 길게 계속해 울었다."고 했다. 감각적 소여는 "까마귀가 유달리 낮은 소리로 길게 계속해서 울었다."고 하는 것이다. 그것이 전통원(傳通院)의 음산한 고개 길의 추억이라든가 유달리 낮은 색조의 황색의 추억이라든가, 몸통이 긴 말의 추억이라든가 네 개의 다리 중에 하나가 짧은 이상한 형태의 추억이라든가, 까마귀와 같이 검은 부착물을 붙인 연극 속의 검둥이에 대한 추억을 환기시키는 것이다. 그것들의 추억은 모두 감각 내에 소생하는 것이어서 감각을 따라 돌이켜 치닫는 것이다. 거기서 황색의 말이라고 하는 따위의 우연의 산물이 생긴다. 그것이 전통원(傳通院) 고개 아래를 향해 절름거리며 걸어온다. 또한 어긋난 추억은 한결같이 감각을 따라붙어서 전후로 번갈아 대신해 감각에 따라 다닌다. 말을 향한 쪽에 검게 치장한 남자가 있는가 하고 생각하자 지금은 황색의 말이 검은 색으로 치장한 남자로 변했다. 꿈꾸는 사람은 "누군가 사람이 없기 때문에 위태롭다."라든가, "위태롭기 때문에 도망치는 것이 낫다."라든가 "도망치는 것이 낫다고 생각했는데 말이 이쪽을 향하고 있다."라든가 "말이 이쪽을 향했는데 그 박자에"라든가 하는 따위의 꿈속에서의 추론을 하든가 논리적 연락을 붙이든가 해서 꿈의 터무니없음을 제거하려는데 도리어 한층 더 터무니없게 되어버렸다. 꿈이 전개하는 우연의 분위기는 거의 설명이

제2장 가설적 우연 57

13) Bergson, L'Énergie spirituelle, p.91, 114 참조.

14) Descartes, Meditationes Ⅰ. Oevres, éd. Adam & Tannery, Ⅶ. p.19.

붙지 않는 것이다.13)

광인의 지적 세계도 마찬가지로 우연의 분위기로 뒤섞여 있다. "가난하면서도 제왕이라고 완고하게 말을 늘어놓고, 벌거벗었으면서도 보라색 옷을 걸쳤다고 말하고, 혹은 자기의 머리는 도자기라고 한다든가, 혹은 또 자신을 호박이라든가 유리병으로 믿어버린다."고 데카르트는 서술했다.14) 셰익스피어의 미친 리어왕의 말도 이 유적 우연의 예로서 인용할 수 있다. "리이건의 눈을 해부해봅시다. 그 년의 가슴에는 도대체 어떤 것이 자라고 있는지 그것을 조사해봅시다. 아아 이런 혹독한 마음을 길러낸 낸 원인이 무언가 특별하게 있다는 것입니까? 그대(에드거—역주)를 내가 백 사람의 무사의 한 사람으로 고용하련다. 다만 그 복제(復除)가 마음에 들지 않는다. 그대는 이것은 페르시아식이라고도 할 것인데 다시 빌려라. 조용히 해, 조용히. 커튼을 처라. 그래 그래. 저녁식사는 아침에 먹으련다."(3막 6장) 육체를 해부하는 것, 냉혹한 가슴을 취조하는 것, 옷을 벗는 것과 옷을 입는 것, 아침 시간과 저녁 식사. 관념을 정하는 데 충족한 이유가 없다.

예술이 한편으로는 꿈과 광기에 가깝지만, 다른 한편으로는 차이가 있는 것은 여러 차례 서술했는데, 어떤 종류의 예술 제작에는 이유적 소극적 우연이 극도로 나타나 있어서 꿈 혹은 광기 그 자체를 생각하게 하는 것이 있다. 예를 들면 『만엽집』(萬葉集) 권 16에 "의미가 통하지 않는 노래"가 2수 있다. "내 처의 이마에 생긴 쌍륙장기판 황소의 안장 위의 종기" "내 남편이 훈도시15)를 입고 丸石에 있는 요시노(吉野)의 산에 빙어가 걸려있다." 이들은 토네리 신노우(舍人親王)16)가 "혹 관련 없는 노래를 만드는 사람이 있으면 돈과 비단을 주겠다."고 한 어명을 내렸던 결과로 만들어진 노래다.

"관련하는 점이 없음"이라고 함은 이유의 비존재를 일컫는 것이다. 『가경표식』(歌經標式)17)의 "이회(離會)"의 노래에 "봄날 산봉우리로 노를 저어 가는 배의 약수사(藥師寺) 아와지(淡路) 섬의 쟁기의 귀"도 같은 것이다. 말과 말 사이에는 아무런 논리적 연결이 없다. 적극적인 것은 거의 볼 수 없고, 문맥에 의해서 이유의 비존재가 소극적으로 목격되는 데 그치는 것이다. 그러나 역시 거기서 어떠한 예술이 있는 것을 부인할 수는 없다. 셰익스피어의 『한 여름 밤의 꿈』은 우연의 추상적 넌센스를 상징화한 한 예인 것과 함께 인생의 가장 구체적인 진리를 그대로 그린 것이다. 직물점의 보톰이 고백하듯이 "멸법계(滅法界)에도 없는 불가사의한 꿈", "인간의 지혜로서는 어떠한 것이라도 불가능한 듯한 꿈", "인간의 눈으로써 듣는 것도 없고 귀로써 본 것도 손으로 맛을 보는 것도 입술로 생각하는 것도 마음으로써 전하는 것도 없는 꿈"이다. "이런 꿈을 설명하겠다고 생각하는 놈이

15) 역주 남자속옷.

16) 역주 (?~735). 일본 중세의 정치가.

17) 역주 일본 고대 시대의 노래 이론을 적은 대표적 서적.

있으면 큰 당나귀"이다. "대단히 어처구니없는" 것이다. "보통의 꿈"으로써 "바닥이 없다"이다. "바닥이 없다"라는 것은 관련하는 점이 없는 것이다. 이유의 비존재이다. 이런 종류의 무의미, 즉 넌센스의 "출세간(出世間)적인 유희와 초현실적인 웃음"에 관해서 타카하시 사토미(高橋里美)씨는 흥미 있는 철학적 고찰을 하고 있다.[18]

18) 『東北帝國大學 法文學部 10周年紀念 哲學論集』, 53호.

3. 이유적 적극적 우연

이유적 적극적 우연에 있어서는 두 가지 혹은 둘 이상의 것 사이에 이유성에 의한 필연적 관계가 아닌 무언가 다른 적극적인 관계가 목격되는 것이다. 이런 종류의 우연은 이따금 수의 관계에 나타난다. 예컨대 원주율(圓周率)에 대해서 말하면, 아르키메데스의 수치인 $3\frac{1}{7}$을 소수로 나타내면 다음과 같은 순환 소수를 얻을 수 있다.

$$3.142857142857......$$

순환절 142857이 "거듭거듭"(παλιν και παλιν) 반복되는 것이고 이 경우 원주(圓周)와 그 직경에는 비교적 근사치를 가진 수의 성질이 명수법(命數法)이라고 하는 어떤 관계도 없이 이유적 필연적 관계에 있어서 존재한다.

따라서 소수 첫째 자리로부터 여섯째 자리까지에 해당하는 부분은 수의 성질에 의해 필연적으로 제약되고, 마찬가지로 소수 일곱째 자리부터 열두번째 자리까지에 해당되는 부분도 필연적으로 제약된다. 그런데 그 근사치를 숫자로 표현하기 위해 채용할 십진명수법(十進命數法)이라고 하는 기교가 있어서 그것에 기초해 142857과 142857이 우연성으로서 적극적으로 목격되는 것이다. 소수 열두번째 자리 이하에 있어서도 마찬가지 관계가 무한히 반복된다. 이시 이 142857이란 수를 보자. 그래서 원판 위에 원에 내접하는 육각형의 각 정점에 이 수의 숫자를 시계 바늘 방향으로 순서대로 나열해 보자. 이 수를 두 배 하면 285714가 되고 세 배 하면 428571이 되고 네 배 하면 571428이 되고 다섯 배 하면 714285가 되고 여섯 배 하면 857142가 된다. 이들 수는 원판 위의 것과 동일한 숫자로 동일한 순서이다. 두 배를 할 때에는 출발을 2에 두고 시계바늘 방향으로 회전해본다. 이 142857이라고 하는 수는 7배를 하면 999999가 되는 수이고 따라서 백만을 7로 나눈 몫의 정수부분이다. 일반적으로 142857과 그 두 배, 세 배, 네 배, 다섯 배, 여섯 배의 여러 수 사이에 존재하는 필연적 관계는 공약수에 해당하는 하나 하나의 수로 그 각종의 배수에 있다고 하는 관계이다. 그래서 공약수가 9의 배수라고 하는 이유에 의해 공약수의 각종의 배수도 또한 9의 배수라고 하는

제2장 가설적 우연 61

귀결이 나온다. 그러나 그 이외에 위에 말한 것과 같은 특수한 관계가 있는 것은 각 수를 궁극적인 것으로 보아 오른쪽 끝에서부터 왼쪽 끝으로 돌아오는 원형 운동을 생각하는 것에 기초하고 있다. 원형 운동에 의해서 기묘하게 나타나는 이러한 종류의 부합은 하나의 수 및 그 수의 각종의 배수 사이에는 필연적 관계라는 완전히 인연이 없는 우연적 관계이다. 거기서는 "세상에는 있지 않는"(사이팔오칠일) 등으로 읽을 수 있는 운동이 하나도 없는 완전히 정지한 것, 2배, 3배, 4배, 5배, 6배 해도 조금도 변화하지 않는 것이다. 그것은 어쨌든 주목할 만한 관계이다. 그 관계를 적극적으로 목격하는 바에 적극적 우연이 존재하는 것이다.

성명 판단에서도 어떤 성명이 문자의 획수에 의해서 적극적 관계를 가지는 것도 논리적 관계가 없는 곳에 존재하는 이유적 적극적 우연이다. 코키오(行雄), 히사요시(久徵), 테이스케(禎介), 타케로우(武郎), 센지(宣治) 등은 상호간에 아무런 논리적 관계가 없음에도 불구하고 이른바 지격(地格) 즉 성명의 전 획수가 18획이라고 하는 점에서 우연적 관계를 보이고, 그것에서 성명판단의 하나의 기초를 이룬다.[19] 논리적 관계는 이름이 나타내는 의미와 이름 자체와의 사이에 있는 것이다. 일정한 이름이 생기는 이유는 그 이름이 표하는 의미에 있다. 일정한 이유에 의해서 코키오(行雄)라는 이름이 귀결되고, 다

19) 역주 : 성명을 보고 운명을 점치는 방법 중의 하나. 한자로 쓴 이름의 전체 획이 몇 획인가 세어서 그것으로 운명을 점친다. 이때 그 획의 수를 지격(地格)이라고 일컫는다.

른 일정한 이유에 의해서 히사요시(久徵)라는 이름이 귀결된다. 코키오(行雄)와 히사요시(久徵)와 사이에는 어떠한 이유성에 따른 필연적 관계는 없다. 획수가 다 18획이라고 하는 것은 적극적으로 목격된 우연성이다. 이름과 이름 사이에 논리적 관계는 의미의 관계이지 않으면 안 된다. 예컨대 코키오(行雄)와 쓰기오(次雄), 미쓰오(光雄), 요시오(吉雄), 야스오(安雄) 등은 의미상 공약수라고 할 수 있는 '오'(雄)라는 글자를 공통으로 가지고 있다. 어떤 일정한 이유, 예를 들면, "남자답다"라는 것과 같은 의미가 이유가 되어 코키오와 쓰기오, 미쓰오, 요시오, 야스오라는 이름이 생긴 것이 틀림없다. 이 경우 그 각각은 동일한 이유의 귀결이라고 하는 데에 기초하여 서로 논리적 필연적 관계를 갖고 있다. 다만 그밖에 더 보이는 전체 획수 18이라고 하는 공통점은 이유성 외에 적극적으로 파악하게 된 우연성인 것이다.

이유적 적극적 우연은 또한 언어의 음운관계 면에서도 뚜렷하게 보여진다. 즉, 이유성에 의한 논리적 관계가 없는 곳에서 음운상의 관계가 적극적으로 존재하는 경우가 있다. 예를 들면 바리때(鉢), 벌(蜂), 여덟(八)의 관계[20], 또는 선향(線香), 전형(銓衡), 전공(專攻), 잠행(潛行), 선홍(鮮紅), 전공(戰功), 선공(仙公) 등의 상호관계[21]와 같은 것이다. 이들의 언어 사이에는 한편을 이유로 하고 다른 편을 귀결로 삼는 조정을 서로 제약하는 어떠한 논

---

20) 역주 : 발음은 모두 は ち/hatsi/.

21) 역주 : 발음은 모두 せんこお/senkoo/.

제2장 가설적 우연 63

리적 관계도 없다. 뿐만 아니라 공통의 이유로부터 생긴 각종의 귀결이라고 하는 논리적 관계를 가지고 있지도 않다. 적극적으로 존재하는 것은 다만 음운상의 관계뿐이다. 그런 이유로 저 관계를 우연이라고 하는 것이다.

이 종류의 우연은 두운(頭韻), 각운(脚韻), 괘사(掛詞)22), 침사(枕詞)23), 절구(折句), 회문(廻文) 등의 형태로 문학상에 일정한 가치를 가지고 있다.24) 침사에 대해 말하면 "금중(禁中) 궁궐 그곳에[百敷の大宮どころ]" "풀 베개 삼은 나그네 머물게 한[草枕の旅やどりせす]" 등에 있어서는 침사와 다음의 일곱 자구와의 규정은 의미의 논리적 관계에 의해서 서로 필연적으로 제약된다. 그러나 "벼실은 배의 부정함은 아니고[稻舟の, いなにはあらず]" "병꽃나무 꽃 떠 있는 것 있어[うの花のうりごどあれや]" 등의 두운에 의한 것이라든가, "옥 목걸이 끈 묶은 지(智)의 벌판[玉垂のを(緖, 越)智の大野]", "팽팽하게 당겨진 산기슭을[梓弓はる(張, 春)の山べを]" 등 괘사에 의한 것은 어느 것이나 모두 침사와 다음 일곱 자구 사이에 있는 참된 이유성을 결여하고 있는 것이라서 단지 음운상의 우연적 관계가 존재할 뿐이다. 또한 괘사의 본질은 하나의 음을 달리 하는 두 개의 의미로 분해되어 두 개의 의미를 가진 음운상의 우연적 부합을 파악하는 것이다. 각운에 대해서 말하자면, '낙양성 동쪽 복사꽃 오얏꽃[洛陽城東桃李花]'라고 하는 구는 논리적 관계에 의

---

22) 역주 : 동음이의어(同音異議語)를 사용함으로써 이중의 의미를 갖게 하는 수사법

23) 역주 : 침사(枕詞)는 다섯 음을 보통으로 하는데 항상 일정한 단어 위에서 수식 또는 구조(口調)를 조정하는 데 사용하는 것으로 大和에는 '敷島の', 妻에는 '若草', 旅에는 '草枕' 등 일정한 의미를 갖고 있으나 다음에는 그저 성조(聲調)를 고르게 하는 역할만 남은 것을 일컫는다. 침사의 수는 1천2백 단어 쯤된다고 한다.

24) 岩波日本文學講座. 九鬼, 『日本詩의 押韻』, 8, 119, 155쪽 참조.

해 각각의 언어가 필연적으로 제약된다. '날아가고 날아와 누구 집에 떨어지나.[飛來飛去落誰家]'라고 하는 구도 마찬가지다. 그런데 이 양 구 사이에는 화(花)와 가(家)가 똑같이 평성 마운(麻韻)이라고 하는 음운상의 성격에 의해서 언어의 의미에 의한 이유성이라는 것과는 아무런 관계도 없는 우연적 관계가 설정되어 있는 것이다. "그윽한 산새 오리 앉은 섬에 내가 앉아 잠들고 그대는 잊지 않으니 세상일 하나하나마다[奧つ鳥(i)鴨着く島に(i)我がゐ寢し(i)妹は忘れじ(i)世のことごとに(i)]"는 일운도저(一韻到底)한 우연적 관계에 의해 무한히 반복되는 회귀적 원형 운동을 이루고 있다. 또, "아름다운 옷 입고 있으면서도 아득히 멀리 여행을 하자고 생각한다[からごろもきつつなれにしつましあればはるばるきぬるたびおしぞおもふ]"라고 하는 것과 같은 절구에 있어서는 언어의 의미상의 이유성에 의해서 관통되는 한 수 전체에 다시 음운상의 우연적 관계에 의한 다른 새로운 의미가 이중으로 부가된다. 회문은 "소주 만병만 주소."와 같이 위로부터 읽어도 아래로부터 읽어도 같은 노래인데[25] 원형 운동에 의해서 논리적 필연적 관계 이외의 특수한 우연성을 가진다는 점에서 앞서 들었던, 142857 따위와 유사한 성격을 가지고 있는 것이다.

테라다 토라히코(寺田寅彦)씨는 『만화경』(萬華鏡)에서 "영어라든가 독일어를 차례로 가르치면서 여러 번 일본

25) 역주 : 바로 읽어도 뜻이 되고, 거꾸로 읽어도 뜻이 되는 문장을 말한다. 원문은 "なかきよのどおのねぶりとみなめざあなみのりぶねのおとのよきかな" 이었으나 우리말의 예로 바꾸었다.

어와 비슷한 음을 가진 같은 뜻의 어휘에 직면할 때가 있다. 이것들을 우연이라고도 생각하는 것도 그 모두가 우연의 암합(暗合)이라고도 하는 일을 증명하는 일도 가능하다."(196쪽)고 하고 beat butu[ぶつ:치다], flat filattai[ひらたい:평평하다], new nii[にい:새롭다], fat futu[ふと(る):살찌다], easy yassasi[やさしい:쉽다], clean kilei[きれい:깨끗하다], angry ikari[いかり:怒り:성내다], anchor ikari[いかり:錨:닻], tray tarai[たらい:그릇], mattress musiro[むしろ:筵:자리] 등의 사례를 열거했다. 최초의 음운상의 우연성이라고 생각되었던 것이 필연성으로 해체되는 경우는 물론 여러 번 있다. 예를 들어 신[神:かみ(카미)], 위[上:かみ(카미)], 머리카락[髮:かみ(카미)]은 모두 머리 위에 있는 존경할 수 있는 것이다. 늑대[おおかみ(오오카미)]도 무서운 "신"이다. 이들은 모두 공통의 이유에 제약된 여러 가지 것들의 귀결이다. 상호간에는 이유성에 기초한 논리적 필연적 관계가 있다. 이유적 적극적 우연성이 이와 같은 것으로 보이지 않는 것은 말할 것도 없다.

4. 인과성과 목적성

라이프니츠가 말한 충족이유율(充足理由律)은 인식이유(認識理由)와 실재이유(實在理由) 둘을 포함하고 있는 것으로 인과율이라는 의미를 갖는다. 이것은 글라크에게 보낸 제5서에 "이 원리는 하나의 사물이 존재하고 하나의 사건이 일어나고 하나의 진리가 생기기 위해 충족 이유를 필요로 하는 원리이다."26)라고 한 말에 의해서도 명확해진다. 대체로 인식이유[이유]와 실재이유[원인]의 구별은 인식론에 의한 끝없는 획득이라고 생각하는 논자도 있지만, 그렇게 말하는 논자에 대해서 에밀 메이어슨은 다음과 같이 말한다. "혹 그럴지도 모른다. 그러나 우리는 추리의 본질은 적어도 의식적으로 이 구별을 옆으로 밀어두는 데에 있다는 것을 주장한다."27) 어쨌든 이유율이 동일률로 환원되는 이상 인과율도 또한 동일률으로 환원된다고 생각하는 것도 괜찮을 것이다. 메이어슨은, "인과율은 시간 내의 모든 사물의 존재에 적용된 동일률임에 틀림없다."28)고 말하고 있다.

우리들이 어떤 사건에 관해서 그 원인이라고 하는 것은 다른 사건 속에 발견되는 동일자(同一者)이다. 수소와 산소가 화합한 결과로서 물이 생긴다고 하는 것은 수소라든가 산소라든가 하는 원소라고 일컬어지는 것이 화합물 속에도 자기를 동일하게 유지하고 있는 것이다. 그 때문에 인과관계는 방정식을 취해서 표현할 수 있는 것을 이상으로 한다. "원인과 결과는 같다."(causa acquat effectum)란 그런 의미이다. 즉 인과성도 동일성으로 귀속시키는 것이 가능하다. 그래서 인과관계가 동일관계에

26) Leibniz, *Opera philosophica*, ed. Erdmann, p.778.

27) Émile Meyerson, *Du Cheminement de la Pensée*, Ⅰ. 1931, p.55.

28) Émile Meyerson, *Identité et Réalité*, 3 éd., p.38.

지나지 않는다고 한다면 동일률이 갖는 필연성을 인과율도 가지고 있을 터이다. 우리는 수소와 산소를 화합하면 필연적으로 물이 된다고 생각한다. 수소와 산소의 화합이라고 하는 것과 물과의 사이에는 필연적인 관계가 존재한다. 왜냐하면 수소와 산소는 물 속에 자기를 동일하게 유지하고 있다. 거기에는 동일자가 있다. 따라서 거기에는 필연성이 있다.

더욱이 목적 수단 관계도 넓은 의미에서 인과 관계의 일종으로 볼 수 있다. 그런 뜻에서 "동력인"(動力因)(causa efficiens)에 대해 "목적인"(目的因)(causa finalis)이라는 개념이 있다. 즉, 아리스토텔레스는 '운동의 시작'(ἡ ἀρχη της κινησηως)과 '그 원인으로'(το οὗ ἕνεκα)라는 것을 다같이 '왜'(δια τι)의 물음에 대해 답하는 '원인'(αιτια)으로 보았다.29) 마찬가지로 칸트도 "인과성의 두 종류"에 대해서 말하면서 좁은 의미의 인과 관계를 실재적 원인연관(實在的原因聯關)이라고 하고 목적수단관계를 관념적 원인연관(觀念的原因聯關) 또는 이성 개념에 의한 인과결합이라고 칭했다.30) 다만 인과관계와 목적수단 관계에 있어서는 그 관계가 반대로 되었다. 결과로서 뒤에 오는 것이 목적으로서 먼저 고려되고, 원인으로서 먼저 오는 것이 수단으로서 뒤에 고려된다. 목적이 원인으로서 움직이고 그 결과로서 수단을 생성하므로 원래 결과인 것이 원인이 되고, 원래 원인인 것이 결과로 된다. 르누비

---

29) Aristoteles, *Physica*, II, 3; *Metaphysica*, Δ. 2

30) Kant, *Kritik der Urteilskraft*, §65.

31) Renouvier, *Traité de Logique générale*, 1912, II, p.164.

32) Hamelin, *Essai sur les éléments principaux de la représentation*, 2ᵉ. éd. p.332.

33) Bergson, *L'Évolution créatrice*, 25 éd. p.156.

34) Ravaisson, *De l'habitude*, nouvelle éd. 1927, p.62, 16.

35) Kant, *Kritik der Urteilskraft*, §46.

에는, "수단이란 목적적으로 일컫는 원인에 독특한 일종의 결과이다."31)라고 말한다. 그러므로 아믈랭의 말을 빌자면 목적성이란 "미래에 의한 결정"32)인 것이다. 그래서 현실성을 결여하고 있는 바의 미래가 현실성을 띠고 원인으로서 작용할 수 있는 것은 의식의 시간적 선취(先取) 사실에 의한 것에 불과하므로 목적성이라고 하는 것은 엄밀히는 의식의 범위에 한해서만 타당성을 가지는 개념이다.

이 개념을 의식의 범위를 넘어서 자연계에도 구성적 원리로서 인정하는 데는 아마도 베르그송의 이른바 "취소된 의식"(conscience annulée)33)으로서의 무의식의 개념을 매개로 하지 않으면 안 된다. 의식적인 행위가 습관에 의해서 무의식적인 반사 운동으로 변하는 사실에 근거해서 의식이 습관에 의해서 무의식으로 된 극한을 자연계라고 보는 방식이 있다. 습관이란 이를테면 의지가 자연에 이르는 미분적 연속이다. "습관의 역사는 자유가 자연에 귀환하는 길을 나타내고, 혹은 차라리 자연적 자발성에 의해서 자유의 영역이 침범된 것을 나타낸다." "이리하여 아마도 자연의 영역으로 인식과 선견(先見)의 지배가 나타난다."고 라브와송은 말한다.34) 칸트는 천재가 "자연으로서"35) 반무의식으로 예술적 제작을 이루는 것을 설명하는데, 그의 천재론(天才論)은 분명 그의 미학과 자연 철학을 연결하는 기반이다. 칸트는 자연계에 있어서의 목적성의 적용을 단순히 규제적 원리로서만 허용하면서, 또한 구성적 원리로서 승인하기 위해서 가정할 필요한 개념, 즉 무의식의 개념을 암시하고 있다. 여하튼 목적수단관계는 거꾸로 된 인과관계이다.

그래서 목적수단의 관계는 "갑을 위해서는 을이 되지 않으면 안 된다."고 하는 형태를 취하고 목적과 수단 사이에 필연적 관계가 있는 것을 시사한다. 이 필연성은 결국은 인과관계로부터 온다. "갑을 위해서는 을이 되지 않으면 안 된다."고 하는 목적수단관계는 "을이 되면 반드시 갑이 생긴다."고 하는 원인결과관계를 예상하고 있다. 따라서 거기에서 필연성이 있다.

대략 목적의 실현은 인과관계에 의할 것을 요한다. 목적은 어떤 사건의 결과로서 가져오지 않으면 안 된다. 그것을 위해서는 원인을 수단으로서 취하지 않으면 안 된다. 그러나 원인과 결과 사이에는 필연적 관계가 있다. 그러므로 일정한 결과를 목적으로서 의지하는 경우에는 일정한 원인을 수단으로서 의지하는 것이 필연적으로 요구된다. 원래 인과관계의 필연성과 목적수단관계의 필연성에는 "불가불"(不可不: Müssen)과 "당위"(當爲: Sollen)에 의해서 표현될 수 있는 차이가 있다고도 하는데, 똑같이 필연성이라는 데에 있어서는 같다.

아리스토텔레스가 필연성의 세 의미를 거론하는 중에 "거기 없다는 것은 선(善)이 없는 것"[36] 이라고 말하고

---

36) Aristoteles, *Metaphysica*, Δ. 7. 1072^b.

있는 것은 목적적 견지에 있어서의 필연성이다. 헤겔이 "그 자신과의 이러한 순수한 교착(交錯)은 포피를 벗었고, 또한 정립된 필연성이다."라든가 "필연성의 이러한 진리는 그 때문에 자유이다."라고 말하고 있는 것도 목적수단관계에 있는 필연성에 대해서 말하고 있는 것이다.37) 니콜라이 하르트만도 좁은 의미에서의 당위, 즉 윤리적 절대적 당위에 있는 필연성에 관해서 다음과 같이 말한다. "당위의 본질 중에는 핍박, 경향, 강요가 존재한다. 그 강요란 것이 곧 가령 강요의 대상이 실현될 수 없는 것이어도 여전히 성립하고 있는 것이다. 양상적(樣相的)으로 말하자면 그것은 대상의 필연성 외의 것을 의미할 수 없다. 게다가 그 필연성에는 대상의 현실화 가능성이 결여되어 있다. 이러한 모습의 윤리적 필연성의 특이성은 그것이 스스로 양상적으로 무엇인가 새로운 것, 예컨대 마침내 하나의 새로운 양상성(樣相性)을 의미한다고 하는 따위의 것에 존재하는 것은 아니다. 이론적 존재론적 필연성에 대해 윤리적 필연성이 다른 것은 이 필연성은 가능성을 고려하지 않고, 즉 대상 현실성의 현실적인 여러 제약을 고려하지 않고, 그 대상을 필연적인 것으로 정하는 점에만 있다."38) 요컨대 인과성도 목적성도 다 함께 동일에 기초해서 필연성을 가지는 것이다.

37) Hegel, *Encyklopädie*, hrsg., v. Bolland, 1906, §§157, 158

38) N, Hartmann, Logische und ontologische Wirklichkeit, *Kantstudien* XX, S. 21.

5. 인과적 우연과 목적적 우연

우연성이란 필연성의 부정이므로 인과적 필연성과 목적적 필연성에 대해서 그 각각의 부정으로서 인과적 우연성과 목적적 우연성의 두 가지가 있을 것이다. 인과적 우연이란 인과성을 결여한 것에 의해서 성립된 우연이다. 목적적 우연이란 목적성을 결여한 것에 의해서 성립된 우연이다. 그래서 이 인과적 우연과 목적적 우연의 두 가지에 이유적 우연을 더해서 가설적 우연의 세 가지 양태를 고려하는 것은 이미 말했다.(50~52쪽 참조)

우연을 표하는 말에는 부정어를 계기로 하는, '뜻하지 않게'[ゆくりなく], '뜻밖에도'[端なく], '계획 없이'[不圖] 등 어느 것이나 모두 이유성 또는 인과성 또는 목적성의 부정으로써 성립 토대를 마련하고 있다. '뜻하지 않게'는 '계기 없이', 즉 '연유 없이'의 의미이기 때문에 아마도 이유성의 부정일 것이다. '뜻밖에도'의 단(端)이란 머리, 실마리라는 것이므로 '원인 없이'라고 하는 것처럼 인과성을 부정한 것으로 보아도 좋을 것이다. '계획 없이'[不圖:ふと:뜻밖에]는 음을 빌린 글자인지도 모르는데, '불의(不意)의'와 관계가 있다고 볼 수 있는 한 목적성의 부정으로 보아도 지장이 없을 것이다. 그리스어 αὐτοματον도 αὐτο(저절로) ματην(이유 없이)로부터 와서 역시 이들 일본어와 마찬가지의 근거로써 성립하는 것이다. 더욱이

'계획 없이'는 의성음 훗토[フット:문득]와 관계가 있을지도 모른다. 훗토[フット], 히욧토[ヒョット:뜻밖에], 히욕코리[ヒョッコリ:느닷없이], 뽁쿠리[ポックリ:덜컥] 등은 우연을 암시하는데, 훗토, 히욧토, 히욕코리는 아마도 호흡 또는 바람 소리에 기초하고 뽁쿠리는 물 속에서 수면으로 올라올 때 나는 소리에 기초하고 있는 것이다. 이것은 가설적 우연 즉 이유성, 인과성, 목적성의 부정으로서의 우연성의 청각적 상징으로서는 매우 적절한 것이다.

계제에 우연성의 시각적 상징을 거론한 바에 의하면, 라 메트메리를 흉내내어 "하루하루 생겨 나오는 버섯과 같이"라고 하는(semblable à ces champignons qui paraissent d'un jour à l'autre) 것도 된다. 나루세 무쿄쿠(成瀬無極)씨의 『우연문답』(偶然問答)에는 "툇마루 아래로부터 뛰어 나온 개구리"[39]라고 하는 비유를 사용한다. 그리스에서는 우연 즉 튜케(τυχη)를 여신으로서 제사지내는 경우에, 그가 가지고 있는 물건으로서는 굴러다니는 '공'이라든가 '차바퀴'라든가, 또는 활개치는 날개를 지니게 했다. 양상적 범주의 하나로서 우연성의 시각적 상징은 기호적 논리학에 의해서도 전혀 관심이 없을만한 일은 아니다. 뒤에 우연성의 기호로서 ⟂ 을 선택한 것은 "독립한 두 원의 만남"으로서 우연성을 상징화한 것에 틀림없다.(180쪽 참조) 루이스[40](178쪽 참조)는 확증성(181쪽 참조) 즉 불가능성(∼)과 필연성(∼-)과의 공통 성질을 "엄

---

[39] 『偶然問答』, 433쪽, 436쪽.

[40] C.I.Lewis, *A Survey of Symbolic Logic*, 1918, p.293, 312.

밀 포함"(Strict Implication)이라고 말하고 언명성 즉 진리성과 허위성(-)과의 공통 성질을 "질료 포함"(Material Implication)이라고 하고 있지만 문제성 즉 가능성(-~)과 우연성(-~-)과의 공통 성질을 "병립"(Consistency)라고 하는데, "엄밀 포함"을 표현하는 것에는 ⋏의 기호를 사용하고, "질료 포함"을 표현하는 데는 ∩의 기호를 사용하고, "병립"을 표현하는 데는 ○의 기호를 사용한다. 병립이란 갑과 을이 양립할 수 있는 성질을 말하고 있으므로, 갑인 것도 가능하고 갑이 아닌 것도 가능(갑은 우연)한 경우를 지칭한다. p○q는 -~p (p는 가능하다) 또는 -~-p (p가 아닌 것이 가능하다 = p는 우연이다)를 표현한다. p와 q와의 관계를 ○로 표현하는 것은 p인지 q인지 어느 것으로 되는지가 불확정인 채 문제로서 남는 것을 시사한다. ○으로 상징되는 공은 p의 방향으로 구를까 q의 방향으로 구를까 하는 것은 전혀 불확실하다. "질료 포함"이 말굽의 형 ∩으로 표현되는데, "엄밀 포함"이 닻의 형태인 ⋏의 형태로 나타내는 것은 전혀 분위기가 다르다. 이처럼 기호적 논리학으로 ○가 문제성의 상징으로 되는 것은 그리스인이 여신 튜케가 공을 선택해 가진 것과 완전히 동일한 심리에 기초하고 있다.

가설적 우연의 세 양태 중에 이유적 우연은 이른바 "인식 이유"에 관한 것으로서 순수하게 논리학의 범위에 속하는 것이다. 그에 반해서 인과적 우연과 목적적 우연은 "실재 이유"에 관한 것으로서 논리학의 추상적 범위로부터 벗어나 자연 철학 및 정신 철학의 경험적 영역에서 성립하는 것이다. 이런 이유로 인과적 우연과 목적적 우연을 총칭해서 경험적 우연이라고 할 수 있다.

대체로 기계관은 그 철저한 형태에 있어서는 인과적 필연성만 인정할 수밖에 없다. 따라서 인과적 우연성이 존재할 여지는 없다. 그러나 목적적 필연성을 부정해서 그 결과로서 목적적 우연성을 승인한다. 자연과학적 세계관은 이런 경향을 대표한다. 이에 반해서 목적관이 철저한 형태를 취하는 경우에는 목적적 필연성에 의해서만 일체를 설명하려 한다. 따라서 목적적 우연성은 존재할 수 없다. 그 대신에 인과적 필연성의 부정의 결과로서 인과적 우연성은 존재하는 것이 된다. 기독교 신학이 신의 의지에 의해서 모든 것을 설명하는 경우에, 인과적 우연을 의미하는 기적의 존재를 인정하는 것은 이 관계에 기초하고 있다. 이 의미에 의해서 인과적 필연성은 목적적 우연성과 결합하기 쉽고 목적적 필연성은 인과적 우연성과 결합하기 쉽다. "우연의 필연"이라고 하는 역설적인 말은 이러한 결합가능성에 기초한 것이다. 예를 들면 플라톤이 "우연(τυχη)에 의해서 필연(ἀναγκη)으로부터"[41]라고 한다든가, 라이프니츠가 "모든 것을 물질의 필연 혹은 어떤 우연에 귀속시키려고 한다."[42]라고 한다든가, 엥겔스가, "우연에 내재하는 필연성으로써"[43]

---

41) Platon, Leges, X. 889.

42) Leibniz, *Discours de métaphysique*, § 19.

43) 『自然辨證法』, 하, 岩波文庫 28쪽.

라고 하는 경우는 인과적 필연성과 목적적 우연성의 결합을 지적한다. 그에 반해서 토마스 아퀴나스가, "신은 그것" 우연히 일어나는 것을 원한다."44)라든가, "어떠한 것도 자기 중에 아무런 필연을 가지고 있지 않을 정도로 우연은 아니다."45)라고 하는 경우에는 목적적 필연성과 인과적 우연성의 결합을 생각하고 있다. 토마스 아퀴나스의 이른바 "필연성 또는 우연성의 법칙"(lex neccessitatis vel contingentiae)은 자유로서의 인과적 우연성과 섭리로서의 목적적 필연성의 결합을 제창하는 것이다. 또한 랑게가 "유물사론"에서 "우연과 필연만큼 완전히 서로 모순되는 것은 없다. 그럼에도 불구하고 양자만큼 자주 혼동되는 것은 없다."46)고 말하는 것도 한편으로는 인과적 필연성과 목적적 우연성, 다른 한편으로는 목적적 필연성과 인과적 우연성의 결합이 쉽게 성립되기 때문이다.

이제 이 결합의 방식을 가정해서 "이종결합"(異種結合)이라고 이름을 붙여두자. 그러나 이종결합만이 가능한 결합 방법이라는 뜻은 아니다. 인과적 필연성과 목적적 필연성이 결합해서 필연성을 강조하는 철학이 되고 인과적 우연성과 목적적 우연성이 결합해서 우연성을 역설하는 철학을 구성하는 경우도 있다. 스토아 학파는 목적적 필연성으로부터 발전해서 인과적 필연성에 이르는 철저한 결정론을 설명하고(267쪽 참조) 에피쿠로스 학파는 인과적 우연성으로부터 출발해서 목적적 우연성

44) T. Aquina, *Summa theologiae* Ⅰ. 19. 8c.

45) *ibid*. Ⅰ. 86. 3c.

46) Lange, *Geschichte des Materialismus*, Ⅰ. S.13.

에서 마치는 일의적인 비결정론을 제창했다.(109~110쪽, 119쪽 참조) 이와 같은 결합의 방법을 "동종결합"(同種結合)이라고 이름을 붙일 수 있다. 이들의 관계를 다음과 같은 도형으로 나타내 보일 수 있다. 이 도형에서 동종결합(인과적 필연과 목적적 필연과의 결합, 인과적 우연과 목적적 우연과의 결합)은 수직 방향에 나타나고 이종결합(인과적 필연과 목적적 우연의 결합, 목적적 필연과 인과적 우연과의 결합)은 수평 방향에 나타냈다.

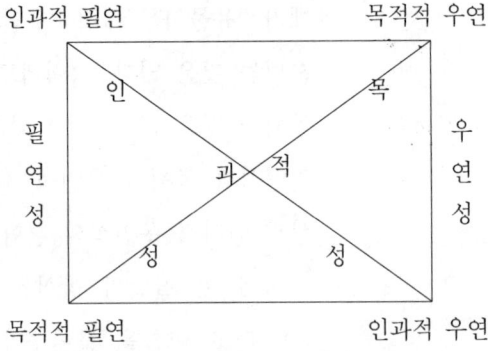

인과적 우연과 목적적 우연은 그리스에서는 모두 다 τυχη이라는 말로써 표현된다. 그 때문에 데모크리투스가 기계관의 입장에서 인과적 우연을 공격하는 경우나, 플라톤이 목적관의 입장으로부터 목적적 우연에 반박을 가하는 경우에도, 두 사람 모두 τυχη이라고 하는 똑같은 말을 사용하고 있다. 데모크리투스가, "인간은 자기가 당황했다는 구실로서 우연(τυxη)이라고 하는 우상을 만든 다."47)라든가, "우연(τυxη)은 베풀기를 좋아한다. 그러나 당연히 되지는 않는다. 자연(φυσις)은 그에 반해 확실하다."(*ibid.*, fr. 176) 등으로 말하는 경우의 우연은 자연에 반대되는, 즉 인과적 필연에 반대되는 인과적 우연으로 해석해야 할 것이다.

그에 반해서 플라톤이 원자론자를 비평해서, "저들의 말에 따르면 가장 크고 가장 아름다운 것을 자연(φυσις) 및 우연(τυxη)이 만든 것 같고, 보다 덜한 것을 기술이 만든 것 같다."48)라든가 "정신에 의하기 때문은 아니다. 또 어떠한 신에 의한 것도 아니다. 또 기술에 의한 것도 아니다. 그러나 자연(φυσις)과 우연(τυxη)에 의한 것이다."(*ibid.*) 등과 같이 말하는 경우의 우연은 자연이라고 일컬어지는 인과적 필연과 이종결합을 하고 있는 목적적 우연으로 해석되는 것이 옳을 듯하다.

라이프니츠는 우연을 contingence와 hasard로 구별했다.49) contingence란 자유라든가 자발성과 일군을 이루는 것이므로 때문에 목적적 필연과 이종결합을 하고 있는 인과적 우연으로 보아도 된다. 또한 hasard는 강제력이라든가 절대적 필연성과 동류로서 취급되기 때문에 인과적 필연과 이종결합을 하고 있는 목적적 우연으로 봐도 좋다.

현대에 있어서도 부트로는 라이프니츠를 본받아 인과적 우연을 contingence라 하고 목적적 우연을 hasard라고

47) Diels, *Die Fragmente der Vorsokratiker* Ⅱ. Demokritos, Fr. 119.

48) Platon, *Leges*, X. 889.

49) Leibniz, *Opera philosophica*, ed. Erdmann, p.763.

한다. 예를 들면 자기 설에 대한 반대론자의 입장에 서서 인과적 우연이 목적적 우연으로 이끌리는 것은 아닌가 하는 의문을 제기하는 경우에, "contingence의 원리는 hasard가 아니라고 하면 도대체 무엇일 수 있을까."50)하고 말한다. 또한 그에 대한 답변으로서, "만약이라도 결정적 원인 계열 속에 어느 정도 contingence가 지배하지 않는다고 한다면, 목적 원인의 계열 속에 hasard가 지배하는 것이다."(ibid., p.143)고 말한다.

그러나 이러한 용어법은 일반적으로는 반드시 행해지는 것은 아니다. 예를 들면 아믈랭은 인과적 우연과 목적적 우연을 합한 것을 hasard라고 하고, 그래서 인과적 우연을 "인과성의 비존재에 의한 우연(hasard par néant de causalité)"이라고 하고, 목적적 우연을 "목적성의 비존재에 의한 우연(hasard par néant de finalité)"이라고 하고 있다.51) 베르그송도 마찬가지로 "동력인(動力因)의 결여"(absence de cause efficiente)와 "목적인(目的因)의 결여"(absence de cause finale)를 같이 hasard라고 부른다.52) 빈델반트도 둘을 합쳐 Zufall이라고 하고 그 각각에는 Kansaler Zufall과 Teleologischer Zufall의 용어를 사용하고 있다.53)

인과적 우연과 목적적 우연을 구별하는 것은 매우 중요한데도 불구하고 베르그송도 지적하고 있듯이, 한 쪽에서 다른 쪽에 옮겨가서 "정신의 특이한 동요"(le singulier ballottement de l'esprit)를 보이고 있는 것이다.54)

50) Boutroux, *De la Contingence des lois de la nature*, 9e éd. p.140.

51) Hamelin, *Essai sur les éléments principaux de la représentation*, 2éd., p.324, 329.

52) Bergson, *L'Évoluton créatrice*, 25 éd. pp.254~255

53) Windelband, *Die Lehren vom Zunfall*, S. 65.

54) l.c., p.255.

그 때문에 양자를 구별하는 것이 언어 상으로 표현되지 않는 경우에는 특히 세심하게 그 구별을 인식하는 것이 중요하다. 예를 들면 랑게가 "우리들은 목적론자에 대해서 목적의 굴레를 벗어나기 위해서만 상상의 우연성을 주장한다. 그러나 우리들은 충족 이유율이 문제가 되자마자 곧바로 그와 똑같은 우연성을 재차 저버린다."55)라고 말한다. 그는 "똑같은 우연성"(dieselbe Zufälligkeit)이라고 말하는데, 사실은 똑같지는 않다. 앞의 것은 목적적 우연이고 뒤의 것은 인과적 우연이다. 또 예를 들면 야스퍼스는 "인간은 상호 어떤 것에 의해 다른 것으로부터 도망치기를 추구한다. 필연성이라고 하는 사상에 의해서 임의의 우연으로부터 도망치려 하고 우연의 가능성과 기회라고 하는 사상에 의해서 무자비한 필연성으로부터 도망치려고 한다."56)고 말했다. 그 의미는 목적적 필연성이라고 하는 사상에 의해서 목적적 우연으로부터 도망치려고 하고, 인과적 우연이라고 하는 사상에 의해 인과적 필연성으로부터 도망치려고 한다고 하는 것이다. 바꿔 말하면, 목적적 필연과 인과적 우연과의 이종결합한 사상에 의해 인과적 필연과 목적적 우연과의 이종결합한 위협에서 도망치려하는 것이다.

이미 말했던 것처럼 인과적 우연은 인과성의 부정에 의해서 성립되고, 목적적 우연은 목적성의 부정에 의해 성립된다. 그래서 인과적 우연에서는 하나의 사건에 관

55) Lange, *Geschichte des Materialismus*, Ⅰ. S.14.

56) Jaspers, *Philosophie*, Ⅱ, S. 217.

해 인과성의 비존재를 소극적으로 보려는 경우와, 둘 또는 둘 이상의 사건 사이에 인과성 이외의 관계가 존재하는 것을 적극적으로 보려는 경우가 있는데 어느 경우에서도 인과성의 부정이라는 점에서는 변함없다. 마찬가지로 목적적 우연에 있어서도 하나의 사건에 대해서 목적의 비존재를 소극적으로 파악하는 경우와 둘 혹은 둘 이상의 사건 사이에 목적 이외의 관계가 존재하는 것을 적극적으로 파악하는 경우가 있는데, 어느 경우도 목적성의 부정이라고 하는 공통점을 가지고 있다. 요컨대 인과적 소극적 우연, 인과적 적극적 우연, 목적적 소극적 우연, 목적적 적극적 우연 등 네 종류가 존재하는 것이다. 앞서 다루었던 이유적 소극적 우연, 이유적 적극적 우연의 두 종류를 더해서 가설적 우연에는 여섯 종류의 우연이 생각된다는 뜻이다.

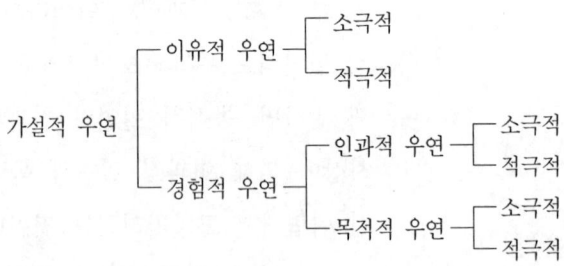

우리는 우연성의 해명에 있어서 주관적인 것으로부터 점차 객관적인 것으로 나아가려 한다. 먼저 처음에 일반

개념과 징표와의 논리적 구조에 기초하는 정언적 우연을 다루었다. 다음에 마찬가지로 순수 논리적 차원에 속하는 이유적 우연을 다루었다. 이제 논리적 영역을 벗어나 경험적 우연을 해명해가는 데 있어 비교적 주관적인 목적적 우연으로부터 시작해서 나중에 인과적 우연으로 이동하는 것은 당연한 순서이다.

6. 목적적 소극적 우연

목적적 소극적 우연은 목적의 비존재를 소극적으로 파악하는 것인데, 여기에는 다시 <u>무목적</u>(無目的)으로서의 우연과 <u>반목적</u>(反目的)으로서의 우연이라는 두 가지 경우가 있다. 무목적으로서의 우연이란 단순히 목적성을 부정하는 경우인데, 반목적으로서의 우연이란 실현될 수 있는 목적을 긍정하는 것과 동시에 그 목적의 비실현을 특수한 사례에 있어서 보는 경우이다.

첫 번째 경우에 속하는 것은, 예를 들면 기계관적 결정들의 한 측면으로서 우주 전체에 목적적 우연성을 주장하는 것과 같은 경우이다. 이 경우에는 목적적 우연이라는 관념이 인과적 필연과 이종결합을 통해 존재 전체에 달하여 적용된다. 예를 들면 라 메트리히의 인간 기계론에 나타나고 있다. "인간은 아마도 <u>우연</u>히 지구 표면의 어딘가 한 점에 던져진 것이다. 그러나 범신론자(汎神論者)는 질문을 한다. 그렇다면 우연은 우연이 그 작자라고 생각되어지고 있는 많은 작품을 이와 같이 자기 마음대로 변화시키는 (그래도 이와 같은 다양성도 그것이 동일목적에 도달하는 것을 막을 수 없다.) 정도의 대기하학자(大幾何學者)일까?…… 이는 분명히 신의 존재에 대해 말할 수 있는 가장 유리한 전체이다.…… 다만, 무신론자(無神論者)는 똑같은 위치에서 강력하고도 절대적으로 정반대의 것을 대립시킬 수 있다. 대체로 자연과학자가 말하는 바를 또다시 들어보면, 저들은 그렇게 말하고 있는 것이다. 화학자의 손에서 여러 가지 우연의 혼합에 의해 최초의 거울을 만든 똑같은 원인은 자연의 손으로는 맑은 물을 만들고, 이것은 오로지 이름 없는 양치는 소녀에게 도움이 된다.…… 거울이라든가 물이 사람이 모습을 비출 수 있는 것처럼 만들어진 것이 아님은 동일한 특성을 가지고 있는 표면이 매끄러운 다른 모든 물체와 변함없다. 눈은 실제로 일종의 벽거울과 같은 것이어서, 영혼은 그 속에서, 대상의 모습을 저들 물체에 의해서 나타나는대로의 모습으로 바라보게 되는데, 이 기관이 실제로 바라보기 위해서 특별히 만들어져 있다고는 증명할 수 없으며, 특별히 안구(眼球)의 가운데에 자리해야 하는 것도 증명할 수 없다.…… 눈이 볼 수 있는 것은 현재와 같이 조직되고, 현재와 같은 장소에 있기 때문에 그 외는 안 된다는 것, 일단 자연을 따라서 동일한 운동 법칙을 인체의 생산과 발달로 가정한다면, 이러한 대단한 기관이 다른 조직을 갖고, 다른 장소에 있다고 말하는 것은 있을 수 없다."[57]

이 경우 우연이라고 하는 것은 목적적 소극적 우연의 첫 경우로서, 무목적으로서의 우연을 의미하고 목적성을 단순히 부정하고 있는 것이다. 마찬가지의 우연의 의미는 다음 두 가지 예에도 나타나는데, 그 입장은 물론 라 메트리히와는 반대로 목적적 우연을 부정하는 입장이다. "페이네루와 같이 식물의 영혼이라고 할 수 있는 것을 고찰하는 것은 공상적일지도 모른다. 그러나 어떠한 의미에 있어서 의식적인 것, 예를 들면 무의식적 의식이라고 하는 것과 같은 것을 고찰하려면, 생물이라는 것도 물력(物力)의 우연적 결합이라고 생각하는 수밖에 없고, 그 자신의 존재라고 하는 것을 고려할 수는 없다."[58] "피부는 어쨌든 생후 3개월을 경과하지 않으면 충분히 발달하지 않을 것인데 유독 입술부분에 있는 피부 및 점막의 촉각은 예외로, 생후 1일이 되면 이미 그 작용을 나타내는 것이다. 즉, 아동이 탄생하고 생명의 유일한 양식을 공급할 수 있는 모친의 유방을 찾는데, 이로써 자기의 생명을 보존하는 데 대단히 중요한 장소에는 촉각이 일찍부터 훌륭한 발달을 보이는 것이다. 이것은 실은 우연이 아니다."[59]

---

57) 라 메트리히, 『人間機械論』, 杉捷夫역, 岩波文庫 100~104쪽.

58) 西田幾多郎, 『철학의 근본문제』, 134쪽.

59) 永井潛, 『生物學と哲學との境』, 231쪽.

다음 두 번째 경우는 반목적으로서의 우연, 즉 실현될 수 있는 목적에 반하는 사실이 목격된다는 의미의 목적적 소극적 우연이지만, 백치(白痴)와 같은 이는 그 일례이다. 인간이란 사고활동의 존재라 하는 것이 실현될 수 있는 하나의 목적성을 의미하고 있는 것으로, 백치는 그 사고 활동의 비존재를 의미하므로 우연적인 것으로 볼 수 있다. 꽃이 여러 겹 겹친 현상도 목적적 우연으로 볼 수 있다. 꽃의 기능이 식물체의 생식을 맡는 경우, 수술이 화판으로 변하는 것과 같은 것은 목적에 반하므로 여러 겹꽃은 식물학상으로는 기형, 즉 우연적 현상으로 간주된다. 또한 세 잎을 가진 것이 클로버에 있어서 실현될 수 있는 목적의 하나라고 보는 경우, 네 잎의 클로버는 목적의 실현을 결여하고 있으므로 우연적인 것이다. 한 몸에 한 개의 머리를 실현하는 것이 합목적적이므로 한 몸에 두 개의 머리가 난 뱀은 반목적적, 즉 우연적 존재이다. 이런 종류의 목적적 우연을 아리스토텔레스는 "반자연"(反自然: παρα φυσιν)이라고 했고[60], 헤겔은 "자연의 무력(無力)"(Ohnmacht der Natur)로 돌렸다.[61] 그래서 반자연이라고 언명하는 배후에는 "자연은 어떤 것도 이유 없이(ματην) 만들지 않는다."[62]고 하는 목적관이 있다. 또 자연을 무력하다고 단정하기 위해서는 미리 개념규정으로서의 유형을 특수자 완성의 목적으로서 자연에 맡기고 있는 것이다.

---

60) Aristoteles, *Physica*, II, 6. 197^b.

61) Hegel, *Encyklopädie*, hrsg., v. Bolland, 1906, §250.

62) Aristoteles, *De caelo*, I. 4. 271^a.

이러한 종류의 '반자연'은 정언적 우연 중에서 특히 예외적 우연이라고 일컬었던 것과 일치하는 경우가 있다.(1장 5절 참조) 목적적 소극적 우연의 제2의 양태는 정언성에 있어서의 일반개념을 목적으로 간주해서 목적의 실현을 요청하는 경우에 생겨난다. 플라톤의 이데아가 '선의 이데아'로서 당위의 성격에 있어서 타당하기 때문에, 현실은 '반자연'의 예외를 제공하는 것에 의해 자기의 '무력'을 폭로하는 것이다. 대체로 정언성과 목적성은 떨어지지 않는 내적 관계에 있다. 일반개념은 그 자체 목적으로서 타당한 것으로 볼 수 있는 것은 그 반성판단적 과제적(課題的) 보편성에 비추어 분명하다. "논리적 질서, 즉 제 사실을 개념에 종속시키는 작용은 아마도 내적 이성(理性) 또는 목적인(目的因)의 자발적 활동을 은닉하고 있다. 개념은 목적인의 논리적 기호에 불과할 것이다. 이렇게 해서 여러 개체는 그 존재 이유를 종류에 따라서 갖고 있는 것이리라."고 부트로도 말했다.63)

63) Boutroux, *De la contingence des lois de la nature*, 9éd., p.168.

7. 목적적 적극적 우연

목적적 적극적 우연은 두 개 혹은 둘 이상의 사건 사이에서 목적 이외의 관계가 존재하는 것을 적극적으로 목격하는 경우이다. 예를 들면 나무를 심기 위해서 구멍을 팠을 때에 땅 속으로부터 보물이 나왔다고 하는 것 같은 경우이다. 이러한 예는 아리스토텔레스가 형이상학의 제 5편에서 들었고 뒤에 베르티우스가 해설했던 이래 우연의 예로써 자주 거론되는 것이다. 나무를 심는 것이 목적이지 보물을 얻는 것은 목적 속에 포함되어 있지 않았기 때문에 보물을 얻는 것을 우연으로 일컫는 것이다. 한편으로는 나무를 심는 사람이 땅을 파고 나무를 심는 의도의 계열과 다른 한편으로는 도적이든 누군가가 땅 속에다 보물을 은닉하는 행동 계열이 있어서, 각각 독립되어 있는 그 양계열 사이에 목적성 이외의 어떠한 적극적인 관계가 성립되어진 것이다.

또 예를 들어 17세기의 과학자 블랑도가 연금술에 따라서 은을 금으로 변하는 물질을 얻기 위해서 소변을 증발시키려 열을 가했던 결과, 빛을 발하는 원소를 얻은 것을 두고 그가 인(燐)을 우연히 발견했다고 한다. 이 경우에 우연이라고 하는 것도 인을 얻는 것이 목적 속에 포함되어 있지 않았기 때문이다. 이러한 경우에도 한 편으로 연금술적 의도의 실행으로서 행동계열이 있고 다른 한 편으로는 인산염(燐酸鹽)으로부터 인이 유리되는 화학적 계열이 있다. 그래서 이 양계열 사이에 목적성이 없는 다른 관계가 적극적으로 성립되어진 것이다.

대체로 일상생활에서 있어서 우연이라고 하는 것의

64) 역주 : Roman Isidorovich Kondradenko. 1857~1904. 러시아 육군중장. 공병학교를 졸업하고 1904년 극동 시베리아군 사단장이 되었다. 러일전쟁이 일어날 때, 여순(旅順) 요새 방위사령관에 임명되어 일본군에 강력히 저항했다. 1904년 12월 15일 동계관산(東鷄冠山)에서 전사했다. 그의 죽음은 여순 함락에 결정적이 되었다. 그는 마카로프 제독과 함께 러시아 명장으로 평가된다.

대부분은 이러한 목적적 적극적 우연에 의한 것이다. 그 두세 가지의 예를 들어보자. "12월 15일에 우연히도 동계관산(東鷄冠山) 북쪽 요새에서 적의 육정면(陸正面) 방어 사령관인 콘드라덴코 소장이 전사했다.64) 콘드라덴코 소장은 단지 요새 방어 전술에 있어서 우수할 뿐만 아니라 매우 신망이 있던 것 같고 콘드라덴코가 그렇기 때문에 수비병은 안심하고 전투에 나아갈 수 있다고 하는 말이 전부터 떠돌고 있었던 것이다. 그 소장이 12월 15일에 동계관산 북쪽 요새에 올지 오지 않을지 알 수 없었는데, 우리들이 28cm의 탄환을 우연히도 그 가운데에 날렸던 것이다."(오오사카 아사히 신문, 1935년 3월 4일) 우리들이 포탄으로 적진을 강타하는 것을 목적으로 하고 있었지만, 특히 콘드라덴코 소장을 목표로 했던 것이 아니고 포탄이 동계관산 북쪽 요새를 향해 발사되었던 것과 이 소장이 그 날 그 요새에 왔던 것은 독립된 두 개의 계열이기 때문에 이 소장의 전사를 우연이라고 하는 것이다. 또, "쇼와전력(昭和電力) 사장 마스다지로(增田次郞)씨는 26일 오전 동경지방재판소에 소환되어 가나자와 검사의 장시간에 걸친 취조를 받은 다음 다시 야마구치(山口) 예비판사의 구류 신문을 받았지만 오후 여섯시까지 독직죄로 기소전 강제 처분으로 이찌가야(市ヶ谷) 형무소에 수감되었다. 전하는 바에 따르면 이 사람은 지난번부터 경시청과 같이 검사국에서 취조를 진행했던 쇼와전력 의혹사건[昭電疑獄]의 참고인으로서 처음은 쇼와전력 사건계의 나카지마 검사의 취조를 받았을 때에 우연히도 매훈 사건에 깊이 관계가 있는 것을 이 검사에게 발각되어 그것 때문에 다시 매훈 사건계의 가나자와검사의 취조실로 돌려졌던 것이다."(오오사카 아사히 신문, 1929년 9월 27일) 처음에 취조했던 검사는 쇼와전력 사건을 취조하는 것이 유일한 목적이었다. 그 때문에 매훈 사건에 관한 발견은 완전히 목적 외의 것으로서 우연이라고 할 수 있는 것이다. 한편으로 쇼와전력 사건의 취조와 다른 한편으로 매훈 사건의 취조는 완전히 독립된 두 개의 목적적 계열을 이루고 있다. 이 양 계열 사이에 전혀 목적이라고 하지 않았던 새로운 적극적 관계가 성립되었던 것이다.

또 하나의 예를 들면, 1934년 9월 10일의 토오쿄오방송국 라디오 방송 프로그램 연예 방송은 전부 오사카방송국으로부터의 중계였었는데, '우연이 생긴 프로그램'으로 그날 신문에 논의되었다. 우선 사실이 서술되고 있다. "오늘은 낮의 '독창과 관현악'을 시작으로, 밤의 '기다유우'(義太夫)[65]와 '만담' 등 연예방송은 전부 오사카에서 중계하고, 이 AK문예부는 그날 휴업한다는 투였다. 이것은 완전히 우연히 이러한 프로그램이 편성된 것으로 프로편성위원회로부터 이렇게 결정되었던 이상 무엇으로도 애쓸 방법이 없다고 AK당국에서는 말한다." 다

65) 역주 일본전통인형극인 죠루리의 유파명.

음에 어째서 그렇게 되었는가의 설명이 있다. "오늘 연예방송은 AK로서는 전혀 전례가 없는 프로그램 편성이고 무엇 때문에 이러한 변형적인 것이 생겼는가? 방송협회가 만들어진 이래 각 방송국의 프로그램 편성은 매월 한번 열리는 방송 편성회에서 보름 먼저 일개월 분의 순서가 결정되는 것으로 되어 있는데, 오늘의 프로그램을 결정했던 때에는 밤 여덟시부터 하는 기다유우는 전통인형극장으로부터 중계방송이라고 예정되어 이것에 필요한 방송 시간이 불확정하기 때문에 그 다음의 연예를 BK에 맡기게 되어서 다시 낮에는 경음악으로 '독창과 관현악'을 넣었더니 이것이 우연히 BK발(發)이었다고 하는 것이다. 즉 편성위원회는 방송국을 고려하지 않았다는 뜻은 아니지만, 방송 종목을 주로 고려하고 있기 때문에 이런 결과가 되었던 것이고, 이것은 방송편성회의 실수라는 비난의 소리가 일어나게 된 것이다." 즉, "지방 방송국이라면 글쎄 어떨지 모르지만, 이것은 중앙방송국으로서의 AK의 체면을 완전히 잃어버리는 듯한 것이다."라고 하는 것으로 방송편성회의 간사장은, "연예가 전부 BK발로 되었던 것은 완전히 우연의 결과이고 물론 지금 이후부터는 이러한 일이 없도록 주의하겠다."라고 변명했다.(도쿄 아사히 신문, 1934년 9월 10일) 설명에 따르면, 밤 연예방송의 '기다유우'와 '만담'이 모두 BK인 것은 거기에 필요한 방송 시간이 불확정한 관계상

BK에 맡긴 사항이어서, 그것에는 아무런 우연도 없다. 우연이라고 하는 것은 낮의 연예방송 '독창과 관현악'도 또 BK였던 것이 우연이었던 것이다. 무엇 때문에 우연인가는 편성위원회에서는 낮의 연예방송에 관해서는 방송 종목만을 목적 계열 속으로 받아들인 것이다. BK발의 것을 채용하는 것은 목적 속에 포함되어 있지 않았던 것이다. 밤의 연예방송 프로그램을 BK발로 결정한 목적적 계열과 낮의 연예 방송 프로그램을 '독창과 관현악'으로 결정했던 목적적 계열이 동일한 편성위원회의 결정임에도 불구하고 두 개의 독립된 계열을 구성했기 때문에 뜻밖에 우연이 나타나게 된 것이다.

8. 목적 없는 목적

목적적 적극적 우연에 있어서 적극적으로 목격되는 것은 무엇인가 함에 있어서, 그 경우 목적으로서 성립되어 있지는 않으나, 그래도 목적으로서 얻을 수 있을 만한 것이다. 목적적 적극적 우연에는 특히 일종의 "목적 없는 목적"이 짙은 그림자를 드리우고 있는 것이 당연하다. 베르그송의 말을 빌어보면 거기서 선령(善靈:un bon génie) 또는 악령(惡靈:un mauvais génie)이 움직이고 있는 것 같은 관념을 나타낸다.[66] 콘드라덴코 소장의 전사에

---

66) Bergson, *L'Évoluton créatrice*, 25 éd. p.254; *Les deux sources de la morale et de la religion*, 7éd., pp.152~157.

관해서 말하면 아군에게 있어서는 선령이 지향한 목적 같고, 러시아군에 있어서는 악령이 지향한 목적 같이 생각된다. 또한 방송 프로그램에 대해서 말하면 토오쿄오방송국에 있어서는 악령의 목적적 행위 같고 오사카방송국에 있어서는 선령의 목적적 행위 같은 것으로 생각된다. 물론 목적적 소극적 우연에 있어서도, 목적의 비존재가 주장되는 이상은 무엇인가의 "목적 없는 목적"이 있어서 그에 대해서 "목적 없는" 것이, 목적의 비존재가 특히 주장되는 것이다. 그러나 그 경우에 목적적 비존재 그 자체의 파악에 일체의 중점이 두어져 있는 한, 목적적 우연은 소극성에 대해서 나타나는 것이다. 그에 반해서 목적적 적극적 우연에 있어서는 특히 목적 없는 목적의 존재가 적극적으로 강조되어 목격되는 것이다. 바꾸어 말하자면, "목적 없는────목적"이라고 하는 두 항목의 구조에 있어서 목적적 소극적 우연은 위 항목을 특히 강조하고, 목적적 적극적 우연은 오히려 아래 항목에 역점을 두는 것이다.

다음과 같은 신문 기사가 있다. "무적 함대 이스즈(五十鈴) 함장으로부터 초청 받아 19일 오사카에 입항 중인 순양함 이스즈를 방문하고, 야마다(山田) 함장을 위시한 젊은 사관들로부터 환대를 받고 감격한 제일영화사의 스타, 야마다 이스즈(山田五十鈴)는 20일 오사카성 동쪽 연병장에서의 해군 관병식에서 이스즈함의 야마다 함장이 제일 함대 육전대를 지휘하는 용맹한 광경을 전하는 라디오 마이크에 귀 기울였는데, 같은 날 오후 야마다 이스즈함 함장에게 환대를 받은 답례의 글과 배 위에서 야마다 함장과 기념 촬영한 사진에 사인을 해서 보냈으며, 자택에는 이 기념사진을 확대해서 걸어 길이 이 기이한 인연을 기념하기로 했다."(1934년, 10월 21일 오오사카 아사히 신문 쿄오토오판) 이 경우 야마다 대좌(大佐)가 순양함 이스즈의 함장으로 임명되었던 동기는 야마다와 이스즈와의 결합이 지목되었던 것은 아니다. 그런데도 야마다(山田)와 이스즈(五十鈴)의 결합에 의해서 영화배우 야마다 이스즈와 같은 이름이 나타났다. 그것은 완전히 목적적 우연에 불과하고, 너무나도 분명한 "목적 없는 목적"을 갖고 있다. 만약 야마다 이스즈라고 하는 여배우가 없다고 하면 야마다 대좌가 이스즈의 함장이라고 하는 우연성은 거의 아무런 영향도 갖고 있지 않는 것이다. 여배우 야마다 이스즈의 존재에 의해서 공명상자가 준비되어 강대한 음향을 발하는 것이다. "목적 없는 목적"을 적극적으로 강조해서 파악하는 데에 목적적 적극적 우연의 본질이 있다고 말할 수 있는 것이 된다.

"목적 없는 목적"을 강조한 결과 우연은 우연은 아닌 듯한 모습을 나타내고, 자기 부정의 지향적 구조를 취하는 듯이 된다. "아메리카의 은(銀) 가격 구제 목적인 은 차관(借款) 문제가 대두되자, 국내에 영향이 미친 한 파장이 있어, 은의 수입에 의한 화폐 제도 개혁안의 동요를 어떻게 할 수 없는 정세에 빠졌다. 이 때 라이히만씨의 종용에 의해서 재경부장 썰타씨와 교통부장 아서씨의 초청을 받는데 이르렀던 것은 난징(南京) 정부의 분열을 방지하고 차관 계획에 통일을 유지하게 하려고 하는 깊은 생각에서 나온 것으로 보는 것도 반드시 억지는 아닐 것이다. 아서씨가 입경(入京)한 지 이틀 뒤, 썰타씨가 도착 이틀 전에 은 차관에 동조하는 사람인 호한민(胡漢民)씨의 실각을 보았던 것은 우연이면서 우연은 아닌 듯한 사건이었다."(오오사카 아사히 신문, 1931년 3월 12일) 무샤노고우지사네아쓰(武者小路實篤)[67]가 『그 누이』에서도 "그날 그대의 집으로 간 것은 우연이라고는 생각되지 않는 느낌이 듭니다."(제3막)라고 하는 말이 있다. "우연이면서 우연이 아닌"이라든가, "우연이라 생각되지 않는"이라든가 하는 말은 "목적 없는ーーー목적"의 아래 항목을 강조한 나머지 위 항목이 영향을 거의 상실한 모습이다.

심리학자 앙리 피에롱은 <우연론, 한 개념의 심리학>[68]라고 하는 논문에서 우연성의 이 방면을 특히 역설한다. 그에 따르면, 호숫가를 지나고 있는 곳에 보트가 있다고 특별히 우연이라고는 말할 수 없다. 보트를 저어 놓고 싶다고 하는 강렬한 욕망을 그 순간에 가졌다고 할 때

---

67) 역주 : 1885~1976, 일본의 소설가.

68) Henri Piéron, Essai sur le hasard : la psychologie d'un concept.

비로소 그것을 "행복한 우연"이라고 한다. 길을 걸어가는데. 고양이가 앞을 횡단하는 것도 특별히 우연이라고는 하지 않는다. 자전거를 타고 가는데 자동차를 피하자마자 고양이가 부딪쳐서 고양이를 치어 죽였다고 하면 그 때에는 비로소 그 고양이를 길에 둔 "불행한 우연"을 증오하는 것이다. 피에롱은 이렇게 해서 우연에는 "주관적 관심"(intérêt subjectif)이 중요한 계기를 이루고 있는 것으로서 우연현상의 "주관적 측면"(côté subjectif) 또는 "인간적 요소"(élément humain)을 강조하는데, 심리학자의 설로서 흥미롭다.69)

또한 우연의 심리적 해석에 속하는 것으로서 원인에 있어서 미소(微小)한 차이가 결과에 있어서 커다란 차이를 초래하는 것이 우연이라고 하는 생각이 있다. 예를 들면, 르낭은 "우연이란 결과에 적합한 정신적 원인을 가지지 않는 것"(ce qui n'a pas de cause morale proportionnée à l'effet)이라고 하고70) 뽀앵까레도 우연에 관해서, "원인 중의 차이는 지각할 수 없는 것인데, 결과 중의 차이는 나에게 있어서 대단히 중대한 것이다."(La defférence dans la cause est imperceptibidle, et la difference dans l'effet est pour moi de la plus haute importance)라고 말한다.71) 결과가 원인에 비해서 크다고 생각되는 경우 그 평가의 기준은 주로 목적성에 있는 것으로, 이른바 "중대한 결과"란 마침내 "목적 없는 목적"임에 벗어나지 않는 것이 많다.

---

69) Revue de Métahphysique et de Morale, 1902, pp.688-691.

70) Ernest Renan, *L'Avenir de la Science*, p.24.

71) H. Poincaré, *Science et Méthode*, p.71.

제2장 가설적 우연 95

중대한 결과의 예로서 르낭이 "륙생에서 포탄에 맞은 구스타프 아돌프"72)를 들고, 뽀앵까레가 "전율할 만한 재해"73)를 들고 있는 데에 비추어도 명확하다. 또한 르낭이 특히 "정신적"이라고 하고, 뽀앵까레가 "나에게 있어서"라고 말하는 것도 이 때문이다.

72) l.c., p.494.
73) l.c., p.69.

9. 고의와 우연

목적적 적극적 우연에 있어서 "목적 없는―――목적" 아래 항목을 강조하는 것이 극도에 달할 때에는 실제 문제로서 우연인가 고의인가를 구별하기 어려운 경우도 생기는 의미이다. "마쓰다이라(松平)대사와 영국수상 맥도날드씨와의 사이에 있는 일·영 예비교섭은 28일 다시 제3차 회견을 가졌지만, …… 한편 미국에 있어서 스팀슨씨와 이즈부찌(出淵) 주미대사 사이에 행해지는 일·미간의 예비교섭에 있어서도 스팀슨씨는 영국 수상과 마찬가지로 그의 사적인 의견으로서 하나의 해결안을 문서에 의해 이즈부찌 대사에게 제시하고, <u>고의인지 우연인지</u>, 영국도 마찬가지로 일본의 7할 요구 대신으로 척수를 명시할 것을 요구하는 모양이다."(오사카아사히신문, 1929년 12월 2일). 나쓰메 소오세키(夏目漱石)의 『마음』에도 "마님은 좀처럼 외출하는 일이 없었다. 가끔

집을 지킬 때에도 따님과 나를 둘만 남겨두고 가는 일은 없었다. 그것이 또한 <u>우연인 것인지 고의인 것인지</u>, 나에게는 이해되지 않는 것이었다."(하, 14)라고 하는 말이 있다.

대체로 고의와 우연을 구별하는 것은 법률상 책임의 소재를 분명히 하는 것으로서, 범죄 성립에 즈음해 결정적 의미를 가지고 있다. 『서경』(書經) 「강고편」(康誥篇)에, "왕이 말하기를, '오호라, 봉아. 너는 삼가 신중하게 네가 집행하는 형벌을 공명하게 해야 한다. 만약 어떤 사람이 사소한 죄가 있을지라도 잘못을 고치지 않는다면 끝내[終] 고쳐지지 않을 것이다. 그것은 바로 자기 스스로가 고의적으로 불법적인 일을 한 것이다. 이처럼 그 사람의 죄과가 비록 사소하다 할지라도 곧 그를 죽일 수밖에 없는 것이다. 만약 어떤 사람이 큰 죄를 범하였어도 끝까지 하지 않았다면 <u>그때 마침 한[適]</u> 잘못이니 이미 그의 죄과를 징벌하였어도 그와 같은 사람을 죽여서는 안 되는 것이다."74)라고 하는 말이 있는데, '그때 마침'[適] 즉 우연은 '끝내'[終] 즉 고의의 수행인 것과 대립하고 있는 것으로, 목적적 우연임에 틀림없다.

법률상 특히 문제가 되는 우연성은 목적적 적극적 우연이다. 범죄를 완전히 성립시키는 것은 범죄에의 의지 즉 범의(犯意)로서의 고의이다. 형법 제38조에 '죄를 범할 뜻이 없는 행위는 그것을 처벌하지 않는다.'고 말하

74) 『書經』, 「康誥篇」, 王曰 嗚呼 封 敬明乃罰 人有小罪 非眚乃惟終 自作不典 式爾有厥罪小 乃不可不殺 乃有大罪非終 乃惟眚災適爾 旣道極厥辜 時乃不可殺

고 본질적 의미의 범죄를 목적적 필연성의 영역에 있어서만 성립시키고 있다. 이른바 '과실'은 목적적 적극적 우연이다. 과실에 관해서는, "과실은 부주의를 그 골자로 한다. 이 점에 있어서 우연한 사실(불가항력)과 구별할 것을 요한다."75)라고 하는 설명이 있다. 그러나 우연이란 개념은 어떤 종류의 과실도 불가항력도 외연적으로 포함할 수 있는 상위의 개념이다. 우연을 특히 협의로 해석해서 불가항력과 동일시하지 않으면 안될 이유는 없다. 과실과 불가항력의 차이는 전자는 우연이 제거될 수 있었던 경우이며, 후자는 우연이 제거될 수 없었던 경우이다. 우연을 양적으로 볼 때에는, 과실에 있어서의 우연성은 적고, 불가항력에 있어서의 우연성은 많다. 둘의 차이는 우연성의 정도 차이에 있다.(195~196쪽 참조)

포수가 쏜 총알이 사슴에 맞지 않고 부근에 있던 나무꾼을 맞춘 경우, 여기에는 물론 불가항력은 없고, 부주의가 존재한다. 부주의에 의해 범죄사실이 인정되지 않는다는 점에서 과실이 성립된다. 그러나, 불가항력이 아니라고 해도 우연이 아니라고 할 수는 없다. 포수의 의지 활동의 목적적 필연성은 포수와 사슴을 연결하고 있는 것이다. 총알이 계획하지 않던 나무꾼에 맞은 것은 목적적 필연성에 의해서 목적적 적극적 우연을 구성하고 있다. 형법 제38조 제1항의 단서에, "단, 법률로 특별한 규정이 있는 경우는 여기에 한하지 않는다."고 해서 과실

---

75) 牧野英一, 『改訂 日本刑法』, 178쪽.

살상 기타의 경우에 과실을 처벌하는 것을 정하는 것은 불행한 우연에 대하여 우연이 제거될 수 있었던 점을 우연성의 양이 극소한 점을 강조하여 부주의에 의한 책임을 묻기 때문이다.

목적적 적극적 우연이 불가항력을 의미하고 따라서 범죄와 아무런 관계를 갖지 않는 경우는 다음과 같은 경우이다. "예견할 수 없는 우연한 사정이 새롭게 부가되기 때문에 우연한 인과관계를 형성하는 경우에 있어서는 형법상 그 결과를 해당 의사활동으로 귀결시킬 수 없는 것도 된다. 예를 들면, 가벼운 상처를 입은 사람을 치료하기 위해 병원으로 운반하던 도중, 폭풍우로 인해 떨어지는 물건에 압사(壓死) 당하거나 또는 입원 중에 화재를 입어 불타 죽는 것과 같은 경우, 그의 상해 행위와 소사(燒死) 사이에 형법상 인과관계가 있다고 인정할 수 없다."76) 갑이 을에게 고의로 폭행 상해를 입힌 경우, 병원으로 운송하는 도중 또는 입원 중 천재지변에 의해 을이 압사 또는 소사하는 것은 갑의 범죄의지활동의 목적적 필연이 되어 '경합(競合)하는 우연한 사정'으로서 목적적 적극적 우연성을 구성하고 있다. '우연한 사정의 경합' 및 '과실'은 범죄와 전연 관계가 없든지 또는 이른바 과실범으로서 예외적으로 처벌을 받는 데 그친다. 목적적 적극적 우연성에 의해서만 간신히 범죄의 성립 불성립이 문제되기 때문이다.

---

76) 泉二新態, 『日本刑法論』, 總論, 제43판 306쪽.

그에 반해서 목적적 필연성의 지평에 있어서 범죄가 의지되면서도 우연의 장애에 의해 범죄의 완수가 저지되었던 경우는 "장애미수(障碍未遂)"로서 원칙적으로는 기수(既遂)와 동일시되는 것이 당연하다. "범죄의 기수(既遂)가 우연한 사정 때문에 완수될 수 없었던 때는 재판소는 사실 및 행위의 양태에 따라서 기수에 대하여 정해진 제재를 적용할 권한을 갖는다."(『이탈리아』, 1921년안 제16조)77) 장애로서 우연히 작용하는 사건이 범죄의지의 목적적 필연에 대해 목적적 적극적 우연인 것은 분명하다. 그 때문에 이런 종류의 범죄는 반드시 형의 경감을 받는다고는 한정할 수 없다.

법률상 문제가 되는 우연이 목적적 적극적 우연인 것은 도박 및 복권에 관한 죄의 이론에 대해서 보더라도 명확하다. 형법 제185조에 의해, "우연한 승패에 관해 재물로써 노름을 하거나 또는 도박을 하는 자"가 처벌되고, "도박 및 복권 행위를 처벌하는 까닭은 그것이 풍속상 사행심(射幸心)을 방종하게 하는 것에 의해 건전한 경제적 사상을 마비시키고, 심지어는 국민 경제의 기능에 장애를 줄 우려가 있기 때문이다. 그 행위가 위법이 되는 까닭은 무릇 재산의 득실에는 정당한 원인이 있지 않으면 안 되는 데도 불구하고, 단순한 우연적 사정을 원인으로 하는 것은 경제 사회에 있어서 정의의 이념에 반하기 때문이다."78) 경제적 의지 활동의 목적적 필연성에

---

77) 牧野英一, 『改訂 日本刑法』, 277~278쪽.

78) 小野淸一郎, 『刑法 講義』, 460쪽.

대해서 도박 및 복권이 목적적 우연을 구성하는 한에 있어서 국민 경제의 기능을 해치는 것으로서 법률이 금하는 것이다. '우연한 승패'라는 개념은 뒤에 말하는 이접적 우연의 개념에 의해서 비로소 근원적 이해를 가능하게 만드는 것인데(제3장 제8절 참조.) 법률의 관심 영역에 있어서는 목적적 적극적 우연의 개념으로 족하다고 해도 지장은 없다. 요컨대 목적적 적극적 우연은 법률상으로 말하면 우연에 속하는 차원이고, '그 목적 없는 목적'에 의해서 '고의'에 외견적으로 접근해 있는 것이다.

10. 아우토마톤과 튜케

'목적 없는 목적'의 매개에 의해서 목적적 적극적 우연이 '고의'와 변별하기 어려운 모양까지 취할 수 있음을 설명했다. 아리스토텔레스가 '아우토마톤'(αὐτοματον)과 '튜케'(τυχη)를 구별한 것도 이 점으로부터 이해할 수 있다.

플라톤은 아직 이러한 구별을 하지 않았다. "튜케에 의한"(τυχη)과 "아우토마톤에 의한"(ἀπο τοῦ αὐτοματου)을 완전히 동일한 의미로 사용했다. 예를 들면 『프로타고라스』에서 정의(正義)라고 하는 따위의 덕(德)은, "자연에 의한 것도 아니고, 우연에 의한 것도 아닌"(οὐ φυσει οὐδ ἀπο τοῦ αὐτοματον) 교육에 의한 것으로 그 소유자는 노력에 의해 이 덕(德)을 획득했던 것이다. 그에 반해서 추악함이라든가, 왜소라든가, 허약함과 같은 결점이나 이와 반대의 장점은, "자연에 의하든가 또는 우연에 의한"(φυσει ἢ τυχη) 것이다.[79] 여기서 자연과 우연이 한 조를 이루어 두 번 나오는 데, "우연에 의한"이라고 한 경우에 한편으로는 "아우토마톤에 의한"이라고 했고 다른 한편으로는 "튜케에 의한"이라고 했다. 즉 양자는 완전히 동일한 의미로 사용되고 있다.

그에 반해서, 아리스토텔레스는 『자연학』에서 아우토마톤과 튜케의 구별을 정했다. 그가 설명하는 바에 의하면, 양자의 공통점은 목적성의 영역에 속한 사건이, 사실상 초래하는 것을 목적으로 해서 일어난 것이 아니라, 다른 데 원인(동력인 또는 목적인)을 가지고 있는 경우라는 점에 있다. 바꾸어 말하자면, 둘 다 목적성의 영역에 속하는 사건의 "슈모베베코스에 의한 원인"(αιτια κατα συμβεβηκος)이다. "슈모베베코스에 의한 원인"이란 참된 원인 결과 또는 목적 수단의 체계와는 아무런 필연적 관계가 없는 단순한 "목적 없는 목적"을 가리킨다. 사실상 초래된 사건의 단순한 "목적 없는 목적"을 가리킨다. 이 "목적 없는 목적"은 그 경우에 존재하는 참된 인과적 필연 또는 목적적 필연에 대하여 본질에 대한 우연적 속성의 우연성(슈모베베코스)(21쪽 참조)을 갖고 있다. 그 때

79) 플라톤, 『프로타고라스』, 323.

문에 '슈모베베코스에 의한 원인'이라고 일컬어진다.

예를 들면, 석상(石像)의 원인은 조각가이다. "슈모베베코스에 의한 원인"은 백인 또는 음악가이다. 백인 또는 음악가라고 하는 것은 본질적인 원인인 조각가에 대해서 단순히 우연적 속성의 우연성에 있지는 않다. 조각가가 때마침 백인종에 속하고 또는 음악적 재능을 갖고 있었던 것이다. 그 때문에 백인 또는 음악가는 석상의 "슈모베베코스에 의한 원인"이다. 요컨대 아우토마톤이나 튜케가 다 같이 목적성의 영역에 속하는 사건의 '슈모베베코스에 의한 원인'으로서 단순한 "목적 없는 목적"만인 것은 아니다. 양자에 공통되는 것도 또한 실제로 목적적 필연성의 부정이라고 하는 것이다. 즉, 둘 다 목적적 우연성이다.[80]

양자의 차이점은 어디에 있는가 하면, 튜케란 우연적 사건이 '의도'(προαιρε-σις)에 의해서 행위할 수 있는 것에 관계하고 있는 경우를 일컫는 데 대해서, 아우토마톤이란 그렇지 않은 경우에도 타당한 개념이라는 데 있다. 즉, 아우토마톤은 외연상 튜케를 포섭하는 상위 개념이다. 튜케는 아우토마톤인데 아우토마톤은 꼭 튜케는 아니다. 따라서 또 아우토마톤은 동물에도 무생물에도 있으나 튜케는 목적적 행위를 의도할 수 있는 것에 한정된다. 즉 튜케는 행운(εὐτυχια)과 행복(εὐδαιμονια)의 두 개념의 매개에 의해서 행위(πρᾶξια)에 결합되어서 실천적

---

80) 아리스토텔레스, 『피지카』, II. 5.

영역에 속하게 된다. 따라서 의도를 갖지 않는 무생물이라든가 동물, 어린이는 튜케를 모른다.[81] 바꾸어 말하자면 튜케에 있어서는 '고의'인가 아닌가가 실제상 문제가 될 수 있고, 아우토마톤에 있어서는 그 본질상 이 문제가 일어나지 않는 것이다.

아리스토텔레스가 『자연학』에서 들고 있는 튜케의 예는 다음과 같은 것이다. 갑이 어떤 장소에 금덩이 이외의 다른 목적으로 갔다. 그런데도 거기서 우연히 금덩이가 나왔다. 금덩이라는 것은 갑이 그 장소로 갔던 목적 속에는 포함되지 않았던 것이다. 금덩이가 "슈모베베코스에 의한 원인" 즉 "목적 없는 목적"이다. 이 튜케의 예는 의도에 의해 행위할 수 있는 것에 관한 한, 고의인가 우연인가가 문제가 될 수 있는 것이다. 갑이 '고의로' 금덩어리를 위해 그 장소에 갔다고 하는 경우도 고려할 수 있는 것이다.

아우토마톤의 예는 넷을 들었다. 첫 번째 예는 삼각발의자가 아래로 떨어졌는데 다리가 서서 걸상이 되는 것과 같은 경우, 두 번째 예는 돌이 떨어져 사람이 맞는 경우, 세 번째의 예는 말이 이 쪽으로 오기 때문에 그 말이 도움이 된 경우이다. 삼각발의자가 높은 데서 떨어져 그 세 개의 다리로 섰다는 것은 단순히 인과적 필연이고 걸터앉을 수 있게 되었다는 것은 삼각발의자가 아래로 떨어졌던 것의 목적일 수는 없다. 마찬가지로 돌이 어떤

[81] l.c. II.6.

일정한 장소에 떨어졌던 것은 단순한 인과적 필연이고, 그 돌이 사람을 맞혔다는 것은 돌이 떨어진 것의 목적일 수는 없다. 또 마찬가지로 말이 이리로 오는 것은 단순한 인과적 필연이고 말이 도움이 되었다는 것은 말이 이리로 왔던 것의 목적일 수는 없다. 삼각발의자나 돌이나 말도 의도에 의해서 행위할 수 없기 때문에 아우토마톤의 예이다. 또 목적이라는 것은 삼각발의자, 돌, 말의 성질상 절대로 있을 수 없는 것으로, "목적 없는 목적"이 "고의"로 이해될 가능성이 전혀 없는 경우이다. 더욱이 이 세 가지 사례는 뒤에 설명할 인과적 적극적 우연의 사례가 되는 것인데, 그것은 뒤에 서술할 것이다.(129~130쪽 참조)

아우토마톤의 네 번째 예로는, 자연에 반대해서 (παρα φυσιν) 일어난 경우를 들었다. 이 예는 목적관에 따라서 자연계에는 목적적 필연이 지배하고 있는 것을 가정한 이상, 반(反)자연 현상으로서 목적이 실현되지 않는 경우이다. 그것은 앞서 목적적 소극적 우연 중에 '반(反)목적'의 경우로서 다루었던 것이다.(85쪽참조) 이미 말했던 것처럼 목적적 소극적 우연에 있어서도 목적의 비(非)존재가 주장되는 한, 무엇인가의 "목적 없는 목적"이 잠재해 있는 것으로(90~91쪽 참조) 소극적 우연과 적극적 우연은 결국 준별하기 어려운 점이 있다. 이 네 번째 예도 자연 목적에는 관계했지만, 의도에 의해 행위할 수 있는 실천적 인간에 관계했던 것은 아니다. "고의"로 반(反)목적을 목적으로 하려는 것은 가능하지 않다. 그것이 아우토마톤이 아우토마톤일 수 있는 까닭이다. 다만 이 네 번째 예는, 첫 번째, 두 번째, 세 번째의 예와 비교할 때, 부정된 목적의 존재 방식을 전혀 달리 하고 있다. 첫 번째, 두 번째, 세 번째의 예에서는 "앉히기 위해", "사람을 맞추기 위해", "도움이 되기 위해"라는 목적이 부정되고 있는데, 그런 투의 목적은 인과계열의 외부에(ἐξω) 위치를 차지한다. 그에 반하여 네 번째 예에서는 자연에 의해 실현될 수 있는 목적이 부정되고 있어서 그런 식의 목적은 자연의 인과계열 내부에(ἐντος) 위치를 차지하고 있다. 첫 번째, 두 번째, 세 번째의 예에서는 없어야 할 것이 없다고 단정되고, 네 번째 예에서는 있어야 할 것이 없다고 단정되는 것에 의해, 반(反)목적성이 지적되는 것이다. 그러나 어느 것이나 모두 "고의"로 의도된 가능성이 존재하지 않는 한 아우토마톤의 예이다.

또 아우토마톤과 튜케의 차이에 관해서 아이스토텔레스 주석자로 유명한 아후로디시아스의 알렉상드가 든 예에 의하면 도망간 말이 우연히 주인을 만났던 경우, 말에 있어서는 아우토마톤이고 주인에 있어서는 튜케라고 하는 것이다. "목적 없는 목적"이 "고의"에 의해 치환될 가능성을 말은 가지고 있지 않지만 주인은 갖고 있다. "고의"의 가능성이 존재하는가 존재하지 않는가가 튜케와 아우토마톤을 구별하는 데서 주안점이 되지 않으면 안 된다. 그래서 튜케와 아우토마톤이 다 같이 목적성에 관한 한, 그 목적성이 실천 영역에 있어서 의도로서 조정될 가능성이 있는가 없는가는 퍽 중요한 차이로 되어야 한다.

아우토마톤과 튜케의 번역에 대하여 한마디 해두려고 한다. 라틴어로는 아우토마톤에 casus를 붙였고, 튜케에 fortuna를 붙였다. 아우토마톤을 직역해서 per se vanum이라고 했다. per se는 αὐτο(저절로)의 뜻이고 vanum은 ματην(이유 없는)의 뜻이다. 튜케는 아리스토텔레스에 의하면 그 결과가 매우 좋은 경우에는 '행운'(εὐτυχια)이라고 하고 대단히 나쁜 경우에는 '불운'(δυστυχια)이라고 했다.[82] 행운(secunda fortuna)과 불운(adversa fortuna)의 공통점은 '운'(fortuna)이므로 라틴어로는 튜케를 fortuna로 번역했던 것이다.

근대어로의 번역은 일치하지 않는다. 대체로 세 가지의 방향이 있어 다르다. (1) 라틴어 번역의 casus와 fortuna를 그대로 근대어화 한다. 아믈랭도 그런 예로서, 아우토마톤을 hasard로 번역하고 튜케를 fortune으로 번역한다.[83] 윅스티드와 콘포드도 마찬가지로 아우토마톤을 chance로 번역하고 튜케를 fortune 또는 luck로 번역한다.[84] hasard도 chance도 다같이 casus와 어원을 같이한다.

(2) 그리스어로부터 직접 근대어로 번역한다. 밀로는

---

[82] 아리스토텔레스, 『피지카』, Ⅱ. 5. 197a.

[83] Aristoteles, *Physique*, Ⅱ, tradution et commentaire pa O Hamelin.

[84] Aristotle, *The Physics*, with an English translation by P.H.Wicksteed and F.M.Cornford.

아우토마톤을 spontané라고 번역하고 튜케를 hasard로 번역한다. 곰페르츠도 마찬가지로 아우토마톤을 das Spontane로 번역하고 튜케를 Zufall로 번역한다. 하디와 게이도 마찬가지다. 아우토마톤을 spontaneity라고 번역하고 튜케를 chance라고 번역한다. 주의할 것은 라틴어를 근대어화하는 경우와 그리스어로부터 직접 근대어로 번역할 경우 번역어가 뒤바뀐다는 것이다. 전자에 있어서는 hasard, Zufall, chance를 아우토마톤에 해당시키고, 후자에 있어서는 튜케에 해당시키고 있다. 그리스어로부터 직접 근대어로 번역하는 방법이 대체로 우세하다. 다만 아우토마톤을 번역함에 있어서 αὐτο(저절로)에 중점을 두고 '자발성'이라 번역하고, ματην(이유 없는)을 도외시한 느낌이 있는 것은 부적절하다. ματην라고 하는 용어에는 우연성이 판연히 나타나는 한 경시해서는 안 될 것이다.

(3) 그리스어를 엄밀하게 직역한다. 프란틀은 튜케를 Zufall이라고 번역하고 아우토마톤을 das grundlos von selbst Eintretende라고 번역한다.[85] 이 아우토마톤의 번역은 원어가 함유하는 모든 계기를 그대로 엄밀히 직역한 이상, 번역의 교졸은 별문제로, 언어의 철학적 내용에 관해 가장 적절한 번역이라고 말하지 않을 수 없다. 프란틀 자신도 이와 같이 직역하는 것이 필요함을 서술했다.[86] 라틴어에도 직역으로서 per se vanum이라고 하는 것이 있었음은 이미 말했다. 아우토마톤을 '자발성'이라

---

85) Aristoteles, *Acht Bücher Physik*, Griechisch und Deutsch herausgegeben von C. Prantl, 1854.

86) *ibid*. S.483~484.

고 번역하는 것에 의해 경시되었던 일면이 직역에 의해 다시 그 권리를 되찾은 것이다.

11. 목적적 우연으로부터 인과적 우연으로

이상은 목적적 우연에 대해 서술했다. 그러나 목적적 지평에 있어서 이와 같은 우연성도 좁은 의미의 인과관계에서 보면 어떤 원인의 결과로서 생긴 것으로 인과적 필연성을 갖추고 있다고 생각할 수 있다. "무목적"으로서의 목적적 소극적 우연에 대해 말하면, 인간이 우연히 지구 표면으로 내던져졌다고 하는 생각은 운동법칙에 의해 인간이 필연적으로 생산되었다고 하는 기계관의 일면에 지나지 않는다. "반(反)목적"으로서의 목적적 소극적 우연에 있어서 말하면, 백치라는 것은 대뇌의 조직, 그 중에서도 특히 세포의 유전질 속에 무언가의 원인을 가지고 있어야 한다. 꽃이 여러겹꽃이 된 것은 기생하고 있는 세균 또는 곤충류의 자극작용과 그에 대한 꽃의 반응작용에 일정한 원인을 갖고 있어야 한다. 목적적 적극적 우연에 대해 말하면, 땅을 파서 보물을 얻은 것은 불투명한 땅 속에 가만히 있는 물품이 갖는 타성과, 추의 기계적 작용 및 거기에 가해진 사람의 힘에 원인이 있다. 또한 오줌을 증발시켜 열을 가하여 인을 얻는 경우는 생리적 연소의 최종산물로서 오줌 속에 함유되어 있던 인산염과 거기에 가해진 화학작용이 원인이 되었던 것이다. 쇼와전력 사건을 조사하는데 때때로 매훈(買勳) 사건에 관계를 갖는 것처럼 된 것은 취조를 받은 인물의 개인적 성격과 사회적 경우에 그 근본적 원인이 있었어야 한다. 이렇게 해서 목적적 우연은 정언적 우연과 똑같이 방향을 취하고 인과적 필연으로, 적어도 협의의 인과성의 문제로 환원되는 것이다.

12. 인과적 소극적 우연

인과성의 지평에 있어서 인과적 우연의 문제가 남아 있다. 인과적 필연의 비존재를 소극적으로 목격하는 인과적 소극적 우연에 관해서 먼저 서술하겠다. 원자론을 채택했던 에피큐로스는 원자의 본래 운동을 위에서 아래로 향하는 수직운동이라고 생각했는데 아무런 원인도 없이(άναιτιως) 저절로(sponte) 수직선으로부터 극히 조금씩 벗어나는 원자가 있다고 설명했다. 루크레티우스는 이 수직선으로부터의 약간의 괴리를 "기울기"(clinamen)라고 했다. "정신 자신은 각각의 행동에 있어서 내적 필연성에 의해 마치 속박되어 모욕을 참고 수난을 견디는 것처럼 구속받고 있는 것은 아니다. 이것은 원체(原體)가 갖고 있는, 공간적으로나 시간적으로나 결정되지 않은 미소한(exiguum) 기울기(clinamen)의 그늘이다."[87] 이러한 에피큐로스파의 비결정론은 스토아파의 결정론에 대해서 주장된 것인데, 데모크리토스의 원자론과 결정성의 문제에 대해 정반대의 성질을 보이고 있다. clinamen은 실은 인과적 소극적 우연의 전형이다. 이 의미의 인과적 우연은 자발성에 불과하다. 또 "주군(主君) 없이"(ἀ-δεσπο τος)[88]라는 말이 보여주는 것처럼 자유를 의미하는 것이기도 하다. 인과적 소극적 우연이 자유를 의미할 수 있는 것은 주의할 만한 점이다. "어떤 일정한 제조건의 내부에 있어서 방해받는 것 없이 우연성을 향유할 수 있다고 하는 이러한 권리를 사람은 종래 인격적 자유라고 이름 붙였다."[89] 또한 "모든 목적론적 견지를 배제하는 자연과학적 방법론을 개념구성의 유일한 원리로 하고, 역사적 정신과학적 개념의 전형성을 무시하여, 질서개념의 구성을 형식으로 경유하여 이해 대신 두려는 과학적 사회주의의 변증법적 유물론은 변증법적 논리의 규제 원리로서의 목적론을 가능하게 하는 반성판단적 보편이 성립할 여지를 깨뜨리고, 자유 내지 우연성을 용납할 만한 점을 막아, 순전히 필연적인 변증법적 논리만으로써 역사를 구성하려고 하는 데까지 이르렀음을 피할 수 없다. 이렇게 생긴 변증법적 운동의 세계는 실은 일종의 자연에 벗어나지 않는 것이어서 그 특수는 단지 법칙 개

---

87) Lucretius, *De rerum natura* II. 289~293.

88) Diogenes, *Laertios*, X, 133.

89) 마르크스 · 엥겔스, 『독일 이데올로기』, 三木淸 역, 岩波文庫, 116쪽.

제2장 가설적 우연 111

념의 한 실례인 특수에 빠져, 독특한 개성으로써 역사적 인식의 대상일 것을 요구하는 것이라는 것은 불가능해진다."90) 또 "변증법이 정신생활을 논리적 필연으로 변화시키는 것은, 단지, 현실의 우위 아래에서만 정당하게 행해질 수 있는 것이어서, 반대로 현실 일체를 아직 일어나지 않은 장래까지 모두 규정해 버리는 것은 아니므로 거기에는 반드시 변증법에 대한 우연이 있을 것이다. 이 소극적으로 남겨진 바를 채우는 것으로 나타나는 적극적 내용이 자유이다."91)

인과적 우연은 비결정적 자발성을 의미하는 경우에는 일본어로는 'おのづから(저절로)'라고 하는 말에 의해 표현되고, 목적적 필연과 결합해서 자유의 의미를 갖는 경우에는 'みづから(스스로)'라는 말이 사용된다. "지금 쓸쓸한 살림, 한 칸의 초막, <u>스스로</u> 이것을 사랑한다. <u>저절로</u> 도시에 나가서, 거지신세가 되는 일을 부끄럽다고 말해도, 돌아와 여기에 있을 때는 다른 속세의 번거로운 일을 가엾게 여긴다."(『호오죠오기』(方丈記))

또 '저절로'라는 말은 '자연'을 의미하고 그 결과 도리어 인과적 우연에 대립하는 경우도 있다. 그러나 그 때는 일면에 있어서 목적적 우연을 의미하는 한 자연과 우연과 합체했던 것을 표현하고 있다고 생각할 수 있다. 『이상』특집호에 <인생관의 철학> 중 <나의 인생관> (142쪽)에는 특히 이 의미로서, 즉, '자연'으로서 인과적

---

90) 田邊元, 『ヘゲル 哲學と辨證法』, 383~384쪽.

91) 同書, 278쪽.

우연에 대립하는 의미로서 '저절로'라는 용어를 사용해 두었다. "일부러 공부하지 않아도 조금이라도 재기가 있는 사람이라면 한자가 그의 귀, 눈에 띄는 것이 자연히 여럿 있을 것이다. 한자를 척척 휘갈겨 쓰고 그런 일은 금물인 여자 동료의 편지에 반 이상을 가득 썼다는 것은 얼마나 한심스러운지. 이 사람이 부드럽게 썼다면 유감스럽게 생각된다. 스스로는 그렇지 않지만 읽을 때 저절로 강한 느낌의 소리로 읽는 것처럼 되어 부자연스러운 것이다."(『겐지 모노가다리』(源氏物語), <하하키기>(帚木))92) 이 경우, '자연히'와 '저절로'가 완전히 같은 뜻인 것은, 플라톤이 자연과 우연을 동일류로 간주했던(77쪽 참조) 것과 같은 근거에 의한다. 요컨대 인과적 우연으로서의 '저절로'인 비결정적 자발성은 이종결합에 의해 목적적 필연의 방향으로 바뀌어, '스스로'가 갖는 자유(自由)가 되고, 그와 반대로 동종결합에 의해서 목적적 우연의 방향으로 달려가 '자연히' 즉 자연(自然)으로 되는 것이다. 자유와 자연은 이렇게 해서 정반대의 대립을 보인다. "당시 조선 인삼의 종자는 뜻을 설명해두건대 어느 정도 그래도 자유로이 변통되옵니다. 일 년에 1, 2만개라도 뿌려 두어, 10년정도 되오면, 먼저 뿌려 두어 뒤에 4, 5년 이상의 것이 열매를 맺게 되옵기 때문에, 10년 내에 차례로 배양되옵니다. 많은 여러 산 속에 뿌려 둘 수 있사와 뒤에 산 속에는 자연히 조선 인삼이 자라게 되어,

92) 역주 : 『겐지 모노가다리』(源氏物語)는 11세기초 창작된 일본 중세의 대표적 장편 서사물이다. 총 54권으로 되어 있는데 "하하키기"(帚木)는 그 제2권이다. 내용상으로는 3부로 구성되어 있다. 제1부는 주인공 히카루겐지(光源氏)의 탄생 이전부터 그의 나이 39세까지의 이야기를 다루고 있는데 주로 주인공 겐지의 유랑과 여성편력을 내용으로 겐지의 영화가 완성되기까지의 이야기다. 제2부는 겐지가 51세로 사망하기까지, 겐지의 몰락 과정으로서 현세의 영화와 사랑도 절대적인 것은 아니라는 이야기를 내용으로 한다. 제3부는 겐지의 사망 이후 그와 인연을 맺은 사람들의 후일담을 적은 것이다.

93) 平賀源內先生, 顯彰會 發行, 『平賀源內 全集』, 上, 194~195.

오로지 지금의 일본 인삼으로 통하게 되옵니다."93)

인과적 우연
=비결정적 자발성(저절로) ┤
├─ 이종결합의 결과
│　: 목적적 필연=자유(스스로)
└─ 동종결합의 결과
　　: 목적적 우연=자연(저절로)

헤겔이 자유(Freiheit)와 자의(恣意:Willkür)를 구별하는 것도 목적적 필연성이 지극히 강조된 "스스로"를 자유로서 설정하는 한편, 다른 한편으로 "저절로"가 지닌 인과적 우연성과 "자연"이 지닌 목적적 우연성의 동종 결합을 "자의(恣意)"라고 부르고 있는 것이다. 헤겔에 의하면 의지는 우연적인 것을 자의(恣意)의 형태로 단순하게 지양된 계기로 자기 속에 갖고 있는 것이다. 자의(恣意)는 우연의 형태에 있어서의 의지이고 자유는 필연의 형태에 있어서의 의지이다. 다만 의지의 자유라고 할 때에는, 자주 자의(恣意)가 고려되는 것이다. 자의(恣意)는 하나 또는 다른 것으로 결정하는 능력으로서 자유의지의 본질적 계기와 물론 다르지 않다. 그러나 자유 그 자체는 아니고 단지 형식적 자유이다. 참 자유인 의지는 자의(恣意)의 인과적 우연성을 지양해서 자기 속에 간직하고, 목적적 필연성으로서 자기의 내용을 자기의 것으로서 명확히 자각하고 있는 것이다. 그에 반해서 자의(恣意)의 단계에 그치는 의지는 내용적으로 참된 것, 바른 것으로 자기가 결정한 경우에도 자기의 마음에 들기만 하면 타자도 자기가 결정할 수 있다고 하는 무내용의 공허함으로부터 벗어나지 않은 것이다. 헤겔은 "스스로"로서의 자유가 갖는 목적적 필연성과 "저절로"로서의 자의(恣意)가 갖는 인과적 우연성을 이와 같이 대립시키고 다시 또 자의(恣意)가 목적적 우연성을 가진 점에 있어서 모순을 포함함을 지적하고 자유와의 대립을 첨예화하고 있다. 자의(恣意)에 있어서는 형식과 내용이 별개의 것이 된다. 자의(恣意)는 형식상으로는 인과적 우연성을 가지고 있는데 내용상으로는 목적적 우연성 및 그의 일면으로서 인과적 필연성을 갖고 있는 점에서 자기모순적이다. 자의(恣意)의 내용은 주어진 것인 이상, 의지 내에 스스로 기초를 둔 것이 아니고, 외적 사정에 저절로 기초를 둔 것이다. 이러한 내용에 관해서 선택의 형식으로만 자유가 성립하지만, 이러한 형식적 자유는 단지 자유라고 생각해버리는 자유에 불과한 것이다. 그렇다면 자세히 분석해서 보면 갑이 아니라, 분명히 을에 의지가 자기 결정하는 원인은 자기에게 존재하는 것이 아니고, 의지가 여건으로서 나타났던 내용의 기초를 이루는 사정의 외재성에 자기 결정의 원인이 존재하는 것이 판명되는 것이다. 자의(恣意)의 인과적 우연으로서의 "저절로"는 자세히 분석하면, 목적적 우연과 결합하고 있는 한 "자연"의 인과적 필연에 불과한 것을 알 수 있다. 인과적 우연으로 생각되는 것이 분석 결과 인과적 필연이라고 볼 수 있기 때문에, 자의(恣意)는 모순을 포함한다. 의지의 낮은 단계에 있는 자의(恣意)는 높은 단계에 있는 자유로 전개되지 않으면 안 된다는 것이 헤겔의 견해이다.94)

우리들은 자유의 개념에 관해서 소극적 자유와 적극적 자유의 둘로 나누어 생각할 수 있다. 그렇다면 소극적 자유란 인과적 우연으로서의 비결정성, 자발성에 해당하고 적극적 자유란 적극적 필연으로서 자유에 해당된다. 니콜라이 하르트만의 양상성 연구에 의하면, 소극적 자유는 하나 혹은 그 외의 것으로 행동할 가능성이어서, 필연성을 넘어선 가능성이 우세하다. 그러나 도덕의 본질인 당위는 가능성을 넘어선 필연성이 우세하므로 당위에 의해 제약되었던 활동은 소극적 의미에 있어서 자유라고는 말할 수 없다. 적극적 의미에 있어서 자유라는 것이 일컬어지는 것이다. 소극적 자유는 "가능성의 자유"(Freiheit der Möglichkeit), 즉 "필연성으로부터의 자유"(Freiheit 'von' der Notwendigkeit)이고, 적극적 자유는 "가능성으로부터의 자유"(Freiheit 'von' der Möglichkeit)로서 "필연성의 자유"(Freiheit der Notwendigkeit)이지 않으면 안 된다. 필연성의 자유란 필연성이 자유에서 용솟음쳐 나온 것이라고 한다. 그래서 "자유로운 필연성"(freie Notwendigkeit)이라는 역설적 개념에 도달한다.95) 하르트만이 말하는 "자유로운 필연성"이란 목적적 필연성으로서의 적

94) Hegel, *Encyklopädie*, hrsg., v. Bolland, 1906, Bolland, 1906, 145, Zusatz, S, 194.

95) N, Hartmann, Logische und ontologische Wirklichkeit, *Kantstudien* XX, S. 23~24; N. Hartmann, Ethik, 1926, S. 587~589 참조.

극적 자유이다. 인과적 우연성은 비결정적 자발성으로서 소극적 자유 개념을 구성한다.

또 동양 사상에 있어서는 자유와 자연은 괴리되어 대립하지 않고 서로 융합되어 나타나는 경향이 현저하다. "스스로"가 갖는 목적적 필연성과 "자연"이 가진 인과적 필연성이 "저절로"인 자발성에서 지양된 단계로 볼 수 있을지도 모른다. 이 점에 흥미로운 문제가 포함되어 있는데 지금 그것을 논할 때는 아니다. 이 점에 관해서 『이상』 제17호 소재의 아베요시시케(安倍能成)씨의 논문 <자연에 대하여>는 시사하는 바가 많다.

이상 비결정적(非決定的) 자발성으로서의 인과적 우연이 한편으로는 적극적 의미에 있어서의 자유와, 다른 한편으로 자연에 대한 관계를 간단히 고찰했다. 그 결과 정신철학의 영역에 있어서 목적적 필연성의 개념으로써 인과적 우연성의 개념을 치환하려 하는 경향이 있는 것을 부정할 수 없다. 그렇지만 목적적 필연성은 근원에 있어서 인과적 우연성에 의존하지 않으면 그 의미가 성립되지 않는다. 인과적 우연은 목적적 필연의 출발점이 되지 않으면 안 된다. 바꾸어 말하자면, 비결정성(非決定性) 자발성으로서의 소극적 자유는 결정성(決定性) 필연성으로서의 적극적 자유의 불가결한 조건을 구성하고 있다. 그것뿐만 아니라, 목적적 필연으로서의 적극적 자유를 "장애로부터의 해방"이라는 것으로 해석하게 되면 자유의지의 발생과정에서는 오히려 그 쪽이 소극적 의미를 가진 것이고, 절대적 자발성으로서의 소극적 자유 쪽이 적극적 의미를 갖는 것까지도 되는 것이다.

아마노 테이유우(天野貞祐)씨는 <인격과 자유>에서 그 점을 명확히 하고 있다. "우리가 자유의 의식을 가진 경험적 과정은 소극적 측면으로부터 시작한다. 장애가 있는 곳에서 비로소 우리들은 자유를 의식한다. 아무런 장애도 없으면 자유라고 하는 의식은 일어날 수가 없다. 자유가 장애로부터 해방이라고 해석된다는 뜻이다. 자유란 말은 본래 이 소극적인 의미를 갖는 것이다.…… 그렇게 해서 인간에 있어서는 행위는 의지에 기초한다고 생각되기 때문에, 속박하는 장애는 다양해도 속박되는 것은 늘 의지에 귀착한다. 의지가 속박되지 않을 때 인간은 자유인 것이 된다. 여기에 있어서 자유의 의미는 사람이 하나의 행동을 의지하는 것도 의지하지 않는 것도 가능하다고 하는 적극적 측면으로 전환해 가는 것이다. 그러나 그것에 의해 자유의 의미가 변화하는 것은 아니다. 소극적 의미라고 해도 적극적 의미를 근거로 하기 때문이다. 장애로부터의 해방이 자유라고 해도 해방된 상태가 자유인 것은 아니고 해방에 의해 장애에 복종하는 것도 하지 않는 것도 가능하게 되었던 움직임의 작용이 자유인 것이다."96)

96) 岩波哲學講座, 天野貞祐, 『人格과 自由』, 4쪽. 기타 38쪽도 참조. 또 같은 책에는 인격적 자유가 "가상계(可想界)의 만남"과 관련해서 철학적 정열을 갖고 설명되어 있다.

정신철학의 영역에 있어서의 인과적 우연성의 중요한

역할은 이와 같지만, 다른 한 편에 있어서 자연철학은 무언가 그 대체적인 경향으로서 인과적 필연성 개념에 의해 인과적 우연성 개념을 배제하려든다는 것을 부정할 수 없다. 때때로 우연 오차, 우연 발생, 우연 변이 등의 개념이 생겨도 그것들은 곧 인과적 우연에 의해 정복되어버린다. 이것들의 개념은 본래 인과적 우연과 관련해 생겼다. 즉, 우연 오차는 양의 측정에 있어서 오차가 원인에 관련하고, 우연 발생은 생물 발생 원인에 관련하고, 우연 변이는 유전질에 일어난 변화 원인에 관련하여, 어느 것이나 무엇인가의 의미로 우연성을 목격하려 한 것이다. 그러나 우연 오차에 대해서는 인과 법칙에 따르는 것과 같은 것을 측정할 수 있는 양으로써 결정하는 것에 의해, 우연 발생에 대해서는 화학적 합성을 통해서 무기물과 유기물의 경계를 접근시키는 것에 의해, 우연 변이에 대해서는 방사선 등을 이용해서 변이 원인을 실험적으로 필연화하는 것에 의해, 어느 것이나 우연성을 필연성으로 치환해버리는 것이다. 자연과학의 포부는 확실히 그 점에 있다고 해도 틀림이 없을 것이다.

자연과학이 인과적 필연성을 궁극의 이념으로 해서 정신 철학이 목적적 필연성의 불가결 조건으로서 인과적 우연성을 요청한다고 한다면, 인과적 우연의 개념을 둘러싸고 중대한 철학 문제가 전개되는 것은 당연하다.

인과적 우연이 엄밀한 의미에 있어서 존재하는가 그

렇지 않은가는 자연과학자에게도 철학자에게도 궁극적인 문제의 하나이다. 그 존재를 긍정하는 예로는 부트로가 있다. 부트로에 의하면 인과법칙은 추상적인 것으로서 과학의 실제상 준칙일 수 있으나, 구체적인 현실 세계에 있어서는 엄밀히 적용되지는 않는다. 전체의 계량은 단순히 근사적(近似的)이다. 절대정밀에 도달하는 것은 원리적으로 불가능하다. 실험적 입증이란 결국 모든 현상의 측정 가능한 요소의 수치를 가능한 한 접근한 한계와 한계 사이에 압축하는 것으로 귀착한다. 말하자면 우리들이 보는 것은 사물을 넣는 용기에 불과하다. 물건 자체는 아니다. 그래서 우리들의 조잡한 측정 방법의 효력 범위를 넘어서는 극소한 정도의 비결정성이 모든 현상에 내재할 수 있다. 그것이 즉 인과적 필연의 비존재로서의 인과적 우연(contingence)이다. 이렇게 해서 부트로는 메뉴도비랑이라든가 라에쏭에 의해 창도된 "자유의 철학"에 우연의 개념에 의한 근거를 부여하려 했다.

또 에피쿠로스의 비결정론에 있어서는 인과적 우연과 목적적 우연이 동종 결합을 이루는 데 반하여 부트로에 있어서는 인과적 우연이 목적적 필연과 이종결합을 이루고 있다. 에피쿠로스는 신들의 존재를 승인하는 한편, 다른 한편으로 그 신들은 모든 세계 사이(μετα-κοσμια intermundia)의 공허(空虛)에 거주하여 자족한 지복(至福)에 안심하고 세계와 인간에 아무런 간섭을 하지 않는 것으로 생각했다. 그런데도 부트로가 말하는 "자연 법칙의 우연성"은 결국 우주의 목적적 필연성에 의존하고 있다.97) 부트로는, "의무의 형태에 대한 필연성" 즉, "필연적이라고 생각되는 목적"에 대해서 말하고 신에 있어서는 "자유가 무한이다."와 함께, "실천적 필연성"이 있다고 말한다. 또한 신의 "부단한 섭리", "특수한 섭리"를 말하고 "우주의 갖가지 형식이라든가 일반적 법칙의 단계 조직이 보이는 우연성은 이 신의 자유의 가르침에 의해 설명된다."고 말한다. 그래서 그가 표어로서 권두에 내걸은, "여기에도 또 신들이 있다."고 하는 아리스토텔레스의 『동물의 부분』에서 인용한 구절은 인과적 우연성의 배후에 숨겨진 목적적 필연성을 지적하는 것으로서 그의 입장을 표명함과 동시에 그의 사상이 토마스 아퀴나스의 『필연성 또는 우연성의 법칙』의 개념이라든가 마르부란샤의 우연론에 접근함을 암시한다.

에밀 볼레르도 그가 저술한 『우연』에 있어서 인과적 우연을 긍정하고 있다. 물리현상에 관한 그의 주장에 의하면 한편에 있어서 "어떤 하나의 전체적 현상의 필연성은 부분적 제현상(諸現象)의 자유와 상호 용납하지 않는 것은 아니다." 다른 한편으로 "부분적 제현상에 관해서 절대적이라고 생각되던 결정론도 절대적 엄격으로 전체적 현상을 예지하는 말을 허용치 않는다." 절대적인 결정론은 아무래도 지지하기 어렵다. "왜냐하면 우주 안에

97) Boutroux, *De la Contingence des lois de la nature*, 9e éd. pp.155~157.

제2장 가설적 우연 121

서 자유가 간여하는 바가 아무리 적어도 이러한 간여가 존재하는 우주와 이러한 간여가 제외되어 있는 우주와의 사이에는 심연이 가로 놓여 있다."98)

그러나 뽀앵까레와 같이, "우리들은 절대적 결정론자가 되어 버렸다."99)고 하는 사람들도 적지 않을 것이다. 원추를 그 정점 위에 세울 때 어느 방향으로 넘어질지는 정말 우연에 의한 것처럼 보인다. 그러나 그것이 넘어지는 방향을 결정하는 것은 무엇인가 반드시 원인이 있어야 한다. 즉, 아주 적다고 해도 원추의 대칭에 결함이 있다면 어느 쪽이든 약간 기운다. 그렇게 아무리 조금만 있어도 그 기울기가 원추가 넘어지는 방향을 결정한다. 또 대칭이 완전했다고 해도 극히 작은 진동에도 몇 초의 각도가 기울어진다. 이렇게 해서 그 약간의 기울기가 원추가 넘어지는 방향을 결정하는 것이다. 요컨대, "우리들에게 알아차릴 수 없을 듯한 근소한 원인이, 우리가 인정하지 않을 수 없을 것 같은 중대한 결과를 결정하는 것이 있다면, 그 때 우리들은 그 결과는 우연히 일어났다고 말한다."100) 뽀앵까레는 결정론과 자유를 칸트류(類)로 조화시키려고 해서 과학의 영역과 도덕의 영역을 분명히 구별했다. 그렇게 해서, "사람이 과학하는 경우에 결정론자로서 추론하지 않는 것이 불가능하다면 마찬가지로 사람이 행동하는 경우에는 자유인 인간으로서 행동하지 않는 것은 불가능하다."고 말한다.101)

98) Émile Borel, *Le Hasard*, 1920. p.290~295.

99) H. Poincaré, *Science et Méthode*, p.65.

100) *ibid*. p.68.

101) H. Poincaré, *Dernières Pensées*, Paris, Flsmmarion, 1926, p.246.

인과성에 관한 비결정론과 결정론과의 논점은 결정 속에 근소한 비결정성을 인정하는가, 비결정 속에 미소(微少)한 결정성을 인정하는가에 있다. 문제는 '근소'한 한 점으로 귀착한다. 루크레티우스의 exigum의 한 점에 모인다. 그래서 부트로라든가 폴레르가 가정하는 근소한 비결정성이 인간에게 계량할 수 없는 것인 한, 뽀앵까레가 말한 것처럼 이 문제는, "명확히 해결하기 어려운"[102] 문제인지도 모른다.

[102] H. Poincaré, *La Valeur de la Science*, p.248.

이 문제에 관해서 최근 자연과학은 어떠한 태도를 보이는가? 여기서 자연과학자의 말을 인용해 둔다. "통상 말하는 바 인과법칙, 즉 사건의 필연적 계기의 원리는 자연과학의 성립을 위해 시비 및 필요한 범주로서 간주되고 있다. 그 이유는, 사건 사이에 이러한 필연적 관계가 존재하지 않게 되면, 우리는 거기서 아무런 일정한 법칙이나 원리도 세울 수 없었을 것이기 때문이다. 그렇지만 물리학의 발전은 점차 이 범주에 대해서만은 그 절대적 성립을 의심하는 데 이르렀다. 첫째로, 열현상에 있어서는 분자운동의 우연성이 인정되고, 따라서 열역학 법칙과 같은 단순히 이 분자운동의 우연적 분포상태가 확실도에서 크게 다른 상태로 전이하는 결과로 나타나는 것이어서 결코 절대적 필연인 것은 아니고, 그것에 반하는 많은 우연성이 허용되는 것을 명확하게 해준다. 그러나 이 경우에 있어서 더욱 개개의 분자운동의 법칙에 관해서는 그것이 필연적인 역학원리에 따르는 것으로 간주되는 것으로 열역학적으로는 우리들이 개개의 분자를 "현미경적으로" 보는 대신에 그들 다수의 집합을 "거시적으로" 즉 통계적으로 보기 때문에 우연성이 결과하는 것이라고 생각되고 있었고, 최근 원자내부 전자의 양자 이론이 발전해온 결과에 의하면, 이러한 전자상태[전자의 파동함수(波動函數)]를 결정하는 법칙은 마찬가지로 필연적으로 주어진 것은 아니고, 어떤 우연적인 확실도를 가지고서만 나타날 수밖에 없음이 분명하게 되었다. 그것은 실로 놀랄만한 새로운 사실이 아닐 수 없다.

그것은 물질의 궁극적 요소에 관한 일이다. 게다가 그것이 우연성을 갖고서만 결정된다고 말하는 것은 물질의 근본 원리에 대한 옛날의 필연적 인과관념을 근저에서부터 뒤집는 것이다. 우리들은 본디부터 열현상에 있어서 분자 운동의 사례와 비교해서 이 경우에 있어서는 전자 상태의 우연성의 배후에, 무엇인가 필연적 법칙이 숨어 있어서, 우리들은 단지 그것들의 통계적 결과만을 관측하는 것으로 해석하는 것이 가능할 것이다. 그렇지만 이 배후의 필연적 법칙이 되는 것은 이미 서술한 전자의 형태나 궤도 등과 마찬가지로 마침내 어느 상상에서 벗어나지 않는 것으로 현실적 경험의 영역을 초월한 것이다. 따라서 거기서는 우리들은 또한 완전히 똑같은 권리를 갖고서 필연적 법칙의 부정을 가정하고, 예컨대 전자 자신의 자유의지와 같은 것을 상상하는 것도 가능할 것이다. 경험영역을 넘어선 그것은 이미 자연과학의 연구대상은 아니기 때문이다.103) "여기서 논의될 수 있는 것이 물리학의 가장 근본적인 현상인 것을 생각한다면, 도리어 자연과학에 있어서 우연성인 것이 어떻게 그 근저에 깊이 횡행하고 있을까를 깨닫지 않으면 안 된다."104)

인과적 소극적 우연의 관념은 이 인용문이 보여주는 것처럼 최근에 이르러 소위 불확정성 원리에 기초해서 원자역학적 우연성으로서 긍정되고, 자연과학은 근소한 비결정성을 주장하는 비결정론에 우위를 부여하는 경향을 보여왔다. 그래서 그 철학적 전망의 원대함을 역설하는 논자도 점점 증가해 왔다.105) 그렇지만 불확정성 원리는 반드시 모든 유력한 자연과학자가 승인하는 것은 아닐 뿐만 아니라, 또 자연과학적 사유의 본질 그것과 과연 어느 정도 상호 용납되는지도 또 다소 의심스럽다.106) 다른 한편으로는 또한 이러한 것들의 문제는 종래의 형이상학(metaphysique = 초물리학)의 영역과는 다른 양자상학(量子上學Métamicrophysique = 초미물리학)의 영역에 속하는 것을 주장하는 논자도 있는 모양이어서107) 사정은 철학적 지평에 있어서는 더욱 명확성을 결여하고 있다. 철학하는 자는 이른바 양자역학적 우연성 그것의 가치를 지나치게 과대하게 고찰해서는 안될지도

103) 石原純, 근대자연과학의 초유물적 경향, 『사상』, 100호 기념 특집, 84~85쪽.

104) 石原純, 자연과학개론, 88쪽.

105) Ed. Le Roy, Ce que la Microphysique apporte ou suggère à la Philosophie, *Revue de Métaphysique et de Morale*, 1935, 특히 345~355 참조.

106) É. Meyerson, *Du cheminement de la pensée I*, pp.63~64, III. pp.768~769 참조.

107) G. Bachelard, Noumène et Microphysique, *Recherches philosophiques I*. pp.55~65.

모른다. 이런 사정이므로 우리들은 인과적 소극적 우연에 관해서 이른바 "대상 영역"에 있어서의 그 존재여부를 문제로 잠시 남겨 두는 것이 좋겠다. 그렇다면 무엇인가 다른 의미에서 인과성에 관해서 우연이 존재하지 않을까? 인과적 소극적 우연에 대하여 여기에 또 인과적 적극적 우연이라는 관념이 있다.

13. 인과적 적극적 우연

인과적 적극적 우연이란 이미 서술한 바와 같이 둘 혹은 둘 이상의 사건 사이에 인과성 이외의 관계가 존재하는 것을 적극적으로 목격하는 경우이다. 가령 지붕에서 기와가 떨어져서 처마 밑을 구르고 있던 고무 풍선을 맞혀 터뜨렸다고 하면, 우리는 그것을 우연이라고 생각한다. 또 화산이 분출할 때 일식이 있는 경우 그것을 우연이라고 한다. 기와는 지붕이 낡아서 붙어 있지 못하게 되었다든가 바람의 힘에 의해 이탈이 촉진되었다든가, 무엇인가의 원인에 의해 그 결과가 되어 낙하의 법칙을 따라 일정한 장소에 떨어졌다. 고무풍선은 처음에 받은 약간의 충격과 고무의 탄성과 풍선의 구면과 지면의 경사 요철 등이 원인이 되어 그 결과로서 운동법칙에 따라 일정한 장소로 굴러 왔다. 인과계열을 달리하는 두 사건이 일정한 적극적 관계에 처한 것이 우연이라고 하는 것이다. 마찬가지로 지하의 뜨거운 물이 수증기로 변해 생긴 장력(張力)이 어느 정도에 도달한 것이 원인이고 그 결과로서, 압력 법칙에 따라 화산이 분출했다. 달에 가려졌다고 하는 원인에 의해 그 결과로서, 태양은 천문학의 가장 간단한 법칙에 따라 암흑 현상을 보였다. 하나의 인과계열과 다른 인과계열은 완전히 독립되어 있다. 양 계열 사이에는 인과관계를 인정할 수 없다. 양 계열은 필연성에 의해서 결합되지는 않는다. 이런 경우의 우연성도 하나의 인과계열과 다른 인과계열과의 필연적이지 않은 상호관계에 있다.

여러 사건 사이에 존재하는 이와 마찬가지의 관계는 다음 사례를 고찰하는 것이 좋다. "하나의 흰 공을 생각해보자. 기계가 필연법칙에 따라 움직이는 것처럼 공은 역시 우리에게 알려진 법칙으로 미끄러운 평면 위를 구를 것이다. 만약 우리가 그렇게 말한 흰 공을 무수히 많이 하나의 평면 위에 굴렸다고 하면 거기에는 틀림없이 전혀 예기치 않았을 법한 흰 공의 여러 가지 반점모양이 평면 위에 나타난다. 개개의 경우에 어떤 모양을 우리가 볼 것인지는 전부 우연이다."[108] 다만 적극적 우연은 둘 이상 다수의 사건간의 관계가 있는 경우에도 또한 그 기초에는 두 사건 사이의 관계를 원형으로서 갖고 있다. 이러한 종류의 우연은 매우 중요한 것이다. 스튜어트 밀

108) 石原純, 「신은 우연을 사랑한다」, 잡지 『セルパン』, 1935년 6월호, 7쪽.

제2장 가설적 우연 127

도, "어떤 현상이 우연에 의해 산출되었다고 하는 것은 옳은 것이 아니다. 그러나 둘 혹은 그 이상의 현상이 우연에 의해 결합되었다고 하는 것, 그것들이 단순히 우연에 의해 동시에 존재하고 혹은 하나가 다른 것을 이어서 일어난 것이라고 말할 수는 있다. 즉, 그것들은 어떤 인과성에 의해 연결되지 않는다는 의미로 그렇게 말할 수 있다."109)

이 인과적 적극적 우연은 정언적 우연이나 목적적 우연을 그 주요한 형태에 있어서 기초를 두게 하는 것이다. 어떤 클로버가 네 잎이라고 하는 것은 정언적 우연으로 볼 수 있는 것인데, 이것은 상처의 자극과 같은 인과적 필연성을 갖고 있다. 그러나 이러한 인과적 필연성은 아마도 다시 인과적 적극적 우연에 근거를 두고 있는 것이다. 즉, 어떤 클로버의 잎이 형태의 발생 초기에 있어서 상처를 받았다는 것은 세찬 바람이 때때로 그 부분에 돌멩이를 부딪치게 했다고 하는 것과 같은 인과적 적극적 우연에 기초하지 않으면 안 된다. 혹 적중률이 90% 이상인 일기예보관이 이따금 예보가 틀렸다는 것과 같은 경우도 정언적 우연이지만, 일기의 급격한 변화라든가 예보자의 정신적 흥분이라든가 하는 사실을 인과적 필연성으로서 갖고 있는 것이다. 그러나 이러한 인과적 필연성도 다시 그 근저에는 무엇인가 인과적 적극적 우연을 예상하고 있다. 예컨대 불연속선상(不連續線上)에서

---

109) It is incorrect to say that any phenomenon is produced by chance ; but we may say that two or more phenomena are conjoined by chance, that they co-exist or succeed one another only by chance; meaning that they are in no way related through causation)고 말했다. (Stuart Mill, *A System of Logic*, Ⅲ, ch. ⅩⅦ, §2. New Impression, 1925, p.345.)

갑의 기류(氣流)와 을의 기류가 우연히 충돌한다든가 스치는 것처럼 지나간다든가 하는 것과 같은 인과적 적극적 우연이 기초가 되어서 일기의 급격한 변화를 일으켰다고 생각할 수 있다. 또 예보자가 정신적으로 흥분한 사실의 근거에는 한편으로는 예보하는 행동과 다른 한편으로는 정신적 흥분을 일으킬만한 사건이 우연히 결합한다고 하는 인과적 적극적 우연이 숨어 있다. "문득, 지난날도 그와 같은 일이 있어서, 아이가 열이 났는데, 그것이 <u>운 나쁘게</u> 오후 여덟시부터 예보가 시작되었습니다. 일기예보가 시작된다고 하는 <u>때에</u> 43도가 되었으므로 아무래도 디프테리아일 우려가 있었습니다."(후지우라 사쿠헤이(藤原咲平), 『천문이나 기상이야기』, 58쪽) 요컨대 인과적 적극적 우연이 정언적 우연을 기초짓고 있다. 또 일반 개념을 실현할 만한 목적으로 볼 때 정언적 우연은 목적적 소극적 우연으로 되는 것이었으므로 (85쪽 참조) 지금 네 잎 클로버나 일기예보의 착오 사례는 또한 목적적 소극적 우연의 예로도 볼 수 있어 목적적 소극적 우연의 이면에도 어떤 인과적 적극적 우연을 생각할 수 있다는 뜻이다. 목적적 적극적 우연에 있어서는 그것이 한층 명료하다. 나무를 심기 위해 땅을 파는데 뜻하지 않게 보물이 나왔다고 하면 그것은 목적적 적극적 우연이라고 말한다. 유일한 목적은 나무를 심는 데 있었으므로 보물을 얻었던 것은 목적적 우연이다. 그러나 전에 말했듯이 목적성이란 인과성의 역이므로 뒤에 올 결과를 목적으로 먼저 지목하고, 그 결과에 선행하는 원인을 수단으로 뒤에 택하는 것이다. 목적 수단 관계는 원인 결과 관계를 예상하고 있다. 그렇다면 이 경우 목적성의 그늘에 어떠한 인과관계가 존재하고 있는가라고 하면, 한편으로는 갑의 추의 기계적 작용이 원인이 되어서 보물이 땅 속에 묻혀졌고, 다른 한편으로는 을의 추의 기계적 작용이 원인이 되어 땅이 파헤쳐졌는데, 거기에는 두 개의 독립된 인과계열이 있으며 그렇게 해서 그 두 개의 인과계열이 때마침 하나의 관계에 놓여진 것이다. 요컨대 목적적 적극적 우연의 근저에는 인과적 적극적 우연이 숨어 있다.

그러나 여기서 주목할만한 현상이 하나 있다. 앞서 목적 우연에 "목적 없는 목적"이 수반되는 것과, 목적적 소극적 우연에 있어서는 그 앞 항목인 "목적 없는" 것이 강조되고, 목적적 적극적 우연에 있어서는 그 뒤 항목인 "목적"이 강조되는 것을 서술했다. 그런데 목적적 우연의 이러한 성격은 인과적 적극적 우연에도 반영되는 것이다. 그래서 인과적 적극적 우연도 일종의 가상적인 "목적 없는 목적"을 갖는 것이 된다. 지붕의 기와가 떨어져 정확히 고무 풍선에 맞았다는 사실에는 무엇인가 심술궂은 목적이 숨어있는 것처럼, 화산분출과 일식이 동시에 일어난 데에는 무엇인가 신비한 목적이 숨어 있는 것처럼 느낄 수 있는 것이다. 그러나 그것들은 완전히 목적적 우연의 "목적 없는 목적"을 일종의 감정이입(感情移入)에 의해 인과적 적극적 우연으로 투사함에 불과하다. 그래서 이런 견지에서 보면 아리스토텔레스의 아우토마톤과 튜케의 구별은 인과적 적극적 우연과 목적적 적극적 우연과의 구별이라고 단정지을 수도 있다.(104쪽 참조)

14. 복합적 우연

여러 가지의 우연이 서로 결합해서 하나의 복합적 우연을 구성하는 것이 있다. 예를 들면, 노름을 하러 가는 사람이 도중에 길가에서 뜻하지 않게 네 잎 클로버를 발견한 것과 같은 경우는 복합적 우연이다. 네 잎 클로버가 정언적 우연인 이상, 노름을 하러 가는 사람이 행운의 표시가 되는 네 잎 클로버를 우연히 길에서 발견했던 것은 목적적 적극적 우연이다. 정언적 우연의 근저에도 목적적 우연의 근저에도 인과적 적극적 우연이 숨어 있는 것은 말했는데, 여기서는 다시 또 정언적 우연과 목적적 적극적 우연이 복합 상태를 보이는 것이다. 또한 하나의 예를 들면, 1564라는 번호의 자동차가 사람을 치었으므로, "운전수가 새파랗게 질려 번호의 변경을 원했

제2장 가설적 우연 131

다"고 하는 기사가 신문(1935년 4월 19일. 오오사카 아사히 신문, 토오쿄오판)에 실렸는데 그것도 복합적 우연이다. 1564와 '사람을 죽임'이라는 사이에는 음운관계에 의한 이유적 적극적 우연이 성립한다.110) 그래서 이러한 "무서운" 번호의 자동차가 우연히 사람을 치었다는 것은 목적적 적극적 우연이다. 이유적 적극적 우연과 목적적 적극적 우연이 복합상태를 보이는 것에 의해서 우연성이 강조된 것이다.

또한 주의할만한 것은 복합적 우연의 복합성의 기초, 그것이 우연성에 의해 형성되는 것이다. 클로버의 예에서는 정언적 우연인 네 잎 클로버와 그것을 보았다고 하는 목적적 적극적 우연 사이에는 네 잎 클로버는 행운의 상징이고, 발견한 사람은 행운을 바라고 노름을 하러 가는 도중에 있다고 하는 적극적인 우연성이 있어 복합성의 기초를 이루고 있는 것이다. 자동차의 예에서도 음운관계에 의한 이유적 적극적 우연과, 뜻하지 않게 사람을 쳤다고 하는 목적적 적극적 우연 사이에 자동차 번호의 음운이 죽음과 통하여, 그 번호의 자동차를 만난 우연이, 사람을 죽였다고 하는 적극적 우연성이 있어, 비로소 거기에 진정한 의미의 복합적 우연을 성립시키고 있는 것이다. 또 계기적 우연의 복합성에 관해서는 뒤에 서술한다.(148쪽 이하 참조)

110) 역주 : 1564는 /hitogo-rokusi/로 읽혀지는데, /hito/는 ひと : '사람', /rokusi/는 /rekusi/ 즉, れくし(轢死)와 비슷한 발음이어서 '사람이(을) 치어 죽음'이라는 뜻이 된다.

15. 가설적 적극적 우연의 일반성격

이상 우리는 세 가지 종류의 가설적 우연 하나 하나를 소극적 우연과 적극적 우연의 둘로 나누어 고찰했다. 소극적 우연이란 하나의 사건에 관해서 가설적 전건(前件; 이유, 원인, 목적)이 결여된 것이 소극적으로 파악된 경우이다. 적극적 우연이란 둘 또는 둘 이상의 사건 사이에 가설적 관계 이외의 관계가 적극적으로 목격되는 경우이다. 소극적 우연은 하나의 사건에 있어서 전건의 결여가 단순히 파악되기 때문에, 그 의미에 있어서 <u>절대적</u> 우연이라고 할 수 있다. 적극적 우연은 둘 또는 둘 이상의 사건 사이의 관계가 우연이라고 단정하게 되는 것이기 때문에 <u>상대적</u> 우연이라고 할 수 있다. 요컨대 적극적 우연은 이유적 적극적 우연, 목적적 적극적 우연, 인과적 적극적 우연의 어느 것도 적극성과 상대성을 갖추고 있다.

그러나 여기서 주의할 것은 어떠한 소극적 절대적 우연도 결국은 그 근저에 적극적 상대적 우연을 가지고 있다는 것이다. 전반적으로 상대적 우연은 가설적 관계를 결여한다는 소극적 방면과, 가설적 관계 이외의 어떤 관계가 성립한다는 적극적 방면을 갖고 있다. 이른바 소극적 우연이란 그 소극적 방면만을 목격한 경우를 말하고, 적극적 우연이란 다시 나아가 적극적 방면도 합쳐서 목격한 경우를 말하는 것이다. 그렇지만, 기실, 적극적 방면을 완전히 결여한 우연이란 것은 있을 수 없는 것으로, 가령 의식적으로 적극적 방면이 파악되지 않더라도 무엇인가 거기에 적극성이 없으면 안 되는 것이다. 그 적극성은 혹은 다른 차원에 있어서 목격될 수 있는 성질의 것인지도 모르지만, 어쨌든 거기서는 무엇인가의 적극성이 목격되지 않으면 진정한 우연이라고는 말할 수 없는 것이다. 그런 의미에서 모든 우연은 적극적 상대적 우연이라고 말할 수 있다.

예를 들면 이유적 소극적 우연의 근저에는 이유적 적극적 우연이 숨어 있다. 앞에서 이유 없이 "우연히 진리 속으로 떨어지다."의 경우를 소극적 우연의 예로써 들었다. 그 경우, 이유의 비존재가 소극적으로 목격되는 것인데 "진리 속에 떨어지다."라고 한 이상은 거기서 어떠한 상대성이 숨어있지 않으면 안 된다. 즉 한편으로는 진리의 인식이라고 하는 이유 귀결의 필연적 관계계열이 있고, 다른 한편에는 긍정 부정이라는 자유의지의 필연적 관계계열이 있어, 두 계열 사이에 필연적이지 않은 상대적 관계가 성립하는 한에 있어서 진리가 적극적 우연으로서 떠오르는 것이다. 그런 이유로 진리의 성립에 대해 인식이유를 결여했다고 하는 소극적 우연의 근저에는 인식이유를 결여해 있으면서 의지 결정의 계열이 진리 인식의 계열 속으로 빠져들어 간다고 하는 적극적 우연이 존재해 있는 것이다. 인식이유(認識理由)를 결여하고 있기 때문에, 그 의지 결정 계열은 오류가 성립하고 있는 논리적 계열 속에 빠져 들어가는 것도 가능했다. 진리라고 하는 적극적인 존재는 두 가지 독립된 계열이 우연적 관계에 놓인 곳에서 홀연 떠오른 것이다.

목적적 소극적 우연의 근저에 적극적 우연이 숨어 있는 것에 대해서는, ("반목적"(反目的)의 경우에 관해서는) 다른 관계에 대하여 이미 서술해 두었다.(128쪽 참조) 즉 실현할 수 있는 목적이 실현되지 않는 경우에는 대부분의 경우 실현되어 있는 목적이 그 경우에 특별히 실현되지 않은 것이기 때문에, 그것을 위해서는 이면에 무엇인가의 인과적 적극적 우연을 고려하지 않을 수는 없었던 것이다.

"무목적"(無目的)으로서의 목적적 소극적 우연의 경우에 관해서도, 적어도 목적성의 부정을 소극적으로 주장하는 이상은, 그 이면에 무엇인가의 목적 없는 목적이(가령 무의식적으로라도) 목격되어 그 목적 없는 목적에 관해 목적성을 부정하지 않으면 안 된다. 예를 들면 맑은 물이 사람의 모습을 비출 목적으로 만들어진 것이 아닌 것처럼, 눈은 대상을 바라볼 목적을 위해서 만들어져 있는 것은 아니라고 주장하는 이상, 눈의 구조와 기능에 관하여 무엇인가 목적 없는 목적이 적극적으로 파악되어, 그 위에서 그 목적 없는 목적으로 나아가 목적성을 거부하고 있는 것이다. 그래서 그 목적 없는 목적은 무엇에 기인하는가 하면, 둘 혹은 그 이상의 많은 인과적 제계열(諸系列) 간의 우연적 상대적 관계에 기초하는 것이라고 생각하지 않으면 안 된다. 그 때문에 목적적 소극적 우연은 단순한 "무목적"인 경우에도 "반목적"의 경우와 똑같이 그 근저에 무엇인가 적극적 상대적 우연을 감추고 있는 것이다.

끝으로 인과적 소극적 우연에 있어서도 마찬가지다. 우연 오차, 우연 발생, 우연 변이 등의 개념에 대해서 고찰하면 분명해진다. 우연 오차에 있어서는 대기의 불측한 변화라든가, 기기(機器)의 돌연한 미세한 변화가 적극적 상대적 우연을 형성한다. 우연 발생에 있어서는 무생물로부터 생물이 발생하기 위해서는 지구 생성 역사의 어떤 시기에 있어서 물질과 바깥 상황과의 무엇인가 인과적 적극적 우연이 성립했었음을 상정하고 있다. 우연 변이에 있어서도 유전질로 일어난 변화는 한편으로 생물체와 다른 편으로 온도, 광선 기타의 사이에 무엇인가 적극적 상대적 우연이 존재함을 인정한다. 인과적 소극적 우연이 엄밀히 자발성을 의미하는 경우에도 적어도 비현실면과 현실면 사이에 이유적 적극적 우연의 상대적 관계가 바탕에 고려되지 않으면 안되다.

요컨대 하나의 사건에 관한 소극적 절대적 우연의 바탕에는 둘, 혹은 둘 이상의 사건 사이에 있어서의 적극적 상대적 우연이 잠재하고 있다. 쇼펜하우어도, "우연적인 것은 항상 단지 상대적이다."고 말했다.111) 그래서 적극적 상대적 우연의 적극성과 상대성은 동적 상대성으로서 조우 혹은 해후의 의미를 가져온다. 쿠루노도 우연을 정의해서 "이성적(理性的)으로는 하나하나 독립되어 있는 사실과 사실 사이의 조우"(une rencontre entre des faits rationnellement indépendants les uns des auteres)라고 하고112), 또, "서로 독립해 있는 이성적 사실의 두 가지 질서의 경합"113)이라고 하고 있다.

쿠루노의 우연에 대한 이러한 정의는 전에 들었던 밀의 정의(127쪽)와 유사한데, 밀의 정의가 경험적 우연에만 적용범위를 갖는 데 반해서 쿠루노는 순논리적 영역의 우연도 고려 속에 넣었다. 쿠루노는 처음에는 경험적 우연만을 시야에 넣고, "서로 독립하고 있는 계열에 속한 다른 사건과의 결합, 또는 조우에 의해서 초래된 사건"(Les événements amenés par la combinaison ou la recontre d'autres événements qui apprartiennent à des séries indépendantes les unes des autres)이라고 하는 정의를 내렸는데114), 뒤에 이르러서는 이 적용범위가 지나친 것을 발견하고 고쳤던 것이다. 이렇게 개정된 정의는 목적적 우연, 인과적 우연뿐만 아니라, 이유적 우연도 포괄하므로 타당하다. 그 점에 쿠루노의 정의가 갖는 우월성이 있다.

111) Schopenhauer, *Sämtliche Werke*, Deussen, I, S. 550.

112) Cournot, *Traité de l'enchainement des idées fondamentales dans les sciences et dans l'histoire*, nouvelle éd. 1922, p.67.

113) Cournot, *Matérialisme, Vitalisme, Rationalisme*, p.227.

114) Cournot, *Essai sur les fondements de nos connaissances*, nouvelle éd. 1912, p.38.

제2장 가설적 우연 137

어쨌든 우연은 조우 또는 해후로 정의된다. 우연의 '우'(偶)는 쌍[雙], 짝[對], 나란히[竝], 만남[合]의 뜻이다. '우'(遇)와 같은 뜻으로 만난다는 것을 의미한다. 우연의 우(偶)는 마주앉음[偶坐]의 우(偶), 배우(配偶)의 우(偶)이다. 우연성의 핵심적 의미는, "갑은 갑이다."고 하는 동일률의 필연성을 부정하는 갑과 을의 해후이다. 우리들은 우연성을 정의해서, "독립된 두 근원의 해후"라고 말할 수 있을 것이다. 아리스토텔레스도 우연 대신에 해후 (συμπτωμα)115)라는 용어를 썼던 경우도 있다. 그래서 쇼펜하우어도 지적했던 것처럼116) συμ-πτωμα을 시작으로 해서 συμ-βεβηκος도 con-tingens도 ac-cidens도 Zu-fall도 모두 다 접두어에 의해서 두 가지 근원의 접촉을 명료하게 진술하고 있다. τυχη는 τυΥχανειν 즉 "맞추다"로부터 왔다. chance는 cadentia로부터, hasard는 casus로부터, 즉 본원은 cadere로부터 왔다. 그래서 cadere(떨어지다)는 "돌이 지나가는 사람의 머리 위로 떨어지다."와 같이 in⋯⋯ cadere(⋯⋯으로 떨어지다)의 구조를 갖는 것으로 Zu-fall과 마찬가지로 상대성에 의해 비로소 의미를 이루는 것이다. 데카르트도, "우연히 진리 속으로 떨어지다"(casu incidam in veritatem)고 하는 언어표현을 사용했던 것은 이미 말했다.(51쪽 참조) 이 in-cidere는 incident의 어원이고 말할 것도 없이 in-cadere로부터 왔다. 사과가 우연히 뉴턴의 시야로 들어온 것이나, 에이다이(永代)교가 부서

---

115) Aristoteles, *Physica*, Ⅱ, 8. 199ª); De caelo Ⅱ. 8, 289ᵇ; Rhet., Ⅰ.9, 1367ᵇ, etc.

116) Schopenhauer, *Sämtliche Werke*, Deussen. I. S. 550, Ⅲ. S. 196.

져서 미다이요시(美代吉)가 우연히 치치야아라스케(縮屋新助)의 배 가운데 떨어진 것은 상징적 의미를 갖고 있다고 말하지 않을 수 없다. 또 fortuitus는 fortuna와 마찬가지로 fors에 기초하는 것인데, ferre로부터 왔다. 이 ferre(가져온다)도 in……forre(……로 가져오다)의 구조를 보여서 상대성을 말하고 있다. 또 우연한 것은 적연(適然)이라고도 일컬어지는데, "서로 마주치는 것을 적(適)이라고 한다."(相當曰適)에서 "적(適)"은 분명히 상대성을 말한다. 기타 "그때그때 되는대로", "운수", "운", "요행" 등 우연에 관한 말은 상대적 적극적 우연을 암시하고 있다.

우연성이 갑과 을의 두 근원의 해후에 있어서 현저한 형태를 취하는 것은 『향연』의 플라톤이나, 『개인의 운명』의 쇼펜하우어도 똑같이 인식했던 것이다. 이사나기(伊邪那岐), 이사나미(伊邪那美) 두 신이, "여자는 오른쪽으로 돌아서 만나고, 나는 왼편으로 돌아 만난다."고 하고, "하늘의 지주를 돌아가 만나다."고 하는 『고사기』(古事記)의 전설도 인도에서 옛날부터 행해졌던 의식인지 아닌지는 별도의 문제로 하고, 지극히 상징성이 풍부한 원시적 사건이다. 겐지(源氏)와 우쓰세미(空蟬)도 오후사카(逢坂)의 고개에서, "우연히 상봉하다"는 것이다. "나는 K에게 따님과 한 곳으로 나갔는지를 물었습니다. K는 그렇지 않다고 답했습니다. 마사고죠오(眞砂町)에서 우연히 만났기 때문에 나란히 돌아왔던 것이라고 설명했습

117) 夏目漱石, 마음.

118) 周易, 繫辭傳, "聖人有以見天下之動而觀其會通……是故謂之爻"

120) Platon, *Symposium*, 191-192.

니다."117) 요컨대 가설적 적극적 우연의 일반 성격으로서 또 넓게는 일반적으로 우연 그 자체의 특성으로서, <u>독립된 두 근원의 해후</u>라고 하는 의미구조가 목격되는 것이다.

16. 주역과 우연

주역(周易)의 지도 원리는 해후로서의 우연이다. 음양 이원론이 어디까지라도 그 본질이어서 갑의 효(爻)와 을의 효의 예기치 않는 해후가 역 전체의 기초이다. 효란 교(交)의 뜻이므로, 해후라는 의미에 불과하다. 역(易)은 교역(交易)이다. 계사전에 "성인이 천하의 움직임을 보고 그 회통을 살피니……이런 연고로 효(爻)라고 한다."118) 고 말하고 있는 것은 역이 천지인생의 변동 중에 동적 상대성으로서의 두 근원의 우연적 교차를 그 구체성에 있어서 관찰한 것을 서술한 것이다. "양의(兩儀)가 사상(四象)을 낳았다."고 하는 것은 양효와 양효(노양 =), 음효와 음효(노음 ==), 양효와 음효(소양 ==), 음효와 양효(소음 =)의 네 종류의 우연적 해후에 지나지 않는다.119) 플라톤은 =과 ==을 인정하는 외에, —과 --과의 해후를 ἀνδρο-γυνος에 기인하는 것으로서 인정해 도합 세 가지 해후의 역할을 서술하고 있는데120) ==와 ==의 구별에 대

140 우연이란 무엇인가

해 언급하지는 않았다.

역이 네 가지 조합 가능성으로부터 출발하는 것은 두 근원의 해후가 지도원리로서 체계 전체의 기초를 이루는 데 충분한 엄격성을 보이고 있다. "사상(四象)이 팔괘(八卦)를 낳는다."는 것은 사상이 다시 양효, 음효의 무엇인가와 해후해서 생기는 건(乾), 곤(坤), 진(震), 손(巽), 감(坎), 이(離), 간(艮), 태(兌)의 여덟 가지의 우연이다. 다시금 팔괘와 팔괘가 우연히 서로 교차해서 64괘를 생기게 하는 것이다. 첫 번째 효로부터 여섯 번째 효까지 해후에 해후를 거듭해서 집대성된 괘가 성립되는 것을 우괘(遇卦)라고 칭하는 데 비추어보아도 상대적 우연이 기초적 의미를 얼마나 갖고 있는지를 알 수 있다. 길흉을 정

---

119) 역주 : 주역에서 음양을 표시하는 최소단위를 효(爻)라고 한다. 양효(陽爻)는 —, 음효(陰爻)는 --로 표시한다. 효는 셋을 모아 소성괘(小成卦)를 이루는데, ☰, ☱, ☲, ☳, ☴, ☵, ☶, ☷의 여덟괘가 그것이다. 이 소성괘가 다시 둘 겹쳐 대성괘(大成卦) 64괘를 이룬다. 효는 맨 아래에서부터 초효(初爻), 이효(二爻), 삼효(三爻), 사효(四爻), 오효(五爻), 상효(上爻)라고 부른다. 효가 양일 경우는 초양, 이양, 삼양, 사양, 오양, 상양이라고 하고, 음효일 경우는 초음, 이음, 삼음, 사음, 오음, 상음이라고 부르기도 한다. 또 양효는 구(九)로, 음효는 육(六)으로 나타내기도 한다. 그러므로, 어떤 괘의 제일 첫 효가 양일 경우는 초구(初九), 두 번째 효가 음일 경우는 육이(六二), 다시 세 번째 효가 양일 경우는 구삼(九三)으로 표시한다.

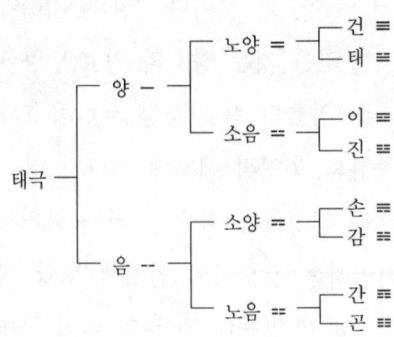

하는데 있어서는 괘의 효위(爻位)에 음양 어떤 효가 요행 수인지, 상응하는 내외의 두 괘에 어떤 효와 효가 운수인지, 특히 괘의 '가운데' 즉 중앙에서는 무엇에 부닥쳤는지, 이것들의 상대적 우연이 결정적 의미를 갖는다.

역의 구조는 모두 천재적 소산의 특색으로 지극히 간단하고 쉽다[簡易]. 역(易)은 '간이'(簡易)이다. 즉 음양인 불변의 원리의 결합에 의해서 개개의 사건을 설명하려 한다. 역이 '불역'(不易)인 것은 음양의 결합이라고 하는 추상적 원칙의 불변성 필연성에 의한다. 음양의 두 근원이 어떻게 결합해서 각각의 구체적 현실을 만들어내는지가 문제인 한, 역은 '변역'(變易)이다. 그렇게 해서 불역과 변역과의 바탕에 깊이 숨어 역으로 하여금 역으로서 숨을 쉬게 하는 생명은 '교역(交易)'이다. 단전(彖傳)에, "천지가 교섭하지 않으면 만물이 일어나지 않는다."[121]고 했다. "역(易)과 천지는 같다. 그러므로 능히 천지의 도를 이륜(彛倫)한다."[122]고 하는 포부가 우연성을 귀결시키는 것이다.

대체로 주역이 적극적 상대적 우연으로서의 자기의 구조를 명확히 자각하고 있는 것은, 함(咸), 항(恒), 미제(未濟)를 위시해서, 특히 서합(噬嗑)이나 후(姤)괘이다. 서합은 진하이상(震下離上)으로 ䷔의 형상을 가지고 있다. 이 괘를 이해하기 위해서는 이와 비슷한 이(頤)괘에서부터 출발하지 않을 수 없다. 둘 모두 입에 관한 괘이다.

---

121) 天地不交 而萬物不興.

122) 易與天地準 故能彌綸天地之道.

이(頤)는 진하간상(震下艮上)으로 ☲ 의 형상이다. 즉, 턱[頤]을 상하로 움직여 사물을 씹는 모습이다. 서합(噬嗑)이 이(頤)와 다른 것은 네 번째 효자리에 굳센 양효가 우연히 왔다는 것이다. 단전(彖傳)에, "턱 안에 물건이 있으니 서합(噬嗑)이라 한다."123)고 했다. 다음에, "입을 다물어 씹으니 형통하고, 강유가 나뉘며 움직이며 밝으며, 우레와 번개를 만나 빛난다."124)고 했는데, "입을 다물어 씹는다."[噬嗑]도 "강유가 나뉜다."도 "우레와 번개를 만나다."도 무엇이나 모두 진(震)과 이(離)의 우연한 해후에 근거한 규정이다. "입을 다물어 씹는다."는 것은 ☲ 의 시각적 인상에 기초하고 있다. "강유가 나뉘다."는 진(震)이 양괘로서 강(剛), 이(離)는 음괘로서 유(柔)이기 때문이다. "우레와 번개를 만나다."는 진(震)이 우레[雷], 이(離)가 불[火]이 되고, 불이 번개[電]로 이해되기 때문이다. 다음으로, "부드러움이 중(中)을 얻어 위로 간다."125)고 하고 있는데, 이 부드러움[柔]이란 다섯 번째 효인 음효를 가리키고 있고, 이 음효가 뜻밖에 외괘(外卦)의 가운데에, 즉 중앙에 마주쳐 있는 데 기인해서 차근차근 위쪽으로 가는 것이다. 또, "지위에 당치 않다."[不當位]고 한 것은, 다섯 번째 효는 양의 자리에 있는데도 우연히 음효가 온 것을 말한다. 효사(爻辭)에, "육삼(六三)은 건포를 씹는데 독을 만난다."126)라고 했는데, 고기를 씹는데 독을 만났다는 것은 세 번째 효가 양의 자리인데 때

123) 頤中有物 曰噬嗑.

124) 噬嗑而亨 剛柔分 動而明 雷電合而章.

125) 柔得中而上行.

126) 六三噬腊肉遇毒.

마침 음효가 거기에 와있는 우연성을 해석한 것이다. "구사(九四)는 건자(乾胏: 뼈에 붙은 마른 고기)를 씹는데 금화살촉을 얻는다."127)란 것은 건자(乾胏) 즉 뼈 붙은 마른 고기를 씹을 때에, 뼈 안에 화살촉이 남아 있던 것이다. 이 우연성은 네 번째 효 자리에 견고한 양효가 온 우연성을 해석한 것인데, 단순히 양효가 음의 자리에 있다고 할뿐만 아니라, ䷔의 형상이 시각에 호소하는 인상 자체가 이런 해석을 용인하게 한다. 서합(噬嗑)괘라는 것이 구사(九四)의 우연성에 모든 중점을 두고 있다. 다시, "육오(六五)는 마른고기를 씹는데 황금을 얻는다."128)도 이(離)괘 중앙에 있는 다섯 번째 효 자리인 양의 자리에 음효가 온 우연성을 해석한 것이다.

다음 후(姤)는 손하건상(巽下乾上)으로 ䷫의 형태를 갖고 있다. 단전에 "후(姤)는 만남이니 유(柔)가 강(剛)을 만난 것이다.129)"라고 했다. 그래서 "기약하지 않았는데 만나는 것을 우(遇)라고 한다."130)고 하므로, 후(姤)괘에서는 하나의 음이 우연히 순양(純陽)과 만난 것이다. 즉 하나의 유(柔)가 때마침 다섯 개의 강(剛)과 해후한 것이다. 후(姤)는 해후의 후(逅)일 수밖에 없다. 그렇지만 해후의 의미는 단순히 이 후(姤)괘에만 한하는 것은 아니다. 두 근원의 해후는 괘 전체의 본질로서 역 일반의 기초이다. 단전에, "천지가 서로 만나니 품물(品物)이 다 빛난다."131)란 그 의미가 아닐 수 없다. 계사전(繫辭傳)에, "천지가

---

127) 九四噬乾胏得金矢.

128) 六五噬乾肉得黃金.

129) 姤遇也柔遇剛也.
130) 不期而會曰遇.

131) 天地相遇品物咸章也.

132) 天地絪縕 萬物化醇 男女構精 萬物化生.

133) 역주 : 하괘의 초효와 상괘의 초효, 하괘의 제2효와 상괘의 제2효, 하괘의 상효와 상괘의 상효는 서로 상응하는 특수한 관계가 있는 것으로 본다. 즉, 1효와 4효, 2효와 5효, 3효와 6효는 서로 대응하는 위치에 있는 것으로 본다. 이렇게 대응하는 효가 하나는 음, 하나는 양일 경우는 음양상응이라고 하여 서로 호응하는 협력하는 상태로 보지만, 똑같이 양, 똑같이 음일 경우는 서로 대립하고 반발하는 상태로 본다. 이렇게 음양이 상응하는 관계에 있을 때 응(應)이라고 하고 대립관계에 있는 것을 불응(不應), 적응(敵應)이라고 한다.

134) 上九 睽孤 見豕負塗 載鬼一車 先張之弧 匪寇婚媾 往遇雨則吉.

서로 얽히매 만물이 화하여 응결하고 남녀가 정을 나눔에 만물이 화하여 태어난다."132)라고 한 것도 마찬가지다. 이른 바 응효(應爻)133)와 같은 것도 단순히, "천지가 서로 만난다."라든가 "천지가 서로 얽힌다."라든가 "남녀가 서로 정을 나눈다."라든가 하는 것 중 하나가 나타난 것이다. 예컨대 세 번째 효와 제일 위 효와의 우연한 관계가 응효이다.

규(睽)괘에, "상구(上九)는 서로 엇갈리어 외롭다. 돼지가 등에 진흙을 진 것과 귀신을 수레에 가득 실음을 본다. 먼저는 활을 당겼으나 나중에는 활을 벗겨 놓는다. 침공하려는 것이 아니라 혼인을 청하는 것이다. 가다가 비를 만나면 길하다."134)라고 했다. 규(睽)는 태하이상(兌下離上)으로 ☱의 형상을 갖고 있다. 상구(上九)와 육삼(六三)은 본래 우연히 만난 것이다. 우연이므로 상구(上九)와 육삼(六三)에 대해 왠지 모르게 의심을 품고 있다. "가다가 비를 만나면 길하다."는 것은 상구로부터 육삼(六三)으로 가는 도중 때마침 감(坎)괘 ☵의 운수에 맞는 것이다. 감(坎)은 물이고 비이다. 비는 의심을 씻어 없앤다. 상구(上九)가 육삼(六三)으로 가는 도중에 우연히 비를 만난 것은 길한 것이다. "모든 의심이 없어졌다."[群疑亡也] 이 응효는 단순히 한 예에 불과하며, 주역은 그 구체적 구조에 있어서는 어떤 경우를 취해도 무엇이나 모두 해후로서의 적극적 상대적 우연의 구조를 보이고 있다. 음양 두 가지 근원의 해후가 주역의 전 생명이 아닐 수 없다.

17. 동시적 우연과 계기적 우연

적극적 상대적 우연 중에, 이유적 적극적 우연은 순수하게 논리적 영역에 속하는 것이어서 시간규정과는 관계가 없으나, 그 외 두 가지 경험적 적극적 우연은 인과성 및 목적성을 결여한 관련이기 때문에 시간적 계기가 결정적인 의미를 갖는다. 우연을 '때의 상황'이라는 것은 그 때문이다. 계사전(繫辭傳)에, "여섯 효가 서로 섞여 있어서 그 하나 하나의 효는 각각 그 한 때의 일을 보여주는 것이다."135)라 한 것도 육효(六爻)가 서로 만나는 우연성이 때에 의존함을 말하는 것이다. 구약전도서에도, "내가 돌이켜 해 아래를 보니 빠른 경주자라고 선착하는 것이 아니며 유력자라고 전쟁에서 승리하는 것이 아니며 지혜자라고 식물(食物)을 얻는 것이 아니며 명철자(明哲者)라고 재물을 얻는 것이 아니며 기능자라고 은총을 입는 것이 아니니 이는 시기와 우연이 이 모든 자에게 임함이라 대저 사람은 자기의 시기를 알지 못하나니 물고기가 재앙의 그물에 걸리고 새가 올무에 걸림 같이 인생도 재앙의 날이 홀연히 임하면 거기 걸리느니라"(9장

135) 六爻相雜 唯其時物也.

11~12절)이라고 했다. 나쓰메 소오세키(夏目漱石)의 『행인』(行人)에도, "내가 이 편지를 쓰기 시작할 때, 형은 쿨쿨 잠들었습니다. 이 편지를 다 마친 지금도 또 쿨쿨 잠들어 있습니다. 우연히 형이 잠든 때 쓰기 시작해서 우연히 형이 잠든 때 쓰기를 마쳤던 나를 나는 기묘하게 생각합니다. 형이 이 잠에서 오래도록 깨지 않아서 어딘지 어리둥절한 행복한 기분이 듭니다."(『행인』, <세상살이의 고뇌>(塵勞), 52)라 했다. 『고사기』(古事記)가 우연성을 표현하는 데 있어서 단순히 "때[時]"라는 용어만 갖고 있지 않은 것도 불가사의하다고 할 수는 없다. 예를 들면, "이렇게 해서 스사노오노미코토(須佐之男命)는 타카마가하라(高天原)에서 추방되어 이즈모노노히노카와카미(出雲國肥河上)의 도리카미(鳥髮)라고 하는 곳에 내려오셨다. 이 때 젓가락이 그 강을 흘러 내려왔다. 그것을 본 스사노오노미코토는 그 상류에 사람이 살고 있다고 생각하셔서 찾아서 올라가시자 노부부 둘이서 소녀를 사이에 두고 울고 있었다."(上卷) "스사노오노미코토는 허리에 차고 있던 장검을 빼내 그 큰 뱀을 토막내셨기 때문에 히노카와의 강물은 새빨갛게 변해 흘렀다. 거기서 큰 뱀의 꼬리를 자르셨을 때 칼이 빠졌다. 이것을 이상하다고 여겨, 검의 끝으로 그 꼬리를 찔러 갈라 보았더니 싹둑 잘린 칼이 있었다. 그래서 그 칼을 꺼내 이상한 것이라고 생각하셔서 아마데라스오오미(天照大御)신

에게 이 사정을 말씀드려 그것을 헌상하셨다."(上卷) "그리고 나서 고하타(木幡)마을에 도착하셨을 때 아름다운 여인이 그 갈림길에서 천황에게 갔다. 거기서 천황이 그 여인에게 '너는 누구냐'라고 묻자, 여인은 '나는 와니노히후레노오호미(丸邇之比布礼能意富美)의 딸로 이름은 미야누시야가아헤히메(宮主失河枝比賣)다.'라고 말했다" (中卷)

경험적 적극적 우연은 시간의 지평에 있어 <u>동시성</u>(同時性) 또는 <u>계기성</u>(繼起性)을 성립 규정으로 갖고 있다. 밀이, "우연에 의해 동시에 존재하거나, 또는 하나가 다른 것에 계기(繼起)한다."고 말했던 것은 그 때문이다.(127쪽 참조) 『고사기』(古事記)의 예는 셋 다 동시적 우연이다. 또 다른 계기적(繼起的) 우연도 있다. 예를 들면, 주나라 무왕(武王)이 맹진(孟津)에 이르러 강을 건넜을 때 하얀 고기가 배로 뛰어들었던 것과, 키요모리136)가 쿠마노(熊野)로 향하는 길에 바다에서 농어가 배로 뛰어들었던 것은 계기적 우연이다.

사토미 톤(里見弴)의 단편소설에 <불행한 우연>이라는 것이 있다. 신경이 예민한 어떤 여자가 기차의 창에서 유리병을 던져버렸을 때 마침 기차가 번화한 거리의 육교에 당도했다. 그녀는 아래 왕래하는 곳에서 '윽' 하는 어린이의 소리를 들은 것 같다고 생각했다. 그 후 1, 2개월이 지나 그녀가 공중목욕탕에 갔을 때, 천장 들창

---

136) 역주 : 『헤이케모노가다리』(平家物語)에 나오는 주인공 헤이키요모리(平淸盛)

의 창유리가 부서져 곧 벗은 몸에 유리 파편이 약간 박혔다. 그 이래로 자기가 기차의 창에서 던졌던 유리병이 남에게 부상을 입힌 것은 아닌가 하는 걱정이 원인이 되어 그 여자는 광기(狂氣)를 일으켰다는 줄거리이다. 기차 창에서 유리병을 던졌던 것과, 천장 유리창이 부서졌던 것은 계기적 우연이다.

그 외 꿈과 현실의 부합도 계기적 우연이다. 예를 들면 어떤 날 밤 전혀 생각지 않던 사람의 꿈을 꾸었는데 다음날 그 사람이 찾아왔다고 하는 것 같은 경우는 계기적 우연임에 틀림없다.

그렇지만 적극적 상대적 우연의 의미가 동적 상대성으로서 조우, 해후라는 점에 있는 이상은 계기성(繼起性)에 있어서 보다도 동시성에 있어서 우연의 의미가 판연하게 나타난다. 뿐만 아니라 계기적 우연은 늘 동시적 우연을 기초로 하는 복합체를 형성하고 있는 것이다. 무왕(武王)의 배에 흰 물고기가 뛰어들어 왔다는 것만 독립해 보면 그것은 우연이다. 무왕이 탄 배의 진로와 흰 물고기의 뛰어오름 사이에 동시적 우연이 존재한다. 그것이 우연이기 때문에, 『사기』(史記)에 "무왕이 굽혀 취하여 제사를 지냈다."(武王俯取以祭)라고 했다. 또 키요모리의 배에 농어가 뛰어오른 것만으로 이미 우연이다. 『헤이케 모노가다리』(平家物語)137)에 의하면, "권도(權道)로써 이치를 밝히는 것"이다. 이 두 가지 동시적 우연이

137) 역주 : 헤이키요모리(平淸盛)을 중심으로 한 헤이(平) 가문의 흥망을 묘사한 일본 중세 시대의 군사이야기. "기원정사(祇園精舍)의 종소리는 제행무상(諸行無常)이고, 사라쌍수(沙羅雙樹)의 꽃 모양은 성자필쇠(盛者必衰)의 이치로다." 라는 서두의 말이 주제를 압축하고 있다. 헤이 가문은 타다모리(忠盛)가 승진해 궁정사회에 기빈을 다지다가 키요모리에 이르러 크게 발전했다. 그러나 그는 지위를 이용해 권력을 장악하고 세상에 악행만을 일삼으니, 급기야 헤이 가문의 타도를 외치는 다른 세력들의 반발을 일으키고 치열한 전투 끝에 헤이 가(家)는 몰락한다.

기초가 되고, 다시 서로 상대적 관계에 놓인 점에 계기적 우연이 성립되는 것이다. 미친 여자의 예에 관해서도, 유리병을 기차 창 밖으로 던진 때에 기차가 마침 복잡하게 왕래하는 육교 위에 당도한 것은 이미 그것만으로도 "불행한 우연"이다. 1, 2분 빨랐던가 늦었던가 했더라면 그 일은 일어나지 않았다. 대중 목욕탕에 갔던 때에 마침 천장의 유리창이 깨진 것도 '불행한 우연'이다. 그래서 이 둘의 동시적인 "불행한 우연"이 기초가 되고 다시 하나의 복합체를 형성했던 점에 그녀를 광기로 이끈 하나의 계기적인 "불행한 우연"이 있던 것이다. 꿈의 예에도 전혀 생각지도 않은 사람의 꿈을 꾸었다는 것은 꿈꾼 자로서는 목적적 우연이다. 또 생각지도 않은 사람이 찾아 왔다는 것은 주인으로서는 목적적 우연이다. 이 두 가지 동시적 우연이 기초가 되어 꿈과 현실과의 부합이라는 형태로 하나의 계기적 우연이 구성되는 것이다.

계기적 우연의 구성에 대한 동시적 우연의 역할을 한층 명확히 하려고 한다. 계기적 우연의 구성계기가 된 둘, 혹은 그 이상의 동시적 우연은 사건의 성질에 있어서 현저한 유사성을 보이지 않으면 안 된다. 계기적 우연은 오히려 동일한 동시적 우연의 단순한 되풀이라는 것과 같은 모습을 취하고 있는 것이다. 그래서 하나의 동시적 우연이 되풀이해서 제공되는 점에 계기적 우연의 우연성이 지닌 특수한 인상력(印象力)이 있는 것이다.

지금 예에 대해 말하면, "군주 내지 장군의 배로 물고기가 뛰어 든다."고 하는 단일한 우연이 동일성으로써 두 번 되풀이된 것이다. 마찬가지로 또, "위험한 장소에 유리가 파괴되었다."고 하는 단일한 우연이 동일성으로써 두 번 되풀이 된 것이다. 또, '생각지도 않은 갑이라는 사람의 출현'이라는 단일한 우연이 꿈과 현실에서 두 번 되풀이되었던 것이다.

나루세 무쿄쿠(成瀨無極)씨의 『우연문답』(偶然問答)에도 이런 종류의 계기적 우연의 사례를 들고 있다. 쿄오토오(京都) 아라시야마(嵐山)에서 우연히 여배우를 만났다. 그 여배우 친구들인 여배우가 또 일찍이 어떤 댄스장에서 알게 되었던 여배우였다. 그러자 얼마 지나지 않아 또 우연히 어떤 책이 거기에서 왔는데 그 책을 증정했던 남자가 "여배우"라고 제목 붙인 책을 썼던 남자였다고 한 것이다.138) "여배우를 우연히 만났다"고 하고 단일한 우연이 동일성으로써 세 번 되풀이되었다.

그래서 계기적 우연의 구성계기인 동시적 우연이 그 자체에 있어서 상당히 강한 인상력(印象力)을 가지는 경우에는 계기적 우연을 성립시키기 위해 필요한 되풀이 회수가 많아야 할 것을 필요로 한다. 2,3회 되풀이해도 족한 것은 이상 여러 사례에서도 알 수 있다. 그렇지만 구성계기인 동시적 우연이 그 자체에 있어서는 미약한 인상력만을 가질 수밖에 없을 때는 계기적 우연을 성립

138) 成瀨無極, 『偶然問答』, 444-450.

시키기 위해서는 되풀이되는 회수가 많을 필요가 있는 것이다.

예를 들면, 최근 수십 년간 대지진 재해에 대해 보면, 칸토오(關東) 지진은 9월 1일, 다지마(但馬)지진 재해는 5월 23, 탕고(丹後)지진 재해는 3월 7일, 이즈(伊豆)지진 재해는 11월 26일 일어났다. 9와 1의 합, 5와 2와 3의 합, 3과 7의 합, 1과, 1, 2, 6의 합은 어느 것도 모두 10이다. 칸토오 지진이 9월 1일, 즉 월과 일의 합이 10인 날에 났다는 것은 하나의 동시적 우연임에는 틀림없는데 그것들은 단독적 사실로서는 주목할 만한 가치가 거의 없다. 그에 반해서 "월 일의 합계가 10이 되는 날에 지진이 일어난다."는 단일한 우연이 동일성으로 수 차례에 걸쳐 되풀이 될 때, 그것에 계기적 우연성이 제법 강한 인상력을 갖고 구성되어 가는 것이다.

또 가령 어떤 사람이 어느 달 4일에 여행을 떠났다고 하자. 기차를 탈 때 정거장 플랫폼이 4호이었다고 하자. 차를 탔는데 때마침 4호차였고 동승한 승객수가 4명이었으며 짐을 나르는 짐꾼의 번호가 4번이었다고 하자. 이 경우 "갑이라는 사람이 4라는 수에 부닥친다."라는 것은 인상력이 미약한 우연이다. 그 단일한 동시적 우연이 여러 차례에 걸쳐 계기적으로 되풀이되는 경우에 우연이 충분한 인상력을 구현하여 성립하는 것이다.

따라서 이와 같이 하나의 동시적 우연만으로는 미약

한 힘만을 지닐 수밖에 없는데, 여러 차례 되풀이 될 때 비로소 계기적 우연으로서 유력한 것이 되는 경우에는 우연의 계기성이 비교적 독립적 의미를 가져오는 것은 부정할 수 없다. 그래도 혹 계기적 우연이 성립하는 불가결한 조건은 그 개개의 사건이 동시적 우연인 것이다. 만약 모든 인자(因子)에 그 자체의 우연성이 결여되어 있다고 하면, 계기적 우연도 또한 성립할 수 없다. 지금 일례로 4라는 수를 어느 경우에도 모두 본인의 고의로 선택했다고 하면 거기에는 벌써 아무런 계기적 우연도 생길 여지가 없는 것임은 말할 것도 없다.

이와 같은 우연성은 단일자가 동일성으로서 여러 번 되풀이되는 점을 『잃어버린 시간을 찾아서』의 저자 프루스트를 통해 말하자면, "그것들은 현재와 과거와 동시에 존재하고 현실적은 아니지만 실재적이며, 추상적이지는 않지만 관념적이다.…… 시간의 질서로부터 해방된 하나의 찰나가 시간의 질서로부터 해방된 인간을 우리들 속에 다시 만들어내고, 그래서 그 찰나를 감각하게 하는 것이다."139) 이런 종류의 계기적 우연은 전에 이유적 적극적 우연의 예로 들었던 순환소수 142857, 142857 …… 이라든가 획수 18, 18, 18 ……의 이름이라든가, 일운도 저한 i, i, i, i, i의 압운 등이 갖는 우연성(59~64쪽 참조)이 시간 내에 현상(現象)한 것이라고 말하는 것이다. 후지쓰보(藤壺), 우쓰세미(空蟬), 유우가오(夕顔), 로쿠죠오

139) Marcel Proust, *Le Temps retrouvé*, II, p.16.

노미야스도코로(六條御息所), 무로사키노우에(紫上), 스에쓰무하나(末摘花), 겐노나이시노스케(源典侍), 오보로쯔키요(朧月夜)의 내시(內侍), 아오이노우에(葵上), 하나찌루사토(花散里), 아카시노우에(明石上), 사이구우(齊宮)의 여관[女御], 아사가오(朝顔), 타마카즈라(玉鬘).140) 모두 히카루겐지(光源氏)141)에 있어서는 동일성을 갖고 되풀이되는 '행복한 우연'이다. 아르반 호반 모래 위에 지팡이로 쓴 12개의 두문자, V, All, Ad, M, Mi, Al, Aime, Apg, Mde, C, G, A 모두가 스탕달에 있어서는 동일성을 가지고 되풀이되는 '행복한 우연'이다.142) 또 윤회처럼 회귀적 형이상적 시간도 단일한 동시적 우연이 동일성을 갖고, '또 다시 또 다시'(παλιν και παλιν) 무한하게 되풀이되는 것에 의해 성립하는 계기적 우연이라고 생각해도 틀림없을 것이다.143) 계기적 우연은 실은 회귀적(回歸的) 우연이다. 또 이런 종류의 우연은 되풀이됨을 갖는 동일성에 의해, '우연의 필연'의 양태를 취하고, 다시 운명의 개념으로 육박해가는 전망을 갖고 있다.

쿠루노는 우연의 예로서 다음과 같은 것을 든다.144) 때마침 발에 부닥친 하나의 돌멩이의 무게를 계산하려고 생각했지만, 킬로그램의 저울만 손에 넣을 수 있었다. 그것으로 계산해 보니 3Kg과 4Kg의 중간에 있는 것을 알았다. 종이조각에 3이라는 수를 썼다. 헥토그램의 저울을 사서 Kg으로 계산되지 않는 부분을 계산해 보니 3이

140) 역주 : 모두 『겐지 모노가다리』(源氏物語)에 나오는 주인공 히카루겐지가 만나게 되는 인물들이다.

141) 역주 : 『겐지 모노가다리』(源氏物語)에 나오는 주인공 이름.

142) 역주 : 어떤 의미의 고사인지 미상

143) 九鬼, <形而上學的 時間>, 『朝永博士還甲紀念論文集』, 참조.

144) Cournot, *Traité de l' enchainement des idées fondamentales dans les sciences et dans l' histoire*, nouvelle éd. 1922, pp.67~68.

되었다. 아까 3이라고 숫자 오른편에 3이라고 썼다. 대체로 아까 얻은 숫자와 지금 얻은 숫자 사이에 아무런 필연적 관계로 없는 것이 분명하다. 왜냐하면 한편으로 지금 무게를 계산하는 이 순간에 갖고있는 중량을 이 돌멩이에게 부여한 원인과, 다른 한편으로 프랑스 입법자로서 Kg을 무게 단위로 정하고 또 10진수에 의해 나누어 가는 것 같이 하게 한 이유 사이에는 아무런 관련도 있을 수 없기 때문이다. 그런 때문에, 자기가 헥토그램 숫자를 결정한 경우에, 십진명명법의 10의 숫자 중에 특히 어떤 숫자를 보기 시작한다는 기대는 하지 않는다. 만약 다시 숫자 3을 얻었다고 해도 그것은 기이한 결합에는 틀림없어도 그것에는 필연적인 연결은 없고, 그 조우는 단순히 우연적이다. 다시 더 나아가 데카그램 숫자를 정할 수 있다. 또 다시 그램, 데시그램, 센티그램으로 해서 드디어 밀리그램에 이르기까지도 정할 수 있다. 그래서 그 결과 일곱 개의 숫자를 일렬로 얻는데 거기에는 규칙 바르게 조우하는 아무런 것도 기대할 수는 없는 것이다. 만약 일곱 번이나 숫자 3을 얻었다면 그것은 60480회 중에 단지 1번만 일어날 수 있는 가능성 밖에는 갖고 있지 않으며, 때마침 극히 드문 경우가 일어났다는 뜻이다. 그것은 60480종의 다른 글자를 하나의 병 안에 한데 섞어 넣어두고, 자기가 원하는 글자를 그때그때 집어내는 것과 같다. 그것은 대단히 기이한 경우이기는 하지만 그러나 길옆에서 주운 이 돌멩이의 중량과 도량형 단위 및 10진법 눈금의 제정 사이에 어떤 관련도 있을 수 없으므로 아무리 기이해도 그것은 우연이다. 쿠루노의 이런 우연의 예에서 3이 일곱 번 결합한 것은 그 자체에 있어서는 이유적, 적극적 우연이지만, 계량하는 사람에게 있어서는 시간 내에서 3,3,3,3,3,3이라는 것처럼 계기적 우연으로서 나타난다.

쿠루노는 이 우연성이 그대로 필연성일 수 있는 경우를 든다. 이번은 돌멩이에 발이 걸려 엎어졌던 것은 아니고, 수은을 채운 용기가 손에 들려 있는 경우이다. 수은의 무게가 조금전의 돌멩이와 똑같이 기이한 것이었다고 해도 이번은 전혀 다른 결론이 나온다. 산술이 셈하는 바에 의하면 3분의 1은 소수로 고치면 0.3333333333……라는 순환소수가 되므로 지금의 수은은 10Kg의 수은의 3분의 1이라고 하는 결론으로 된다. 아마 어딘가의 물리학자가 대단히 엄밀하게 10Kg의 수은을 계산해서 무슨 비교연구 실험을 하기 위해 3분의 1로 등분해 두었을 것이다. 그 하나로 든 것이 자기 손에 들어왔던 것임에 틀림없다. 그렇다면 3이 일곱 번 결합한 것은 필연적인 것이 되고 만다. 계기적 우연, 즉 회귀적 우연은 이렇게 필연성으로 역전할 가능성을 갖고 있는 것이다.

베르그송은 그의 저작,『웃음』중에서 되풀이가 지닌 우스꽝스러움을 설명한다. "오랫동안 보지 못했던 친구를 어느 날 길에서 만났다고 한다. 그 사정은 아무런 우스꽝스러움도 갖지 않는다. 그러나 그 똑같은 날 또 재차 그를 만나고, 다시 세 번, 네 번 만나게 되면 드디어는 두 사람도 동시에 그 '부합'을 웃게 될 것이리라."[145] 이것은 기계적 우연의 장난에 대한 신적(神的) 예지(叡智)의 쾌활한 웃음이다. 그러나 전혀 예기치 않은 친구를 길에서 느닷없이 만나는 것은 그 자체 "아무런 우스꽝스러움도 갖고 있지 않는" 것인가? 거기에 이미 "부합"도 있어, 어느 정도의 우스꽝스러움도 있는 것은 아닐까? 그래서 동시적 우연에 수반된 미미한 우스꽝스러움이 계기적 반복에 의해 기하 급수적으로 증대해 갔던 것일 수밖에 없다.

이상에서 우리는 동시적 우연과 계기적 우연과의 관계, 특히 동시적 우연이 기초적 의미를 갖고서 계기적 우연의 구성에 관여하는 것을 명확히 했다고 생각한다. 또 이것에 기초해서 우연성의 시간적 성격이 현재성인 것도 논급할 수 있으나, 이 문제는 여기서는 다루지 않고 뒤로 미루려고 한다.(제3장 9절 참조)

[145] Bergson, *Le rire*, p.91.

18. 우연성과 시간 공간적 한정

경험계에 있어서의 적극적 상대적 우연의 주요계기는

동시적인 것임을 명확히 했다. 그래서 동시성은 그 본질상 공간성을 암시하고 있다. 다시 말해서 정확한 의미의 우연성은 둘 혹은 둘 이상의 인과계열의 교차점에 존재하는 것으로 "여기 그리고 지금"(hic et nunc)에 성립하는 것이다. 공간적인 "여기"와 시간적인 "지금"에 한정되고 있는 것이다. 앞서 인용했던 『고사기』(古事記)의 부분에 대해서도 시간적 한정은 공간적 한정과 공존하고 있다. "이즈모노노히노카와카미인 토리카미의 땅"이라든가 "고하타마을"이라든가 하는 공간적 한정은 경험적 우연성을 성립시키기 위해 빠뜨릴 수 없다.

또 경험적 적극적 우연에 있어서의 시간 공간적 한정의 역할은 이른바 방위판단[방향판단]의 구조를 보아도 쉽게 알 수 있다. 방위에 의해서 길흉을 판단하는 것은 조우할 만한 길흉을 방위의 우연성으로 환원해서 이해하려는 것에서 벗어나지 않음에 틀림없다. 다만 그런 경우 방위의 구체적 내용은 방위 그 자체는 아니다. 시간에 의해 한정된 방위이다. 어떤 시간에 어떤 공간으로 향해 이동하는 것이 어떤 일정한 사람에 대해 길하다든가 흉하다든가 판단되는 것이다. 그 때문에 어떤 방위로 이동하는 것이 길하다든가 흉하다고 판단된 경우에도 시간에 변화가 주어지면 방위의 구체적 내용에 변화가 오므로 똑같은 방위로 이동해도 지장이 없는 것이다. 시간에 변화를 주는 한은 동일한 시간에 다른 내용을 가졌던 방위를 선택하는 것이 요구된다. 요컨대 방위판단은 적극적 우연을 순수하게 지향적으로 공간 및 시간을 갖고서 구성하는 것이다. 그런 다음, 모든 가상적인 길흉을 동원해서 이 아프리오리하게 구성된 적극적 우연의 의미 충실을 계산하는 것이다.

예를 들면 이토우히로부미(伊藤博文)가 메이지 41년 1월 상순에 오오이소(大磯)의 창랑각(滄浪閣)에서 오오모리(大森)의 은사관(恩賜舘)으로 이전했던 것은 대흉(大凶)으로, 다음해 하얼빈에서의 피살을 초래했다고 일컬어진다. 그 이유를 이렇게 말한다. 이토우히로부미는 텐포(天保) 12년 음력 9월 생이다. 텐포 12년은 신축년으로 연가육백(年家六白)이다. 또 축의 음력 9월은 월가육백(月家六白)이다. 즉, 이토우히로부미의 본래 운명은 연가도 월가도 모두 육백이다. 그런데 메이지 41년 1월은 아직 전년도 음력 12월에 속한다. 그 때문에 메이지 40년이 문제이다. 그런데 메이지 40년은 삼벽중관(三碧中官)의 해이다. 또 이 해는 정미년인데, 미(未)의 음력 12월은 삼벽중관의 달이다. 오오이소에서 오오모리는 동북, 즉 간(艮)에 해당된다. 그러나 삼벽의 해, 삼벽의 달에는 간은 육백이 온다. 이토우히로부미는 연가의 육백과 월가의 육백으로 가서 움직였던 것에 의해서 "본명살(本命殺)"의 대흉을 범한 것이다. 그래도 간은 그 해의 간지인 미(未)의 방위(남서)에 대중해서 "세파(歲破)"라고 일컬어지는 대흉방(大凶方)이다. 요컨대 육백본명(六白本命)인 이토 우히로부미가 메이지 41년 1월, 즉 메이지 40년에 속한 음력 12월에 이러한 방위로 이동을 했던 것은 본명살과 세파를 거듭 범한 것이 된다. 같은 해 같은 달 이동을 한다고 해도 간 이외의 방위를 선택했으면 좋았을 것이다. 또 간이란 방위의 구체적 성격은 시간에 의해 한정되는 것이므로 똑같은 간으로 이동한다 해도 이동 시기를 변경했다면 대흉을 당하지 않았을 것이다.146) 방위판단의 원리적 모순과 근본적 미망은 원시적 사실을 아프리오리하게 구성하려는 데 존재하는 것으로, 공간 및 시간을 경험적 적극적 우연의 유일한 한정자로 보는 한에 있어서는 진리의 일면에 접촉하고 있다고도 말할 수 있을 것이다.

또 경험적 적극적 우연에 있어서의 공간성 및 시간성의 결정적 의미는 다음 경우에 의해서도 명확히 인식 될 것이다. "운전사 코사카 마사오(小坂雅夫), 조수 이복법

---

146) 역주 : 이것은 태어난 해의 간지를 통해 인간의 운명이 정해져 있다고 하는 생각이다. 구성술(九星術)에 의하면 각각의 사람의 생년(生年)에 아홉 개의 별자리가 위치하는 데 이를 본명성(本命星)이라고 한다. 이에 따라 사람의 성격, 운세, 방위의 길흉 등이 예측된다는 것이다. 구궁(九宮)이란 낙서(洛書)에서 출발한 것으로 여덟 방위에 중앙의 방위를 더해 아홉 개의 방위를 이루는 것이다. 아홉 개의 방위는, 일백(一白), 이흑(二黑), 삼벽(三碧), 사록(四綠), 오황(五黃), 육백(六白), 칠적(七赤), 팔백(八白), 구자(九紫)의 구성(九星)이 배당되어 있는데, 구성(九星)은 일정한 법칙에 의해 일전에 구궁(九宮)을 한번씩 이동한다. 그때 중앙의 중궁(中宮)에 자리하고 있는 별이 그 해의 주성(主星)이 되는 것이다. 구성(九星)의 순환은 해에만 해당되는 것이 아니라 월(月), 일(日), 시(時)에도 각각 그 위치를 바꾸고 있어 사람의 본명성(本命星)도 엄밀하게 말하자면 이러한 생년에만 해당되는 것이 아니라 생월, 생일, 생시의 넷이 있는 것이다. 그러나 생년본명성은 성년 이후의 운명을 지배한다고 해서 본명성이라고 하는 것은 이것을 말한다. 본명살(本命殺)이란 본명성이 자리하는 방위에서 이 방위에 향해 이전하거나, 여행, 건축하는 것 등을 금기하고, 본명성의 반대 방위도 본명적살(本命的殺)로 흉방(凶方)이다.

(李馥法)이 4252호에 주류 쓰네카와 무라히로(商川村廣)를 싣고 토우난파(東難波)로 향하는 도중 한신(阪神)전차로가 끊어져(아마사키(尼埼) 정류소 서쪽 약 130미터) 횡단할 수 없던 찰나 그 때 상행 307, 361호 2량 연결차─운전사 야마타 테쓰조우(山田鐵藏)가 달려와 자동차 측면에 충돌, 자동차는 크게 부서지고 운전수 코사카는 전두부 조수 이(李)는 후두부가 분쇄되어 즉사하고 승객 카와무라(川村)는 왼쪽 다리 무릎 관절에 부상을 입었다." (오오사카 아사히 신문, 1930년 5월 15일) 1미터 차, 1초 차로 이 불행한 우연은 일어나지 않고도 끝났을 것이다. 아리스토텔레스가 우연성에 관해서, "어떤 장소에서 어떤 때"(και που και ποτε)[147]라고 한 것도 그 때문이다.

147) Aristoteles, *Metaphysica*, Δ. 30. 1025^a 22.

148) 역주 : 영국 왕. 재위 기간 1199~1216. 헨리2세의 막내로 그가 출생했을 때 프랑스 국내의 영토가 형 세 사람에게 모두 분배되었기 때문에 땅이 없는 왕이라는 별명이 붙었다. 프랑스 필리프 2세와 여러 차례 갈등을 벌였다. 1215년 내외 실정(失政)에 항의하는 귀족들의 압력에 굴복해 마그나카르타(Magna Charta: 대헌장)에 강제로 서명할 수밖에 없었다. 그 실시를 둘러싸고 귀족들과 대립, 내전 중 병사했다.

149) H. Poincaré, *La Science et l'Hypothése*, p.168.

19. 역사와 우연

역사에서 비합리성 우연성이라고 하는 것은 시간공간의 구체적 한정에 기초한 것이다. 뽀앵까레가 말한 것처럼 존 결지왕(缺地王)[148]이 언제 이곳을 통과했느냐는 것은 역사가인 카알라일에게는 세계의 모든 이론도 대신하기 어려운 귀중한 현실이다. 그러나 자연과학자 베이컨에게는 존 결지왕이 다시 이곳을 통과하는 것이 없을 것이기 때문에, 그것은 아무래도 괜찮은 사건이다.[149] 자연과학은 법칙의 합리성 필연성 내지는 개연성에만 관심을 두고 있다. 그와 반대로 역사에서는 단순한 사실의 비합리성 우연성이 버리기 어려운 생명을 갖고 있는 것이다. 폭풍과 같은 것에 대해도 자연과학은 무엇인가의 법칙적 필연성내지 개연성을 요구한다. 수륙분포의 관계, 일기, 온도, 기압의 변화 등이 원인으로서 고려된다. 그렇게 해서 그것들의 일정한 조건이 충족되면, 몇 번이라도, 동일한 폭풍현상이 필연적으로, 또는 최대 개연성으로서 산출되는 것이다. 가령 폭풍의 중심이 늘 일정한 지점에 있고, 발생 시기도 또 일정한 계절에 국한된다고 하는 경우에는 자연과학의 관심은 폭풍현상의 추상적 주기성에 있다. 법칙의 필연성 보편성을 추상적으로 명확히 하지 않으면 안 된다. 거기에 미래에의 예지도 가능하고 방어적 시설도 생각하게 되는 것이다. 필연성 대신에 개연성이라고 말해 보아도 이념에 있어서는 아무런 차이가 없다.

그와 반대로 역사에서는 어느 해 어느 달 어느 곳에서 일어난 폭풍이, 그 일회성에 있어서, 그 구체성 전체가 문제이다. 고안(弘安) 4년 윤7월 1일에 히젠(肥前)의 타카시마(鷹島) 부근에 폭풍이 일었다고 하는 것은 역사에서는 그 구체성 전체가 관심사이다. 원구(元寇)에 맞서서 카메야마상황(龜山上皇)은 기원문을 이세신궁(伊勢神宮)에 보내고 몸으로써 국난을 대신하기를 했다. 호오죠오

150) 역주 : 龜山上皇: 카네야마 천황. 재위기간 1259~1274. 몽고가 침입하자 자기의 몸으로써 국난을 소멸하고자 한다는 기원문을 쓰고 몽고와의 투쟁에 입했다. 北條時宗 : 1251~1284. 호오죠오(北條)氏의 제8대 집권자. 당시 침입한 몽고군을 격퇴한 장군. 이세(伊勢) 신궁(神宮)은 미에(三重)현 이세(伊勢) 시에 있는 신궁으로서 메이치(明治) 신궁, 카시하라(橿原) 신궁, 아쓰타(熱田) 신궁 등과는 사(社)의 격을 달리하는 일본 신사(神社)의 최고 궁거(宮居)로 여겨졌다.

151) 역주 : 몽고는 고려를 복속시킨 다음 송(宋)을 압박하는 한편 일본 정복을 기도했다. 1274(분에이 文永 11)년과 1281(고안 弘安 4)년 두 차례에 걸친 고려·원 연합군의 일본 정복은 모두 공교롭게 태풍으로 인해 실패했다. 본문은 1281년 7월 30일 밤부터 윤7월 1일까지 불어닥친 태풍을 말하고 있다. 일본인은 이들 여원 연합군을 원구(元寇)라고 부르며, 이때 분 태풍을 가미가제(神風)이라고 부른다.

152) 몽테뉴, 『수상록』, 관근수웅 역, 347-348쪽

153) 辰野隆, <りゃん>, 201쪽.

154) Hegel, *Vorlesungen über die Philosophie der Weltgeschichte*, hrsg. v. Lasson, I. S. 5.

토키모네(北條時宗)은 원의 사자를 타쓰노쿠치(龍の口)에서 참수하고 굳은 결의를 보였다.150) 고안 4년 윤7월 1일 타카시마 부근에 폭풍이 일어나 그 결과 적군 수만 명이 바다 속에 궤멸되었다고 하는 것은 '이세(伊勢)의 가미가제(神風)'으로 역사적으로 특필되는 우연이다.151)

역사의 비합리성은 공간 시간의 일회적 한정에 기초하고, 또 이 구체적 한정을 배경으로 해서 우연성이 나타나는 것이다. "우연히, 거리에서 큰 축제를 벌이던 날, 사람들이 모여들던 중 두 사람이 처음으로 만났던 때에는, 곧 그대로 아주 긴밀하게 결합되어버리는 것이다. 그래서 그 이후 어느 무엇보다도 우리들 두 사람으로서는 어느 정도 가까워지지 않을 수 없었던 것이다."152) 다음과 같은 예는 역사적 비합리성의 극한으로도 볼 수 있는 것이다. "모라코시 산쥬우로우(村越三十郎)라는 사람은 저 아케찌 미쓰히데(明智光秀)가 죽창으로 돌진했을 때, 정확히 그 앞을 통과했던 남자였다. ······ 스스로 완전히 역사란 무관계한 인간의 찌꺼기임을 깨달았음에도 불구하고, 우연히 어떤 사건의 방관자였기 때문에, 뜻밖에도 역사의 회고하는 바가 된다."153)

헤겔은 한편으로는 역사에는 궁극적 목적이 지배하고 있고, 역사 속에는 이성이 있다는 것을 진리로서 예상하고, 그 예상 아래, "철학적 관찰은 우연적인 것을 배제하는 것만을 의도한다."고 했다.154) 그렇지만 다른 한편에

제2장 가설적 우연 163

있어서는 또한 우연의 권리를 인정한다. "정신과 그 활동에 관해서도 합리적 인식이라고 하는 선의의 노력에 빠져서 우연성의 성격을 가진 현상을 필연적인 것으로서 지적한다든가, 또 이른바 아프리오리하게 구성한다든가 하는 것을 조심하지 않으면 안 된다. 예를 들면 언어는 이를테면 사유의 신체임에도 불구하고 언어에 의해서는 의심도 없이 우연이 두드러진 역할을 하는 것이다. 또한 법률이라든가 미술이라든가 하는 기타의 형태에 있어서도 마찬가지다."155) "우연성이라든가 모순이라든가 가상(假象)이 자기 영역과 권리를(제한된 영역과 권리로는 있지만) 가지고 있는 것을 승인하는 것은 이성 자신이다."156)

쿠루노에 의하면 역사와 과학, 역사적 요소와 과학적 요소의 구별은 베이컨이 생각했던 것보다 더욱 본질적이다. 그 구별은 인간 정신 내에 기억과 이성이라는 두 가지 서로 다른 능력이 존재하고 있다는 사실에 의거하는 것은 아니다. 예컨대 인간이 역사를 쓰기 위해 기억을 사용하는 것을 미처 해보지 않고, 과학을 하기 위해 이성을 이용하는 것을 미처 해보지 않고도, 현상의 발전 속에, 한편으로는 항상적인 법칙이 있고,(따라서 체계적 합일이 가능하고) 다른 한편으로는 우연의 소산에, 즉 서로 독립된 여러 종류의 인과계열간의 우연적 결합의 소산에 여지가 남아 있다. 대체로 우연이라고 하는 개념은

155) Hegel, *Encyklopädie*, hrsg., v. Bolland, 1906, 145절. Zusatz. S.195.

156) Hegel, *Grundlinien der Philosophie des Rechts*, hrsg., v. Lasson, S.173.

자연 그것 중에 기초를 두고 있는 것으로, 인간정신의 미약함에만 달려 있는 것은 아니다. 역사적 소여(所與)와 이론적 소여의 구별에 관해서도 마찬가지다. 태양계가 지나왔던 국면 계열은 우리들보다도 저 멀리까지 추구할 수 있는 예지가 있어도 우리들과 똑같이 원시적인, 기진(氣盡)한 우연적인 사실에 조우할 것이다. 그러므로 이러한 사실을 역사적 소여라고 하는 이름으로 승인하지 않으면 안될 것이다. 역사적 소여란 또한 먼 과거에 있어서 작용했던 여러 원인의 우연적 경합의 결과를 일컫는 것이다.157)

157) Cournot, *Essai sur les fondaments de nos connaissances*, Chap. XX. Du contraste de Phistoire et de la science. nouvelle éd. p.460.

20. 우연의 객관성

우연이란 "이 장소"에 스침, "이 순간"에 눈짓을 하는 것이다. 헤겔이 말한 "무관심"(gleichgültig)158)이 일시적인 관심으로 지양된 것이다. 우연성이란 무관심과 무관심의 교차점의 관심적 첨단성임에 틀림없다. 이 첨단의 교차점은 어떠한 구조와 존재성을 갖고 있는 것일까?

뽀앵까레가 "원인의 복잡"159)을 우연성의 주요한 의미로서 고려한 것은 점으로 폭주하는 여러 인과계열에 의해 교차점을 완전히 해명할 수 있을 것을 가정하기 때문이다. 스피노자가, "사물은 다른 어떤 이유에서가 아니라

158) Hegel, *Encyklopädie*, hrsg., v. Bolland, 1906, 250절.

159) H. Poincaré, *Science et Méthode*, pp.73~76.

우리들의 인식의 불완전(defectus nostrae cognitionis)함 때문에만 우연이라고 일컬어지는 것이다."160)라고 한 것도, 흄이 우연을, "어떤 사건의 참된 원인에 관한 우리의 무지(our ignorance)"161)에 귀착시키고 있는 것도, 라플라스가 우연을, "참된 원인을 우리가 알지 못하는 무지의 표현"(l'expression de l'ignorance)으로 본 것도162), 모두 다 교차점이 사실은 무관심과 무관심의 교차점이 아니라 관심에 의해 초래된 교차점인 것과, 그 교차점에 관한 완전한 지식을 전제하고 있는 것이다. 그래서 우연이란 단순히 주관적인 것에 불과하고, 인식부족을 고백하는 데서 벗어나지 않는다고 하는 이론이 생기는 데 이르렀다.

그렇지만 우리는 이에 대해 두 가지 점을 고려해 보지 않을 수 없다. 먼저 첫째로, 어떤 교차점이 무관심과 무관심의 교차점처럼 보여도, 사실 인과적 관심에 의해 앞으로 오게 될 것인 경우가 있는 것은 물론이다. 그 때문에 모든 교차점이 미리 관심에 의존하는 것, 투망 전체의 실이 용두 한 점에 집중되어 연결되어 있는 것과 같이 생각할 수 있는가? 즉, 우연이라 할 것은 모두 둘 혹은 둘 이상의 원인이 <u>동시에</u> 작용해서 교차점을 필연적으로 만들어내는 것이라든가, 제 현상의 원인의 <u>연결을</u> 인식만 한다면, 조금도 우연은 없다는 뜻이라는 따위로, 조작 없이 입론이 이루어지게 될 것인가? 우연이라고 생각되었던 것이 어떤 경우에 실은 여러 원인의 필연적 결

160) Spinoza, *Ethica*, I, 33, Schol. I.

161) Hume, *An Enquiry concerning Human Understanding*, VI.

162) Laplace, *Essai Philosolhique sur les probabilités*, I, Paris, Gauthier-Villars. 1921, p.2.

합으로부터 생겼던 것이라고 하는 특수한 경우를 조작 없이 일반화해서, 전체의 우연은 모든 원인의 필연적 결합의 산물이라고 추론하는 경우에, 오히려 인식 부족 혹은 사유의 유치함이 있음을 생각하지 않는 것일까? 우리는 완전히 독립된 계열과 계열이 교차점에서 교차하는 경우도 있을 수 있음을 고려해 보지 않으면 안 된다.

쿠루노는 우연이란 말은 독자적 밀도를 가진 관념에 대응하는 것일까, 그 관념은 우리 외에 대상을 가지고 우리가 피할 수 없는 귀결을 가지고 있는 듯한 것일까, 차라리 그것도 "소리의 바람"(flatus vocis)에 불과한 것은 아닐까, 참된 원인을 알지 못하는 우리의 무지를 치장하기 위한 얼버무림은 아닐까 하고 묻는다. 그리고나서 "아니다"라고 답한다. "아니다. 우연이란 말은 외적 현실성과 무관한 것은 아니다. 관찰할 수 있는 현상 내에서 표시를 갖고, 세계의 지배 내에서 짐작된 효력을 가진 하나의 관념을, 우연이라는 말은 표현하고 있는 것이다. 이 관념은 이성에 기초한 관념이다. ······즉 여러 원인의 여러 종류의 연쇄, 혹은 모든 종류의 계열의 현실적 독립(indépendance actuelle) 및 우연적 조우 (rencontre accidentelle)의 관념이다."163)

163) Cournot, *Matérialisme, Vitalisme, Rationalisme*, p.222.

운석이 불타는 상태로 떨어져 화약고를 폭발시켰다고 하자. 그 경우 화약고의 폭발에는 우연이 주어졌다. 왜냐하면 한편으로는 운석이 지구에 대하여 진행해 온 방향이라든가, 지구의 표면의 어느 한 지점으로 낙하했다는 것을 결정하는 바인 원인과, 다른 한편으로는 장차 운석이 떨어져 올 만한 지점에 정확히 폭발물을 저장하게끔 결정했던 원인 사이에는 아무런 관련이 없다. 화약고 대신에 자연의 유황구멍 또는 석유 발원지에 운석이 떨어져 불이 났다고 해도 좋다. 한 편으로 자연이 유황구멍이라든가 석유의 발원지를 존재하게 했던 일과 다른 한 편으로 운석의 진행 방향 및 운석이 지구에 접촉하는 지점을 결정했던 힘 사이에는 아무런 관련이 없다.164)

요컨대 우연이란 각각 독립해 자기 계열에 있어서 전개하는 원인 및 사실의 모든 체계 사이의 결합에 벗어나지 않는다. 인간 이상의 예지를 소유한 자가 이 점에 관해서 인간과 다른 것은 단순히 인간보다도 오류를 범하는 것이 적다고 할뿐인 것이다. 또는 결코 오류를 범하지 않는다고 할뿐인 것이다. 정말은 서로 영향을 주고 있는 계열과 계열을 독립한 것으로 고려하기도 하고, 또는 그 반대로 정말은 독립해 있는 원인과 원인 사이에 연결을 상상하기도 하는 등이 이러한 예지 소유자에게는 절대로 없을 뿐인 것이다. 이러한 예지 소유자는 여러 현상이 진전하는 중에 무엇이 필연의 범위에 속하고, 무엇이 우연의 범위에 속하는가를 엄밀하게 인식하는 것이다. 우연은 결코 주관적인 것이 아니다. 우연은 객관성을 갖고 있다. "이런 의미에서 우연이 세계를 지배하

164) *ibid.* pp.47-48.

고 있다고 하는 것, 또는 차라리 세계의 지배에 우연이 참가하고 있다고, 현저하게 참가하고 있다고 말하는 것은 옳다."165) 우리들은 우연이란 무관심과 무관심이 교차하는 극단(極端)이라고 생각했다. 우연의 무관심성을 엄밀한 의미에 있어서 승인하는 것이 우연의 객관성을 허용하는 까닭이다.

둘째로, 가령 교차점이 인과성의 관심에 의해 초래된 교차점이라고 가정해도, 그 교차점의 완전한 해명과 충분한 인식은 단순히 이념에 불과함을 생각하지 않으면 안 된다. 교차점을 규정하는 인과계열은 실은 무수히 많다. 아리스토텔레스가 개체의 우연적 속성은 "무제한"(ἄπειρος)166)이라고 하고, 우연적 원인은 "무한정"(ἀόριστος)167)이라고 하고, 또 우연에 관한 학문은 없다고168) 한 것은, 이 교차점에 모여드는 무수한 인과계열과, 그것에 관련된 교차점 자체가 무수하다는 것에 기초하고 있다. 라이프니츠가 "우연적 진리"에 관해서 "제한 없는 세목"(détail sans bornes)이라든가, "무한"(infinité)이라든가 라고 말한 것도169) 마찬가지 이유에서이다. 하나의 교차점의 완전한 해명은 아마 무수한 교차점의 완전한 해명을 예상할 것이다. 그래서 무수한 교차점의 완전한 해명이란 어느 하나의 교차점도 남기지 않는 완전한 공허이지 않으면 안 된다. 교차점의 우연성이 모두 주관에 의존한다고 말하면 그것은 일체를 주관화하는 것이어서 어느

165) Il est vrai de dire en ce sens que le hasard gouverne le monde, ou plutôt qu'il a une part, et une part notable, dans le gouvernement du monde : Cournot, *Essai sur les fondaments de nos connaissances*, nouvelle éd. 1912, p.47.

166) *Met.* E. 2,1026ᵇ; *Phys.* Ⅱ. 5.

167) Aristoteles, *Met.* Δ. 30. 1024ᵇ; *Phys.* Ⅱ.5.

168) Met. E. 2.

169) Leibniz, *Monadologie*, 36.

새 어느 것도 객관성을 가지는 것은 없다는 결론에 도달하지 않을 수 없다.

21. 가설적 우연으로부터 이접적 우연으로

우리들은 지금부터 반대의 입장에 서보자. 교차점의 성립에 관해서 가능한 한 우연을 제외해서 생각해 보자. 병점에서 갑과 을이 교차하는 경우, 예를 들면 불연속선 상의 한 점에서 갑의 기류와 을의 기류가 맞스친 경우, 또는 길거리 상의 어느 지점에서 갑이라는 남자와 을이라는 남자가 만났던 경우, 갑은 갑′를, 갑′는 갑″를 원인으로 하고, 을은 을′를, 을′는 을″를 원인으로 하고, 갑″과 을″이 S를 공통의 원인으로 갖고 있다고 생각하자. 그렇다면 갑과 을의 해후는 엄밀한 의미에서 우연이라고 말할 수 없다. 그러나 S 자체는 또한 M과 N의 교차점을 의미한다. 거기서 우연의 여지가 있다. 그러나 그 M을 포함하는 M, M′, M″의 인과계열과 N을 포함하는 N, N′, N″의 인과계열은 다시 공통의 원인으로서 T를 갖는다고 생각할 수 있다. 그러나 그 T도 또한 하나의 인과계열과 다른 인과계열의 교차점을 의미한다. 거기에 우연의 여지가 있다. 그러나 그 두 계열에는 또한 공통의 원인이 있다고 생각할 수 있다. 이렇게 해서 우리들은 x에로 소급한다. 이 x란 과연 어떠한 것일까?

우리들은 경험의 영역에 있어서 전면적으로 필연성의 지배를 가정하고, 이념으로서의 x를 "무궁"히 추구한다. 그러는 한편 우리들이 "무한"의 저편에 이념을 포착할 수 있을 때, 그 이념은 "원시우연"(原始偶然)인 것을 알아야만 한다. 셸링이 말한 것처럼, "거기에 관해서는 존재한다고만 말하는 것이지, <u>필연적으로 존재한다고</u> 말할 수는 없다."(man kann von ihm nur sagen, dass es Ist, nicht dass es notwendig Ist) 그것은 "가장 오래된 원시우연"(der älteste Urzufall)이다.170)

170) Schelling, *Sämmtliche Werke*, 1856-1857, Ⅱ, 1, S. 464; Ⅱ. 2. S.153.

저 나선비구(那先比丘)는 미란왕(彌蘭王)에게 반문해서, "이런 나무들은 무엇 때문에 같지 않습니까?"고 했다. 미란왕은 그에 대해서 "다른 것이 본래 각기 다르게 길러진 것"이라고 비구에 답하고 또한 자신에게 답했다. 그러나 나무의 우연성이 인과율에 의해서 묘목의 우연성으로 이동하는 데 그친 것이다. 또한 『중아함경』(中阿含經)(권44, 「앵무경」(鸚鵡經))이 "이 일은 마땅히 이와 같은 응보가 있을 것임을 알아야 한다."고 할 때도, 『성실론』(成實論)(권10, 「명업인품」(明業因品))이 "만물은 업에 따라서 태어난다."고 할 때도, 마치 우연성에 인과적 설명을 준 것 같지만, 실상은 우연성을 무해결 그대로 "원시우연"으로까지 무한히 연장한 데 불과하다. 그래서 문제는 가설적 우연의 경험적 영역으로부터 이접적 우연의 형이상학적 영역으로 옮겨지는 것이다.

제3장 이접적 우연

1. 이접적 우연의 의미

이접적(離接的) 우연은 전체와 부분의 관계에 관한 것이다. 전체는 전체라는 성격 그 자체에 의해서 절대적 동일성을 가지고 있다. 완결적인 것으로서 규정되는 한에서 전체는 어디까지나 자기 동일적이다. 그 때문에 전체 존재에는 필연이 수반한다. 그에 반해서 부분은 부분이라는 성격 그 자체에 의해서 절대적인 자기 동일성을 결여한다. 부분은 그것이 부분인 이상 다른 부분을 예상하고 있다. 부분은 그 자체 속에 이 부분으로도 저 부분으로도 있을 수 있다고 하는 성격을 갖고 있다. 여기에 부분의 우연성이 존재한다. 이렇게 각 부분은 전체 안에 포함되고 있어서 서로 이접적 관계에 있기 때문에, 이 종류의 우연을 이접적 우연이라고 한다.

예를 들면 삼각형은 예각삼각형이든가, 직각삼각형이든가, 둔각삼각형이다. 그 외의 삼각형을 생각할 수 없는 한, 삼각형은 하나의 전체로서 외연적으로 완결된 것으로 볼 수 있다. 그래서 예각삼각형이 예각삼각형이 아니고, 직각삼각형이나 둔각삼각형일 수도 있다는 점에서 전체로서의 삼각형에 대해서 예각삼각형은 우연성을 갖고 있다. 물은 액체이든가, 고체이든가, 기체이다. 그 외 양태를 사유할 수 없는 한, 물은 외연적으로 보아 부분을 포함하는 전체라고 생각할 수 있다. 그래서 액체로서의 물은, 액체가 아니고 고체로도 기체로도 있을 수 있다는 점에서, 전체로서의 물에 대해서 우연성을 갖고 있다.

본래 부분은 자기의 존재에 대해서 충족한 이유를 갖고 있음에 틀림없다. 그러나 그 이유에 의해서 그 부분이 존재하는 대신에, 다른 이유에 의해서 다른 부분이 존재하는 것도 가능하다. 그 점에 이접적 우연성이 존재하는 것이다.

'때마침'이란 말은 '또한[당(儻): 문득]'이라는 글자에 해당시킬 수 있는데, '문득[儻]'은 '혹연지사(或然之詞)' 즉, '또는'이라든가 '혹은'이라든가를 의미한다. 그 때문에 문득[儻]이라는 글자가 의미하는 우연은 '갑, 혹은 을, 혹은 병, 혹은 정'인 경우의 우연, 즉 이접적 우연일 수밖에 없다. 예를 들면, "마음으로는 잊혀지지 않지만, 만나지 않은 날이 우연히도 계속되어 한 달이 지났다."(『만엽집』, 권4)라는 경우, 전체로서의 일년은 부분으로서

365일을 포함한다. 만약 모월 모일 서로 만났다고 한다면, 그것은 365의 부분 중 하나에 해당되는 것으로 다른 부분으로서의 다른 날도 있을 수 있는 가능성을 갖고 있는 것이다. 혹은 갑날, 혹은 을날, 혹은 병날, 혹은 정날도 있을 수 있는 것이다. 그러나 그것은 때마침, 모월 모일이었던 것이다. 모월 모일이었던 것은 전체로서의 일년에 대해서 우연성을 갖고 있다. 그 우연이란 이접적 우연임에 틀림없다.

이접적 우연의 예를 조금 또 들어보자. "<u>우연히</u> 사람으로 태어나서 남들처럼 손·발도 갖춰있는데 숨도 없고 허술한 옷(어깨·몸통만 있고 소매 없는 것)이 청각채처럼 찢어져 흘러내렸다."(『만엽집』, 권 5) 이 경우의 '우연히'가 이접적 우연을 의미하고 있음은, "현세에서만 즐겁다. 내세에서는 벌레나, 새로라도 나는 되어버릴 것이다."(『만엽집』, 권3) 등과 비교하면 명료하다. "다만 이 염불문은 거듭거듭 다른 마음 없이 후세를 생각할지라도 할 수 없이 그릇된 종자까지도 향해, 시간이나 몸도 생각하지 않고, 잡행(雜行)을 닦아, 이 여행을 <u>그때그때</u> 운을 잡아서 인계에 태어나고, 그만한 애정상대인 아미타부처 가까이 있음을 버리고, 복삼도(復三途)의 옛 마을로써 대신해 생사에 윤회해서 수백천겁을 슬픔을 생각하지 않는 사람을 위해 말씀드립니다."(『화어등록』(和語燈錄), <염불대의>(念佛大意))[1] 이것도 앞의 예와 마찬

---

1) 역주 : 『화어등록』(和語燈錄)은 『쿠로다니쇼닝고토우로쿠』(黑谷上人語燈錄)이라고 하는 책. 료혜(了惠) 도광(道光)이 법연상인(法然上人)의 유문(遺文)과 법어(法語)를 편집한 것으로 한문으로 17장 10권으로 된 『한어등록』(漢語燈錄)과 일본어로 24장 5권으로 된 『화어등록』이 나뉘어진다.

가지로, 벌레, 새, 사람 등을 이접지로 하는 생 전체에 관한 이접적 우연이다. 혹은 벌레라든가 혹은 새라든가 혹은 사람이라든가 하는 이접 관계에 있어서 사람이라는 이접지가 정해진 것은 이접적 우연이다. "도대체 일대 여러 가르침 속에 현종(玄宗), 밀종(密宗), 대승(大乘), 소승(小乘), 권교(權敎), 실교(實敎), 논가(論家), 석가(釋家), 부(部)는 여덟 종으로 나뉘고, 뜻이 만가지 차이로 이어져, 또는 모든 것이 다 헛되다[萬法皆空]라는 종지를 설하고, 또는 모든 것의 실상[諸法實相]의 의미를 밝히고, 또는 다섯 성품의 각각의 구별[五性各別]의 의미를 지키고, 또는 모두 다 불성이 있다[悉有佛性]의 이치를 말하고, 각각의 종파에 궁극의 지극한 뜻을 다투어 각각에서 아주 깊은 바른 뜻의 종지를 논한다. 모두 이 경론의 실어(實語)이다. 또한 여래의 금언이다. 또는 근기(根機)를 조정해서 이를 설하고, 또는 때를 거울 삼아 이것을 가르쳐 준다. 어느 것이 얕고 무엇이 깊은지 함께 시비를 변별하려 든다. 저것도 가르침, 이것도 가르침 서로 집착을 품는 일 없이…… 어느 것도 생사해탈의 길이다. 그런데도 지금 저를 배우는 사람은 이것을 시샘하고, 이를 외는 사람은 저것을 시샘한다. 우둔함 이 때문에 미혹되기 쉽고, 재주 없는 몸 이 때문에 변별하고 싶어한다. 때마침 하나의 법을 향하여 공효를 집어냈다고 하면, 곧 여러 종파의 서로 다툼이 온다. 여러 가르침에 두루

미쳐서 뜻을 이야기한다고 생각하면 한 평생을 주기 쉽다."(『습유화어등록』(拾遺和語燈錄), <등산장>(登山狀)) 이 경우는 8종 즉, 여덟 가지의 이접지의 각각이 불교 전체에 대해서 갖는 이접적 우연이다.

"두 개의 화분세포[A 및 a]가 어떤 배세포[A이든가 a이든가]와 결합하는가는 완전히 우연에 의한다."[2] 이 경우는 A|A, A|a, a|A, a|a의 네 가지 이접지 각각을 성격으로 하는 이접적 우연이다. "뷔퐁은 우선 첫째로, 여러 유성 궤도면과 황도면과의 사이 각도가 자연히 아주 우연히 7½도 이내(즉, 최대 가능경사각 180도의 1/24)에 있다고 하는 개연성은 대단히 근소한 것이라고 하는 점을 강조했다. 이 사실은 전에 이미 베르누이가 지적했다. 하나의 유성에 대해서 우연히 이렇게 될 확률은 겨우 24분의 1이다. 그래서 당시 알려진 5개의 유성이 모두 그렇다라는 확률은 24^5, 즉 약 800만분의 1이라고 하는 작은 것이다."[3] 이 경우 우연이란 하나의 유성에 있어서 말하자면 24의 이접지 각각이 전체에 대해서 갖는 이접적 우연이고, 다섯 개의 유성에 있어서 말하자면 24의 5제곱인 약 800만의 이접지 각각이 전체에 대해서 갖는 이접적 우연이다.

이상의 여러 예에 의해서 전체 중의 각 부분이 단순한 가능적 이접지로서, 전체의 필연성에 대해서 이접적 우연을 구성하는 것이 명확히 되었을 것이다.

2) 멘델, 『雜種植物의 硏究』, 小泉丹譯, 岩波文庫, 74쪽.

3) 아레니우스, 『史的으로 본 科學的 宇宙觀의 變遷』, 寺田寅彦譯, 岩波文庫, 138~139쪽.

2. 양상성 일반

이접적 우연에 있어서 우연성의 문제가 가능성의 문제에 깊게 닿아 있는 것은 분명하다. 가능적 이접지 중 하나를 선정하는 것이 우연인데, 우연이기 때문에 다르게 선정되는 것도 가능하다. 지금까지는 우연을 필연의 반대개념으로 다루어왔는데 대체로 우연은 가능에 대해 어떤 관계에 있는가? 우연과 가능과의 관계를 다루기 전에 우선 양상성(樣相性) 일반에 관해 고찰해두자. 그래서 양성성 고찰에는 아리스토텔레스의 고전적 고찰4)을 출발점으로 하지 않을 수 없다.

4) 아리스토텔레스, De Interpretatione 12, 13; Metaphysica. Δ. 5, 12.

우리들은 현실 혹은 현존재에 대해서 비현실(非現實) 또는 비존재(非存在)를 생각한다. 현실이란 현재 있는 것, 비현실은 현재 없는 것이다. 그래서 "현재 있는 것"은 "없는 것이 불가능한 것"과 "없는 것이 가능한 것"으로 나뉜다. 즉, 현실은 '필연'(ἀναγκαῖον)과 '우연'(ἐνδεχομενον)이 있다. 또, "현재 없는 것"은 "있는 것이 가능한 것"과 "있는 것이 불가능한 것"으로 나뉜다고 생각된다. 즉, 비현실에는 "가능"(δυνατον)과 "불가능"(ἀδυνατον)이 있다. 다만 지금, '필연', '우연', '가능', '불가능' 네 가지 양상성을 규정하는 것은 임시로 가능성의 입장에서 "가능하다" "불가능하다"라는 것을 표준으로 해서 규정한 것으로 네 가지 양상성은 어느 양상성의 입장에서라도 규정할 수 있을 것이다. 다음의 예를 보자.

(1) 가능성의 입장에서의 규정
   가능 = 있는 것이 가능하다. (δυνατον εἶναι)
   불가능 = 있는 것이 가능하지 않다. (οὐ δυνατον εἶναι)
   우연 = 없는 것이 가능하다. (δυνατον μη εἶναι)
   필연 = 없는 것이 가능하지 않다. (οὐ δυνατον μη εἶναι)

(2) 불가능성의 입장에서의 규정
   불가능 = 있는 것이 불가능하다. (ἀδυνατον εἶναι)
   가능 = 있는 것이 불가능하지 않다. (οὐκ ἀδυνατον εἶναι)
   필연 = 없는 것이 불가능하다. (ἀδυνατον μη εἶναι)
   우연 = 없는 것이 불가능하지 않다. (οὐκ ἀδυνατον μη εἶναι)

(3) 필연성의 입장에서의 규정
   필연 = 있는 것이 필연이다. (ἀναγκαῖον εἶναι)
   우연 = 있는 것이 필연이 아니다. (οὐκ ἀναγκαῖον εἶναι)
   불가능 = 없는 것이 필연이다. (ἀναγκαῖον με εἶνον)
   가능 = 없는 것이 필연이 아니다. (οὐκ ἀναγκαῖον μη εἶναι)

(4) 우연성의 입장에서의 규정
   우연 = 있는 것이 우연이다. (ἐνδεχομενον εἶναι)
   필연 = 있는 것이 우연이 아니다. (οὐκ ἐνδεχομενον εἶναι)
   가능 = 없는 것이 우연이다. (ἐνδεχομενον μη εἶναι)
   불가능 = 없는 것이 우연이 아니다. (οὐκ ἐνδεχομενον μη εἶναι)

5) Trendelenburg, *Logische Utersuchugen*, II. 3 Aufl, S. 177-227.

6) C.I.Lewis, *A Survey of Symbolic Logic*, 1918, p.292.

첫 번째 입장 즉, 가능성의 입장에서 양상성을 규정하는 사람으로는 예들 들면 트렌델렌부르크가 있다.5)

두 번째 입장 즉, 불가능성의 입장에서 규정하는 사람으로는 루이스가 있다.6) 그의 기호적 논리학에 있어서는 ~는 불가능성(impossibidility)의 기호이고, -는 단순한 부정(Negation)의 기호이다. 이 기호로 표현하면 양상성은 다음과 같다.

~p ······p는 불가능하다.
-~p ······p는 불가능하지 않다. (즉 p는 가능하다.)
~-p ······p이지 않는 것이 불가능하다. (즉 p는 필연적이다.)
-~-p ······p이지 않는 것이 불가능하지 않다. (즉 p는 필연적이지 않다.)

7) O.Becker, Zur Logik der Modalitäten, *Jahrbuch f. Philos. u. Phän.* F. XI. S. 510.

그와 반대로 오스카 벡커는 세 번째 입장, 즉 필연성의 입장으로부터 보는 쪽이 불가능성의 입장에서 보는 것보다 전체의 관련이 명료하고 또 적극적이라고 한다.7) ~p대신에 ·-p를 치환하면 좋다. ·은 필연성의 기호이다. ·과 -으로 표현하는 점선기호법(Punkt-Strich-Notation)을 이용한다.

·p ······p는 필연이다.
-·p ······p는 필연이 아니다.
·-p ······p이지 않는 것이 필연이다. (즉 p는 불가능하다.)
-·-p ······p이지 않는 것이 필연이 아니다. (즉 p는 가능하다.)

루이스와 벡커의 주요한 차이점은 기호를 셋 가진 것에 의해서 복잡해진 그 자리에 설 수 있게 된 양상이 무엇인가 하는 것이다. 루이스에 있어서는 -~-p(p가 아닌 것이 불가능하지 않다 = p는 필연이 아니다 = p는 우연이다)가 기호를 3개 가지고, 벡커에 있어서는 -·-p(p가 아닌 것이 우연이 아니다 = p는 가능하다)가 기호를 3개 가지고 있다. 이것의 중요한 의미는 뒤에 명확하게 된다.(207, 211쪽 참조) 또 루이스도 벡커도 다음과 같은 두 가지 경우,

    p   …… p는 참이다.
    -p …… p는 거짓이다.

즉 우리들의 존재론적 견지에서는 '현실'과 '비현실'에 해당하는 것을 합쳐서 양상성의 전체라고 본다.

네 번째 입장 즉, 우연성의 입장에서 보는 사람은, 사실, 없는 것은 우연성 그 자체가 비논리적 성격을 가지고 있는 데 의한 것인데, 생(生)에 기인한 논리학에 의해서 논리학의 영역과 체험의 직접성과의 거리를 어느 정도까지 감소시키는 것은 불가능하지는 않을 것이다. 우연성의 입장에서 다른 양상성을 규정하는 것은 통상의 용어법에 자주 보는 점이다.

"비판철학이 하나의 체계로서 완성되기 위해서는 ……합목적성의 기초를 명확히 하는 부문으로서의 목적

론이 요구된다. 이 요구에 응하는 것이 1790년의 '판단력 비판'인 것은 지금 새삼스럽게 말할 필요는 없다. 이 이른바 제3비판이 칸트의 세계관을 통일 완성하는 비판철학체계의 첫째로서 칸트 직후 낭만적 철학에도 현대의 이상주의철학에도 커다란 영향을 주었던 것은 <u>우연이 아니다.</u>"8) "맹인의 부자유한 환경을 가능한대로 체험하려고 해서 가끔은 맹인을 부러워하는 것 같던 그가 후년 정말로 맹인이 된 것은 실로 소년시대로부터 그러한 마음가짐이 영향을 준 것이라고 생각하면, <u>우연은 아닌 것이다.</u>"9) 이것들은 '우연은 아니다.'는 것 대신에 '필연이다.'로 치환할 수 있는 것인데, 즉, 우연성의 입장에서 필연성을 규정하고 있는 것이다. 또한, "이 부근에 공장이 <u>없는 것은 우연이다.</u>"고 하는 경우, "공장이 있는 것도 <u>가능하다.</u>"는 것을 의미하고 있는 것이므로, 우연성의 입장에서 가능성을 규정하고 있는 것이다. 또한, "학술연구소의 설비가 우리 나라에서는 부족하기 때문에 지식계급의 실업자 문제가 해결되지 <u>않는 것도 우연은 아니다.</u>"고 하는 경우, "해결되는 것은 <u>불가능하다.</u>"는 것을 의미하고 있기 때문에 우연성의 입장에서 불가능성을 규정하고 있는 것이다.

지금 임의로 우연성의 기호로서 ✗ 을 사용하면(72쪽 참조) 다른 제 양상과의 관계는 다음과 같은 것이 된다.

8) 田邊元, 『칸트의 目的論』, 2-3쪽.

9) 谷崎潤一郎, 『春琴抄』, 27쪽

◇p ……… p는 우연이다.
-◇p ……… p는 우연은 아니다. (즉 p는 필연이다.)
◇-p ……… p가 아닌 것이 우연이다. (즉 p는 가능이다.)
-◇-p ……… p가 아닌 것이 우연이 아니다. (즉 p는 불가능이다.)

이상 네 종류에

   p
   -p

의 두 종류를 더해서 여섯 종류의 양상성을 얻을 수 있는 것이다.

그래서 우연성은 존재의 필연성을 부정하는 것이고, 필연성은 존재의 우연성을 부정하는 것이므로 필연과 우연은 모순대립(矛盾對立)에 있다. 불가능성은 존재의 가능성을 부정하는 것이고, 가능성은 존재의 불가능성을 부정하는 것이기 때문에 가능과 불가능도 모순대립에 있다. 다른 한편으로 불가능성은 비존재(非存在)의 필연성을 주장하는 것이고 필연성은 비존재의 불가능성을 주장하는 것이기 때문에 필연과 불가능은 유사한 것으로 볼 수 있다. 이런 필연과 불가능에 공통된 특징은 '확증성'(確證性:apodictica)라고 일컬어진다. 우연성은 비존재의 가능성을 긍정하는 것이고 가능성은 비존재의 우연성을 긍정하는 것이기 때문에 가능성과 우연성은 유사한 것으로 생각된다. 이 가능과 우연과의 공통된 특징은 '문제성'(問題性:problematica)라고 일컬어진다. 그래서 현실, 비현실 또는 현존재, 비존재의 지평은 확증성 및 문제성에 대해서 '언명성'(言明性:assertoria)라고 일컬어진다. 대체로 판단의 양상상의 구별에 관해서는 보통 problematica는 개연적이라고 번역하고, assertoria는 실연적(實然的) 또는 정연적(正然的)이라고 번역하며, apodictica는 확연적(確然的), 필당연적(必當然的), 필연적(必然的), 성연적(成然的) 등으로 번역하고 있는데 우리들은 그것들 세 양상에 대해서 문제적(問題的), 언명적(言明的), 확증적(確證的)이라는 용어를 선택해 놓았다. 이상의 고찰을 도형으로 표하면 다음과 같다.

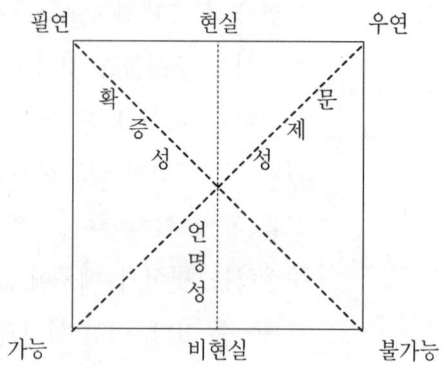

3. 양상성의 두 가지 체계

이상의 고찰에 의해서 양상성의 체계를 구성하는 데 두 가지 다른 원리가 있는 것이 저절로 밝혀졌다. 제1의 구성원리는 술어의 부정에 있다. 즉, 동일의 주장에 관해서 술어를 긍정 또는 부정한다. 먼저 주어에 '존재'를 두고 그것을 가능하다고 긍정 또는 부정한다. 존재를 가능하다고 긍정하는 것은 협의의 가능인데, 존재를 가능하지 않다고 부정하는 것은 협의의 불가능이다. 다음에 주어에 '비존재'(非存在)를 두고 그것을 가능하다고 긍정하거나 또는 부정한다. 비존재를 가능하다고 긍정하는 것은 우연이고 비존재를 가능하지 않다고 부정하는 것은 필연이다. 이 제1의 구성법에 의할 경우에는 양상성의 체계는 (1) 현실, 비현실 (2) 가능, 불가능 (3) 필연, 우연이라는 조합을 보인다. 현실, 비현실의 대립은 주어에 '존재'를 두고 술어가 그것을 단적으로 긍정 혹은 부정한 것으로 생각하면 된다.

제2의 구성원리는 주어의 부정이다. 즉, 서로 모순하는 주어에 동일한 술어를 정한다. 먼저 주어에 존재와 비존재(非存在)를 두고 그것을 가능하다고 '긍정'한다. 존재를 가능하다고 긍정하는 것은 협의의 가능이고 비존재를 가능하다고 긍정하는 것은 우연이다. 다음에 역시 주어에 존재와 비존재를 두고서 이번은 그것을 가능하지 않다고 '부정'한다. 존재를 가능하지 않다고 부정하는 것은 불가능이고, 비존재를 가능하지 않다고 부정하는 것은 필연이다. 이 제2의 구성법에 따르면 양상성의 체계는 (1) 현실, 비현실 (2) 가능, 우연 (3) 필연, 불가능이라는 조합을 보인다. 이 경우의 현실, 비현실의 대립은 주어에 존재와 비존재를 두고서 그것을 단적으로 '긍정'했다고 생각하면 된다.

양상성의 두 가지 체계의 성립에 관해서는 다음과 같이 사유해도 된다. 존재가능(存在可能)과 존재필연(存在必然)을 먼저 세워두고 그 각각에 대해서 두 가지의 반대를 고찰한다. 존재의 가능에는 두 가지의 반대가 있다. (갑) '존재가 가능하지 않는 것' 즉 존재의 불가능 (을) '비존재가 가능한 것' 즉 존재의 우연. 또 존재의 필연에도 같은 두 가지의 반대가 있다. (갑) '존재가 필연이지 않은 것' 즉 존재의 우연, (을) '비존재가 필연인 것' 즉 존재의 불가능. 이렇게 해서 양상성의 제1체계에는 (갑)종의 반대를 취해 가능과 불가능, 필연과 우연과 같은 조합을 만든다. 제2체계에는 (을)종의 반대를 취해 가능과 우연, 필연과 불가능이란 조합을 만든다. 그렇게 해서 각각의 체계에 있어서 현실, 비현실의 한 쌍을 더하는 것이다.

양상성의 이 두 가지 체계를 비교해보자. 제1체계에는 각각의 조합에 있어서 한 쌍의 것이 차별성의 점에서 보여지고 있다. 각각의 짝은 모순대립임에 틀림없다. 모순율과 배중율이 함께 타당하다. 현실이고 동시에 비현실인 것은 불가능하다. 그래서 현실이든가 비현실이든가의 어느 것이 아니면 안 된다. 그리고 현실의 지평에 있어서는 필연이고 동시에 우연이라는 것은 불가능하다. 또한 필연이든가 우연이든가의 어느 것이지 않으면 안 된다. 마찬가지로 비현실의 지평에 있어서는 가능이고 동시에 불가능인 것은 불가능하다. 또한, 가능이든가 불가능이든가의 어느 것이지 않으면 안 된다.

제2체계에는 각각의 짝이 유사성의 점에서 보여지고 있는 언명성(言明性)이라든가, 문제성이라든가, 확증성이라든가 하는 일치점에 기초해서 각각의 조합이 완성된다. 그래서 필연과 불가능에 관해서는 배중율은 타당하지 않지만 모순율은 타당하기 때문에 이른바 반대대립의 관계에 있다. 대체로 필연이든가 불가능이든가의 어느 것이지 않으면 안 된다는 따위의 것은 없다. 제3자로서 문제적인 것이 중간에 있을 수 있다. 즉, 배중율은 타당하지 않다. 거기서 확증성의 한계가 있다. 그러나 필연이면서 동시에 불가능하다는 것은 불가능하므로 모순율은 타당하다. 또, 가능과 우연에 관해서 모순율은 타당하지 않지만 배중율은 타당하기 때문에 이른바, 소반대대립의 관계에 있다. 가능이면서 동시에 우연하다는 것은 불가능하다 등은 말할 수 없다. 가능과 우연은 동시에 성립할 수 있다. 우연히 현존하는 것은 현존하는 것이 가능하기 때문이다. 가능이 현실로 되지 않고 비현실 내에 그치고 있는 것은 단순히 우연에 불과하다. 요컨대 가능과 우연 사이에는 모순율은 타당하지 않다. 그러나 문제성의 관점을 확충해서 필연성을 가능성의 극한으로 보고, 불가능성을 우연성의 극한으로 보게되면, 가능이든 우연이든 어느 것이 아니면 안 된다고 말한다. 그 때문에 배중율은 타당하다. 또, 현실, 비현실의 조합은 제1체계에서는 모순대립이라고 하는 차별성의 측면에서 보여지고 있지만, 제2체계에는 특히 언명성이라는 유사성의 측면에서 보여지고 있는 것으로 생각해도 지장 없을 것이다.

또 여기서는 아직 직접적으로는 문제라 하지 않아도 좋은 것인데, 필연과 가능과의 관계, 및 불가능과 우연과의 관계는 동시에 소위 대소대립의 관계에 있는 것으로 볼 수 있다. 지금 말한 것처럼, 필연성을 가능성의 극한, 불가능성을 우연성의 극한이라고 생각하는 것이다.(202~203쪽 참조) 이들의 관계를 다음과 같이 표로 그릴 수 있다.

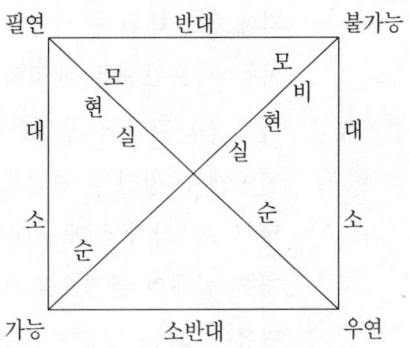

또한 특히 우연에 관해서만 말하면, 제1체계에 있어서는 '우연과 필연'이 모순대립을 이루고 대립하고, 제2체계에 있어서는 '우연과 가능'이란 소반대(小反對)의 관계를 문제성이라는 공통의 지반 위에 구성한다. 그래서 우연과 필연을 한 쌍으로 보는 것은 정적 추상적 관점이고, 우연과 가능을 한 쌍으로 보는 것은 동적 구체적 관점이라고 말해도 틀리지 않다.

칸트의 양상성 범주는 지금 말했던 제1체계에 해당되고 제2체계와의 관계도 보이고 있다. 칸트는 '범주표'에 있어서 양상성을 (1) 가능, 불가능 (2) 현존재, 비존재(즉 현실, 비현실) (3) 필연, 우연이라는 것으로 나누고, "경험적 사유 일반의 공준(公準)"의 장에서도 그 적용을 시도했다. 다만, 범주표는 형식논리학의 판단구분에서 도출되고 있다. 즉, (1) 문제적 판단으로부터 가능을 발견하고, (2) 언명적 판단으로부터 현존재를 발견하고, (3) 확증적 판단으로부터 필연을 발견했다. 그래서 다음 그 각각에 모순대립의 개념을 배치해 한 쌍으로 했다. 즉 (1) 가능에 불가능을 배치하고 (2) 현존재에 비존재를 배치하고 (3) 필연에 우연을 배치했다. 제1단계로서 가능과 현존재와 필연을 판단표로부터 도출했던 것과 제2단계로서 그 각각에 모순대립(矛盾對立)의 개념을 배당했던 것은 별개의 관점으로 이루어진 것이다. 만약 칸트가 판단표에 의한 구분원리를 일관했다면 문제적 판단의 문제성을 가진 것으로서 가능과 우연이 하나의 조를 이루고, 확증적 판단의 확증성을 가진 것으로서 필연과 불가능이 한 조를 이루었을 것이다. 칸트의 범주표는 그 궁극의 결정적 형태에 있어서는 양상성의 제1체계에 속하고 있지만 그 출발점에 있어서의 발생적 과정에 있어서는 제2체계와의 관계를 보이고 있는 것이다.

제2체계는 라이프니츠에서도 나타나고 있다. "추리(raisonnement)의 진리는 <u>필연</u>적이다. 그래서 그 반대는 <u>불가능</u>적이다. 또 사실(fait)의 진리는 <u>우연</u>적이다. 그래서 그 반대는 <u>가능</u>적이다."10) 라이프니츠는 필연과 불가능을 추리의 확증성에 있어서 파악하고 우연과 가능을 사실의 문제성에 있어서 이해하는 것이다. 헤겔도 대체적으로는 이 제2체계에 입각해서 고찰하고 있다. "가능성과 우연성은 현실성의 두 계기이다."11) 그래서 순수한 불가능성은 불가능성의 불가능성으로서 필연성으로 역전된다.12)

10) Leibniz, *Opera Philosophia*, ed. Erdmann, p.707.

11) Hegel, *Encyklopädie*, hrsg., v. Bolland, 1906, §145.

12) *ibid.* S.193, Anm.1.

대체로 현실을 정적으로 보는가 동적으로 보는가에
의해서 입각지에 현저한 차이가 있다. 현실을 정적으로
보면, 현실은 언명의 정지성(靜止性)을 가져 움직이지 않
는 것이다. 아까 182쪽에서 보였던 양상성의 도표에 관
해서 말하자면 현실과 비현실을 결합하는 언명성의 수
직선이 기점(起點)으로서 고찰되고 있다. 그래서 현실에
있어서 비존재(非存在)의 불가능인 것이 필연이고, 비존
재의 가능인 것이 우연임으로써 필연과 우연이 대립되
어 고려된다. 또, 비현실에 있어서 존재의 가능인 것이
소위 가능이고, 존재의 불가능인 것이 이른바 불가능인
것으로써 가능과 불가능이 대립관계에 놓여진다. 이것은
제1체계의 입장이지만 이러한 입장에서는 이를테면 모
두가 정적이고 결정적이다.

이에 반해서 제2체계의 입장에 서서 현실을 동적으로
보게 되면 현실은 언명적인 것이 아닌 문제적인 것으로
생각된다. 현실은 두께를 가진 것이다. 문제를 품고 있
다. 문제는 전개되지 않으면 안 된다. 따라서 아까의 도
형에 있어서 가능과 우연을 결합하는 문제성을 기점으
로 해서 파악하는 것이다. 언명성이 자신의 자명함을 잃
고 문제성으로 전화(轉化)한 것이다. 그래서 우연성은 비
존재의 가능을 의미하는 한, 존재에 위치를 점하면서도
비존재에 근거하고 있는 것이다. 가능성은 존재의 가능
을 의미하는 한, 비존재에 위치를 차지하면서도 비존재

로 향해 있는 것이다. 그래서 현실은 가능성과 우연성에 의해서 구성되는 한, 존재와 비존재의 두 계기를 그 두께 안에 포함하고 항상 문제를 전개시키고 있다. 헤겔에 의하면 가능성은 내적인 것이고, 우연성은 외적인 것이다. 그래서 현실성은 '내적인 것과 외적인 것과의 동일성'임에 틀림없다. 내적 현실성으로서의 가능성은 본질성이고, 외적 현실성으로서의 우연성은 직접자이다. 추상적 가능성이 직접적 현실성에 작용하고 직접적 현실성이 추상적 가능성으로 작용하는 때, 바꾸어 말하자면 내적인 것이 외적인 것으로, 외적인 것이 내적인 것으로 직접적으로 자체를 바꿀 때, 거기에 현실적 가능성이 생기고 필연성으로 전개하는 것이다. 필연성이란 '전개된 현실성'에 지나지 않는다.13)

13) Hegel, *Encyklopädie*, hrsg., v. Bolland, 1906, §§142-145; *Wissenschaft der Logik*, hrsg. v. Lasson, Ⅱ.S169-184.

이러한 양상으로 현실을 동적으로 보고 양상성의 발전을 생각하는 입장에서는 아까의 182쪽의 도표를 다음과 같이 변경할 수 있을 것이다.

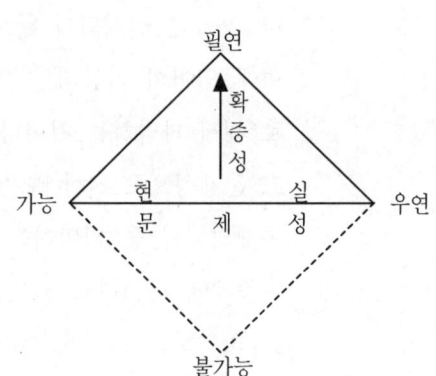

이 도형을 얻기 위해서는 아까 도형에 있어서 가능과 우연을 결합한 문제성의 직선을 중심으로 해서 전체 도형을 45도 만큼 회전시키면 된다. '불가능'을 점선으로 표시한 것은 소극적 필연으로 보았기 때문이다. 앞서의 도형이 양상성(樣相性)의 제1체계를 반영하고 있다고 한다면 이 도형은 제2체계를 기초로 해서 만들어진 것이다.

4. 우연성과 가능성의 유사관계

우연성과 가능성은 필연성의 확증적 완전성에 비해 볼 때 문제적인 불완전한 존재양상으로 간주되는 것도 어쩔 수 없다. 그래서 이 점에 있어서 우연성과 가능성은 누차 대단히 유사한 것으로서 보인다. 존재가 가능하다는 것은 동시에 비존재의 가능도 의미한다. 왜냐하면, 존재의 단순히 가능적인 것이 존재의 필연적인 것과 다른 점은 바로 그 비존재도 가능한 데에 있다. 그러기 때문에 가능성과 우연성은 누차 동일한 것으로 볼 수 있는 것이다.

아리스토텔레스도 가능과 우연을 구별하는 한편, 다른 한편으로는 양자를 동일한 것으로 보려고 한다. "자르는 것 또는 걸어가는 것이 가능한 것은, 걷지 않는 것 또는 자르지 않는 것 또한 가능하다." "있는 것의 가능과 없는 것의 가능은 동일하다."14)라고 하고, 다시, "있는 것의 가능으로부터 있는 것의 우연이 귀결된다. 그래서 후자는 전자와 바꿀 수 있다."(τῷ μεν γαρ δυνατον εἶναι το ἐνδεχεσθαι εἶναι,και τοῦτο ἐκεινῷ ἀντιςρεφει)고 한 것이다.15) 또 "그 때문에 가능이란 어떤 의미에서는 지금 말한 것과 같이 실수라는 것이 필연적이지 않은 것을 의미한다. 또 어떤 의미에서는 참(인 것)을 의미하고, 또 어떤 의미에서는 참이고 우연인 것을 의미한다."(το μεν οὗν δυνατον ἕνα μεν τροπον, ὥσπερ εἴρηται, το μη ἐξ ἀναγκης φεῦδος σημαινει, ἕνα δε το ἀληθες [εἶναι], ἕνα δε το ἐνδεχομενον ἀληθες εἶναι)고도 말하고 있다.16) 여기서는 가능성을 (1) 필연성의 관점에서 "필연적이지 않은 것"으로 규정하고, (2) 현실성의 관점에서 "있는 것"으로 규정하고, (3) 우연성의 관점에서 "우연인 것"으로 규정하고 있다. 지극히 함축이 풍부한 부분이지만, 가능과 우연을 동일시하고 있는 것에 주의할 만하다.

보에티우스는 δυνατον(가능)에 possibile을 지정하고, ἐνδεχομενον(우연)에 contingens를 지정하고는, "우연인 것과 가능인 것은 동일한 것을 의미하며, 아무런 차이가 없다."(contingens esse et possibile esse idem significat, nee quidquam discrepat)라고 말하고, 혹 구태여 차이를 말하자면 그저 한쪽은 부정형으로 impossibile이란 용어가 있는

14) 아리스토텔레스, *De interpretatione*, 12, 21^b.

15) *ibidid.*, 13. 22^a.

16) Aristoteles, *Metaphysica*, Δ.12. 1019^b.

데 반해서 다른 한 쪽은 부정형으로서 incontingens라는 용어는 없다는 형식상의 차이만이 있을 뿐이라고 한다.17) 아벨라르도 "가능과 우연은 완전히 동일한 것을 의미한다."(possibile quidem et contingens idem prorsus sonant) 라고 말했다.18)

스피노자도 우연과 가능을 극히 비슷한 것으로 생각했다. 우연에 관해서 다음과 같이 설명한다. "지금 우리가 우연을 어떻게 해석할 수 있는가를 간단히 설명해보자. 그러나 그것보다 먼저, 필연 및 불가능을 어떻게 해석할 수 있는가를 설명해보자. 사물은 그 자체의 본질이라든가 아니면 그 원인에 관해서 필연이라고 일컬을 수 있다. 왜냐하면 사물의 존재는 그 자체의 본질 및 정의로부터이든가 아니면 주어진 동력인(動力因)으로부터 필연으로 일어나기 때문이다. 또 동일한 이유로부터 사물은 그 본질 혹은 정의가 모순을 포함하든가 아니면 이런 사물을 생기게 하는 것처럼 결정되는 어떠한 외부의 원인도 존재하지 않는 때문에 불가능이라고 일컬어진다. 여기에 반해서 사물은 우리의 인식의 불완전함 때문에만 우연이라고 일컬어지는 것이지 다른 어떠한 이유 때문은 아니다. 왜냐하면 그 본질이 모순을 포함하든가 그렇지 않은가가 우리에게 알려지지 않았고, 혹은 그 본질이 모순을 포함하지 않는 것을 확실히 알아도 그 원인의 질서가 우리에게 숨겨져 있기 때문에 그 존재에 대해서

---

17) Boetius, *De Interpretatione*, Ed. Ⅱ. lib. V. Migne p.582-583.

18) Abélard, *Ouvrages inédits*, publ. par Cousin, Dialetica, p.265.

어떤 일도 확실히 주장할 수 없는 것 같은 그런 사물은 우리에게 결코 필연이라거나 혹은 불가능이라거나 생각되지 않으며, 그 때문에 우리는 그것을 <u>우연</u>(contingens) 혹은 <u>가능</u>(possibilis)이라고 부르는 것이다."19)

단, 스피노자가 우연과 가능을 전혀 구별하지 않았다는 것은 아니다. 그 관계를 다음과 같이 언표한다. "우리가 단순히 개개 사물의 본질을 염두에 두는 경우에 그 존재를 필연으로 정하고, 혹은, 그것을 필연으로 배제하는 어떠한 것도 발견하지 않는 한 나는 개개의 사물을 <u>우연</u>이라고 칭한다. 우리가 개개의 사물을 생기게 하지 않으면 안 되는 원인을 염두에 둔 경우에 이 원인이 그것을 생기게 할 것처럼 결정되어 있는지 아닌지를 알 수 없는 한 나는 동일한 개개의 사물을 <u>가능</u>이라고 칭한다. 제1부 정리 33의 비고 1에 있어서는 엄밀히 구별할 필요가 없었던 때문에 나는 가능과 우연 사이를 구별하지 않는다."20)

또 니콜라이 하르트만이나 맥콜 등도 가능과 우연을 동일시하는 입장으로 생각할 수 있지만, 그것은 뒤에 서술할 것이다.(203~208쪽 참조.) 요컨대 이상은 우연과 가능을 문제성의 성격을 공유하는 것으로서 유사관계에 있어서 보는 입장이다.

19) Spinoza, *Ethica*, I, 33, Schol. I.

20) *ibid*. Ⅳ, def. 3, 4.

5. 우연성과 불가능성의 접근관계

이상 우연성과 가능성의 유사관계를 보았는데, 다른 한편에 있어서 매우 중요한 것은 우연성과 가능성의 대립관계 혹은 우연성과 불가능성의 접근 관계를 주목하는 일이다. 그것을 고찰하려면 필연과 불가능을 출발점으로 한다. 불가능성의 부정에 의해서 가능성이 생긴다. 가능성은 탄생한 그 점으로부터 점점 성장해 간다. 그래서 가능성 증대의 극한은 필연성과 일치한다. 다음에 필연성의 부정이 우연성을 만들어낸다. 탄생의 한 점을 기점으로 해서 우연성은 점점 증가한다. 그래서 우연성 증대의 극한은 불가능성과 일치한다. 여기서 가능성과 우연성의 대립적 관계 및 우연성과 불가능성의 접근관계가 분명해진다. 가능성이 증가하는 데에 따라서 우연성은 감소하고, 우연성이 증가하는 데에 따라서 가능성은 감소한다. 가능성 증대의 극은 우연성 감소의 극과 일치한다. 그것이 즉 필연성이다. 또 우연성 증대의 극은 가능성 감소의 극과 일치한다. 그것이 불가능성이다. 지금 서술했던 고찰을 다음과 같은 도형으로 표시할 수 있다.

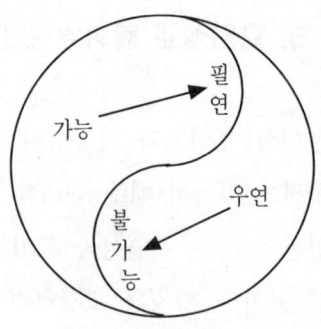

이 점으로부터 제1장 제5절에 다루었던 예외적 우연이 지닌 특수한 위치가 이해된다. 예외적 우연이란 징표가 비본질성을 가졌던 것으로 가능성 함유량이 가장 적은 우연이다. 따라서 가장 현저한 우연이다. 그 반대로 본질적 징표로 볼 수 있는 것은 가능성 증대의 극, 필연성에 준하는 것으로 개념의 구성적 내용으로서 법칙의 가치를 갖는다. 클로버가 세 잎을 가진 것은 이와 같은 본질적 징표가 갖추어져 있는 것이다. 세 잎이란 것은 클로버의 개념에 의해서, 엄밀히 말하면 필연적이라고는 말할 수 없지만, 가능성 증대의 극한으로서 준필연적인 것이다. 그것에 반해서 클로버가 네 잎을 가진 것은 예외여서 가능성을 함유하는 것이 극히 적은 우연이다. 불가능의 영역에 접근하는 것이다. 그 때문에 네 잎의 클로버는 특히 우연적인 것으로서 두드러진 것이다.

마이농도 다음과 같이 말하고 있다. "우연 속에 포함되어 있는 가능성이 커지면 커질수록이 아니라 적으면 적어질수록 우연이 더욱 묘하다고 하는 것은 주의할 만하다. 두 사람의 동료가 작업 중에 우연히 만난다는 것도 물론 아무런 우연성이 없다고 할 수는 없지만, 특별한 우연으로 생각되는 것은 작업 장소로부터 멀리 떨어진 마을에서 우연히 만난 경우이다. 그 경우의 가능성은 앞서의 경우보다 훨씬 적다."21)

역경(易經)에 "건포를 씹는데 독을 만난다"(噬腊肉遇毒)라는 경우, 건포는 말린 지 오래된 고기이기 때문에 부패해서 독을 가질 가능성은 꽤 크다. 고기를 먹어 중독됐다고 하는 것에는 어느 정도의 우연성은 있지만 대단한 우연도 아니다. 가능성이 크기 때문이다. 그에 반해서 "뼈 붙은 마른 고기를 씹는데 금화살촉을 얻는다"(噬乾胏得金矢)라고 하는 경우 뼈째 말린 고기 속에 금화살촉이 있다고 하는 것은 수렵 시에 활로 짐승을 쏘았다면 물론 불가능한 것은 아니나, 그것이 황금의 촉이었다는 입장에서 가능성이 적은 것이다. 그 대신 우연성은 심히 크다.

일찍이 나는 쿄오토오로부터 토오쿄오로 향하는 토우카이도우(東海道)선의 기차에서 정각보다 조금 늦어서 식당차에 들어갔다. 겨우 빈자리가 하나만이 남았으므로 그 자리에 앉았다. 곁에 있던 남자가 말을 걸어왔으므로 보았더니 미야자키(宮崎)현에 살고 있는 처남이었다. 그 순간에 나는 불가사의함에 충격을 받았다. 그러나 생각

---

21) Meinong, *Über Möglichkeit und Wahrscheinlichkeit*, 1915, S. 243.

해보니 토오쿄오에서 장인의 일주기의 법요가 있기 전날이었다. 또 기차는 특급 연호(燕號)였다. 두 사람이 그날의 기차에 타는 것도, 혹 연호(燕號)에 탔던 것도 꽤 큰 가능성을 가지고 있다. 우연성은 오히려 저녁 식사시간이 여러 차례 있음에도 불구하고 두 사람이 우연히도 똑같이 몇 번째를 선택한 데에 있고, 식당이 만원이었음에도 불구하고 처남의 옆자리만이 비었다는 데에 존재하고 있다. 상당히 큰 가능성이 포함되어 있음을 알았으므로 점점 우연성도 감소하고 따라서 그다지 불가사의하다고도 생각하지 않았던 것이었다. 혹 그것이 급행차이지 않았다든가 토오쿄오에 공통의 용무가 없었다든가 하는 것이었다면 가능성이 감하는 정도에 따라 우연성이 컸을 것이라는 뜻이다.

또 나는 세계 대전 직후 일본에 망명중이던 러시아 S라고 하는 피아노에 능한 청년을 알게 되어 상당히 친밀하게 교제를 했다. 그는 가마쿠라(鎌倉)의 극장에 러시아 무용 반주에 나왔던 적도 있었다. 그러나 그가 백계(白系)의 한 장군 밑에 전투에 가담하기 위해 하르빈으로 여행을 떠난 직후부터는 아득히 소식이 없었다. 전사했다고도 생각되었다. 그 후 몇 년이 지나 내가 독일 라이프니츠에 체재했던 때의 일이다. 신경통 치료를 받는 사람을 대상으로 하는 대학 병원의 전기 치료실에 갔었다. 그 조수가 S였던 것이어서 적잖이 놀랐다. 그는 여러 방면을 유랑했다가 드디어 라이프니츠에 와서 의학을 공부하고 지금은 대학의 조수가 되었던 것이다. 처음에는 대단한 우연이라는 인상을 받았으나 그래도 역시 상당한 가능성을 가지고 있는 것으로 잘 생각해보니 우연성이 감소되어졌다. 일본에 그와 이야기했던 말은 독일어였다. 그는 혁명 때문에 학업을 중단했던 것을 심히 유감으로 생각했다. 또 그는 일본에도 독특한 문화는 있지만 유럽의 문화가 그립다고 말했다. 이러한 사정에서 보면 그가 독일로 가서 학업을 마쳤던 데에는 상당한 이유가 있다. 그 사람과 내가 독일에서 만났던 것에는 따라서 다분히 가능성이 포함되어 있다. 우연성은 뜻밖에도 라이프니츠와 같은 남독일의 작은 도시에 있던 것이라든가 혹 그가 마침 전기 치료실의 조수가 되었던 것에 달려 있다. 혹 그것이 아프리카의 여행에서 시골구석의 호텔에서 하루 묵었을 때 아침을 가져왔던 보이가 S였다고 하는 것이라면 가능성이 더욱 적은 만큼 우연은 더욱 커지는 것이리라.

다음의 예는 빌헬름 폰 숄츠의 『우연』안에 있는 것인데, 나루세 무쿄쿠(成瀨無極)씨의 『우연문답』(偶然問答)에 따라 인용한다. "이것은 어떤 사람의 실화라고 합니다. 1914년 봄, 당시 슈왈츠월드에 살고 있던 그의 아내가 4살 된 장남의 사진을 찍었는데, 연속 소형 필름 여섯 장이었다고 합니다. 아내는 어떤 간단한 수술을 받을 필요가 있어 슈트라스부르크로 갔습니다. 거기서 사진을 현상할 예정이었던 것인데, 어떤 사정으로 갑자기 빨리 돌아오게 되어 아는 사람인 러시아 여학생에게 사진관을 지정해 현상을 부탁하고 갔습니다. 그런데 머지않아 전쟁이 시작되어 그 여학생을 만날 기회가 없어져 사진관의 보관증도 결국 얻을 수 없었습니다. 그가 전쟁발발 며칠 전에 슈트라스부르크에 가는 김에 이 사진관에 들러서 보관증은 없지만 여차여차해서 현상을 부탁했기 때문이라고 말했지만 사진사는 아무리해도 필름을 돌려 주지 않았습니다. 아내는 꽤 실망했다고 합니다. 그 후 1916년이 되어 아내가, 분명히 프랑크푸르트였다고 생각되는데, 필름을 하나 사서 조딘이라는 온천장에 가서 거기서 태어난 지 1년 반이 된 딸의 사진을 찍었습니다. 그것을 현상시켜보니 모두 겹쳐져 있음을 알았습니다. 그럴 리 없다고 하면서 필름을 비추어 자세히 보니 놀랍게도 희미한 꿈처럼 장남의 모습이 슈왈츠바르트의 눈을 배경으로 해서 나타났습니다. 그것도 서로 겹쳐 곱슬머리 여동생의 일광욕하는 알몸인 듯한 모습이 보여 남매가 풀장 안에서 하나가 되어 있었습니다." 이 우연에 대한 해석은, "전쟁의 혼란을 틈타서 이전의 사진사가 다음 사진사에게 필름을 뒤섞어 팔았던 것이다. 혹은 또 그 사이에 제3자가 개입되어 있을지도 모르지만."이라고 하지만, "아무 관심 없이 그 가게로 가서―한발 늦으면

다른 사람이 사버릴지도 모른다—마침 또 그 필름을 얻었다."라는 것에 큰 우연이 있다는 것이다.22)

이 우연 안에 포함되어 있는 가능성은 극도로 적고 거의 불가능과 같다. 따라서 또 이 우연성은 극도로 크다. 우연이 불가능과 접하는 것으로서 이해되는 경우의 것은 다음 말에도 나타나 있다. "하스씨가 그 『혈족결혼』(血族結婚)에서 한 벨기에인에 대해 그가 쓴 긴 인용문을 실었다. 그것은 매우 오랜 세대에 걸쳐 집토끼를 극히 근친 번식을 했지만 조금도 유해한 결과를 보지 않았다고 하는 것이다. 그 기술은 가장 신용 있는 잡지 즉 벨기에의 황립학술협회(皇立學術協會)의 회보에 발표되었는데 자신은 그것에 의심이 생기는 것을 금할 길 없었다. 모종(某種)의 우연의 결과가 아니라면, 그 이유가 자신에게는 알려지지 않은 것이고, 또 자신이 동물을 번식한 경험으로는, 이와 같은 것은 <u>있을 수 있어서는 안 되는</u> 것처럼 생각했다."23) 또 "<u>그때그때 운을 잡아서</u> 인계에 태어나"(『화어등록』(和語燈錄), <염불대의>(念佛大意))라고 할 때에도 우연이 불가능에 가까운 가능으로써 보여지고 있다.

우연과 불가능과의 접근은 칸트도 알아차리고 있었다고 생각해도 좋을지 모른다. 칸트는 범주표에 관해서 어느 경우에도 제3의 범주는 늘 제1범주와 제2범주의 종합인 것을 지적하고 그 일례로 "필연성은 가능성 자체에

22) 成瀨無極, 『偶然問答』, 451~452쪽, Wilhelm von Scholz, *Der Zufall*, 1924, S. 21-24.

23) 프란시스 다윈, 『찰스 다윈 자서전 종교관 및 그 추억』, 小泉丹 역, 岩波文庫, 107쪽.

24) 칸트, 『純粹理性批判』, B. 111.

의해 주어진 존재임에 틀림없다."24)라고 말한다. 그런데 필연성의 모순대립은 우연성이고 가능성의 모순대립은 불가능성이다. 그러므로 이 경우에도 칸트의 주장을 적용하면, "우연성은 불가능성 그 자체에 의해 주어진 존재(비존재)임에 틀림없다."라고 말하는 것이다. 어쨌든 우연성이 가능성에 반대하면서 한없이 불가능성에 다가가는 것은 주의해야 할 점이다.

6. 양상성의 제3체계

우연성과 가능성의 대립(對立)관계를 강조하는 것에 기초해서 우연성과 불가능성의 접근 및 가능성과 필연성의 접근을 역설하면 여기에 양상성의 체계에 관해서 새로운 구성법을 생각해낼 수 있다. (1) 현실, 비현실 (2) 필연, 가능 (3) 불가능, 우연이라는 조합이 양상성의 제3의 체계가 아닐 수 없다. 이 체계의 근저를 이루고 있는 것은 극한(極限) 개념이다. 가능성이 한없이 접근할 수 있는 극한으로서 필연성이 생각되고, 우연성이 한없이 접근할 수 있는 극한으로서 불가능성이 생각된다. 따라서 아까도 말했던 것처럼(186~7쪽 참조) 필연과 가능의 관계 및 불가능과 우연의 관계는 이른바 대소대립(大小對立)의 관계를 이루고 있다고 해도 좋다.

니콜라이 하르트만의 생각도[25] 이 입장에서 이해할 수 있다. 하르트만의 견해에 의하면 칸트가 양상성(樣相性)을 가능성, 현실성, 필연성의 순서로 둔 것은 인식논리의 관점에 있어서 인식 확실성의 정도를 표준으로 했기 때문이다. 존재논리의 관점에서 대상 존재의 정도를 표준으로 하는 경우에는 가능성, 필연성, 현실성의 순서로 하지 않으면 안 된다. 인식론적으로는 현실성은 확실성이라는 점에 있어서 가능성보다 우월하고, 필연성보다 열등하다. 그 때문에 양자의 중간에 위치한다. 그러나 존재론적으로는 현실성은 가능성과 필연성의 종합이라고 생각하지 않으면 안 된다. 그 때문에 양자보다도 높은 위치의 것으로서 최후의 위치를 차지한다. 그래서 한편으로 현실성과 비현실성, 다른 한편으로 필연성과 가능성은 전연 다른 양상적 차원에 속하고 있다.

우리들의 문제에 있어서 중요한 것은 하르트만이 가능성과 필연성을 한 쌍으로 생각했다는 것이다. 가능성과 필연성은 특수한 대립관계에 있다. 가능성의 결여는 곧 일종의 필연성을 의미한다. 왜냐하면 불가능성은 소극적 필연성(negative Notwendigkeit)임에 틀림없다. 또한 필연성의 결여는 곧 소극적 가능성(negative Möglichkeit)을 의미한다. 비필연성(Nicht-Notwedigkeit)은 비존재의 가능성(Möglichkeit des Nichtseins)임에 틀림없다. 이렇게 가능성과 필연성은 하나가 곧바로 다른 것의 반대라는 것은

---

[25] N. Hartmann, "Logische und Ontologische Wirklichkeit", *Kantstudien*. XX. S.1-28.

아니고, 가능성의 모순대립(矛盾對立: 불가능성)은 필연성이란 상위개념(上位槪念) 아래에 직접 소속하고 필연성의 모순대립(비필연성)은 가능성이라는 상위개념 아래에 직접 소속하는 것이다. 이것은 가능성과 필연성이 긴밀한 접근관계에 있다는 증거이다. 그렇다면 어떠한 근원적 관련을 가지고 있는가 하면 가능성의 전체는 필연성과 완전 합치하는 것이고, 그 합치가 즉 현실성이라는 관계가 있다. 자세히 말하자면 현실성이란 것은 여러 가지의 제약으로부터 구성되는 것이다. 그러한 제약 각각이 현실성에 있어서는 필연적인 것으로 결여할 수 없다. 그러나 각 제약을 하나하나 떼어서 보면 피제약자(被制約者)의 가능성을 의미하는 것에 불과하다. 아직 그 현실성을 의미하지는 않는다. 여러 제약이 모두 충실하고 일치해서 움직이는 때 비로소 피제약자가 현실적인 것으로 되는 것이다. 즉 그때에는 피제약자는 단순히 가능적일 뿐만 아니라 또 필연적인 것이다. 그 때에는 피제약자는 존재하지 않는 것이 이미 불가능하고, 그 여러 제약의 전체에 의해서 절대적으로 요구되는 것이다. 구체적 형태의 여러 제약에 있어서의 가능성과 필연성의 이와 같은 회합(會合: Zusammentreffen)이 그 형태의 현실성을 구성하는 것이다. 가능성이란 구성 계기로서 제약이라고 일컬어지는 것에 대한 양상적 표현임에 틀림없다. 그래서 필연성이란 여러 제약의 전체를 말하는 것이다.

하르트만은 가능성과 필연성과의 이러한 관계는 이미 아리스토텔레스가 잠재형태[잠세태(潛勢態)](δυναμις)와 현세형태[현세태(現勢態)](ἐνεργεια)의 관련으로 나타내고 있었음을 지적하고 있다. 즉 여러 잠재형태의 회합이 현세형태를 필연적으로 결과시키고 있는 것이다.

양상성의 제3의 체계라고 일컬어지는 것을 성립시키기 위해서는 가능성과 필연성의 관련을 설정하는 외에, 또 우연성과 불가능성의 관련을 설정하지 않으면 안 된다. 하르트만은 그렇게 하지는 않았으므로 그 점에 하르트만의 커다란 결함이 있다고 생각한다. 하르트만은 가능성과 필연성의 관련을 그 각각의 모순 개념에 의해서 간접으로 기초지운다. 즉 가능성의 모순대립은 일종의 필연성이고, 필연성의 모순대립은 일종의 가능성인데, 거기에 양자의 긴밀한 관계가 있다고 하는 것이었다. 그 때문에 가능성과 필연성의 관련을 설명하는 일면에는 당연히 가능성의 모순대립과 필연성의 모순대립과의 관련을 말하지 않으면 안 되는 것이다. 가능성의 모순대립은 불가능성이고, 필연성의 모순대립은 비필연성 즉 우연성이다. 그러나 하르트만이 우연성과 불가능성의 특수한 관련을 세우지 않은 것은 우연성 즉 비필연성은 가능성임에 틀림없다고 하는 이유 때문이었다. 비필연성은 비존재의 가능성이다. 그래서 가능성의 양상에 있어서는 동일물(同一物)의 존재와 비존재는 서로 배척하지 않고 둘의 공존적(共存的) 가능성을 구성하기 때문에 비필연성은 직접적으로는 소극적 가능성이고, 그것과 동시에 간접적으로는 적극적 가능성이라는 것이다. 그러한 이유에서 하르트만은 비필연성을 독립된 한 양상으로서 인정하지 않는다. 그 결과로서 한편으로는 필연성, 가능성, 불가능성의 세 양상을 세우고, 다른 한편으로는 현실성, 비현실성의 두 양상을 세워 전체로 다섯 개의 기초적 양상을 세우고 있다. 한편의 대립계열의 영역에 있어서 가능성이 중간을 차지하고 있는 것은 존재가치에 있어서 불가능성은 최소이고, 필연성은 최대이기 때문이다. 다른 한편에 있어서는 둘의 양상이 독자적인 대립영역을 형성하고 있으므로 존재가치에 있어서 비현실성은 최소이고, 현실성은 최대이다. 그래서 이 영역에는 중간항(中間項)은 존재하지 않는다. 또한 하나의 영역과 다른 영역의 사이에 존재가치(存在價値)에 관해서 주의할 점이 둘 있다. 첫째, 비현실성은 불가능성보다는 소극적이지 않고, 가능성보다는 소극적이기 때문에 양상적으로 양자의 중간에 위치할 수 있는 것이다. 둘째, 현실성과 필연성의 위치 관계인데, 수학적 관련에 있어서 볼 수 있는 것 같이 필연성에는 현실성을 결여한 것이 있는데 반해서 현실성은 가능성과 필연성의 종합으로서 항상 지양(止揚)된 계기(契機)로서 가능성과 필연성을 자기 안에 갖고 있다. 이 때문에 현실성의 방향이 필연성보다도 상위에 위치하지 않으면 안 된다. 모든 양상은 하르트만에 의하면 다음과 같은 상승적(上昇的) 순위관계(順位關係)를 보이고 있다.

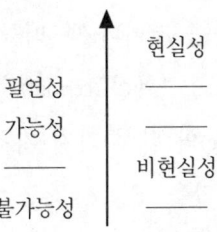

이미 말했던 것처럼 이 양상표에 우연성이 위치를 차지하지 않은 것은 심각한 결함이다. 하르트만은 한편으로는 이미 말했던 것처럼 비필연성은 직접적으로 소극적 가능성임과 함께 간접적으로 적극적 가능성이기도 하기 때문에, 가능성으로부터 독립된 하나의 양상을 형성하지 않는다고 하는 것이다. 그러나 그것은 우연성과 가능성을 동일시하는 모든 논자에게 공통되고 있는 것과 같은 형식논리학의 과중(過重)함에서 온 편견이다. 루이스(194쪽 참조)도 기호를 셋 가진 비필연성(-~-p)을 "복잡한 진리가치"(complex truth-value)로 간주하고, 이른바, '엄밀 포함체계'(system of strict implication)의 다섯 가지 진리가치(five truth-values)의 안에 더하지 않는다. 그러나 그것 역시 완전히 형식논리만의 입장에 있기 때문이다. 루이스는 한편으로 -~-p가 '불가환원적'(不可還元的: irreducible)이고, "판명된 또 인지할 수 있는 관념"(a distinct and recognizable idea)인 것을 인정하고 있으면서도 다른 한편으로 "논리학이라든가 수학에서는 좀처럼 필요 없는 것"(seldom needed in logic or in mathematics)으로서 제외하고 있는 것이다.26) 맥콜도 마찬가지다. "참"(true), "거짓"(false), "확실"(certain), "불가능"(impossible), "가변"(可變: variable)의 다섯 가지 기초적 양상을 인정하는 만큼, 그것들 각각을 τ, ι, ε, η, θ로 표시하고 최후의 θ 즉 "가변"은 "불확실"(not certain)과 "비불가능"(非不可能: not impossible)을 포함하는 것이라고 한다.27)

26) C.I.Lewis, *A Survey of Symbolic Logic*, 1918, p.292.

27) H. MacColl, *Symbolic Logic and its Applications*, 1906.

대체로, "갑이 을인 것이 가능하다."고 하는 명제가 "갑이 을이 아닌 것이 가능하다."고 하는 명제와 양립하는 것은 형식논리학이 항상 설명하는 바이다. 형식논리학에 있어서 가능과 우연의 구별을 세우지 않는 것은 혹 당연하다고 말할지도 모른다. 그렇기는 하지만 존재논리학(存在論理學)에 있어서는 가능적 존재와 가능적 비존재는 결코 동일한 것은 아니다. 즉 비존재의 지평에 있어서 "존재가 가능하다."고 하는 가능성과, 존재의 지평에 있어서 "비존재가 가능하다."고 하는 비필연성은 결코 동일한 것은 아니다. "존재가 가능하다."고 하는 가능성은 "존재가 필연이다."고 하는 필연성을 향해서 전개할 수 있는 존재논리적 구조를 갖고 있다. 그에 반해서 "비존재가 가능하다."고 하는 비필연성은 "비존재가 필연하다."고 하는 불가능성을 향해서 퇴각(退却)할 수 있는 존재논리적 구조를 보이고 있다. 비필연성은 소극적 가능성임에 틀림이 없지만, 가능성에서 적극적으로 구별할 수 있는 어떠한 것이 있다면 거기에 "우연성"이라고 하는 개념이 있는 것이다.

가능과 우연은 같이 어떠한 중화적(中和的)인 극한에 대해서 대소대립의 관계에 있는 것은 아니다. 가능은 특히 필연에 대해서 대소대립(大小對立)의 관계에 서고, 우연은 특히 불가능에 대해서 대소대립의 관계에 서 있는 것이다. 그러나 이 관계는 존재논리학에 있어서 비로소 잘 파악될 수 있는 것이기 때문에, 형식논리학 그 자체에 가능과 우연의 차별을 요구하는 것은 무리일지도 모른다. 형식논리학의 세계가 전체였다면 어떤 우연성이란 개념은 생기지 않았을지도 모른다. 그렇기는 하지만 현실은 형식논리학의 중화적 주장에 반항해서라도 우연성의 개념을 산출하는 것을 요구했던 것이다. 현실에 있어서 일출 전과 일몰 후가 동일하지 않는 것처럼 존재논리학에 있어서는 가능성과 우연성은 동일하지는 않는 것이다. 하르트만이 존재론의 입장에 서기는 하지만 형식논리학적 논거에 의해서 우연성의 양상을 승인하지 않았던 것은 그 외에도 또 무엇인가의 근거가 있지 않을 수 없다.

하르트만은 실로 다른 한편에 있어서 존재론 그 자체

의 입장에서 우연성을 거부하고 있다. 그에 의하면 우연이란 인과적 경우에도 목적적 경우에도 필연적 관련을 인식하는 데 미흡한 "무지(無知)의 논리적 장소"(locus logicus ignorantiae)이다. 필연성의 인식 없이도 현실성의 인식이 존재하는 것이라는 논리적 사실의 표명에 불과하다. 필연성을 포함하지 않는 현실성이 있다고 하는 귀결을 가져오는 것은 아니다. 이렇게 해서 하르트만은, "이론적으로는 인과관련에 의해서 여지없이 지배되고, 실천적으로는 목적에 의해서 여지없이 지배되고 있는 칸트적 세계 형상"에 입각해서 우연성의 의미를 인식부족의 결과로 국한시키고 있는 것이다. 다시 또 엄밀히 존재론적으로 우연을 이해하는 비결정론에 대해서는 하르트만은 비결정론의 입장은 세계의 사건을 원자화하고, 통일된 흐름을 관련 없이 개개의 사건으로 해체하는 것이라고 비난하고, 타자(他者) 안에서 제약을 인정하지 않는 우연은 자기 안에서 제약을 가진 것으로서 "자기원인"(自己原因: causa sui)의 개념을 요청하는 것이 됨을 지적하고 있다.

그렇지만 가령 우주의 일체 사건이 필연성을 가지고 엄밀히 제약되고 있다고 해도 여러 제약의 단초로서 무한의 그 방향으로 "원시우연(原始偶然)"의 이념이 있는 것을 우리는 앞서 고찰했다. 우리는 원시우연에 있어서 일종의 자기 원인을 인정하지 않을 수는 없다. 그뿐만이 아니라, 하르트만 자신도 인정하고 있는 바인 여러 제약의 회합(會合: Zusammentreffen)은 과연 필연성의 개념만을 가지고 이해할 수 있는 것인가? 거기에는 헤겔도 "외적 현실성"으로서 인정했던 우연의 개념이 요구되는 것은 아닌가? 가령 교호작용의 범주에 의해서 일체가 필연적이라고 이해할 수 있다고 해도, 일체 사건의 전체로서 절대자가 생각되는 한, 필연성의 총화(總和)에 대한 우연으로서 원시우연 또는 자기원인이라는 개념으로 돌아가는 것이다. 다시 이 장의 주제인 이접적 우연의 개념을 고려하려면, 우연성의 개념을 거부하는 것이 어째서 무리인가가 분명하게 되어야 할 것이다. 하르트만이 우연 — 불가능의 상관에 있어서 하나의 항인 불가능만을 양상성으로서 승인하고 다른 항인 우연을 가능과 동일시해서 양상적 독립성을 부정했던 것은 존재론의 입장에서 보아 명백한 결함이 아닐 수 없다.

그 점에 있어서는 오스카 벡커는[28] 보다 다양한 사태에 입각해서 사유하고 있는 것처럼 여겨진다. 벡커는 양상성의 제1체계의 고찰방법에서 출발해서, 제2체계를 경과해, 제3체계에 육박하고 있다. 벡커는 양상성의 문제를 기호적 논리학의 입장으로부터 순수히 형식적으로 취급하고 있는 한 말할 것도 없이 우연의 개념을 충분히 천명하지는 않는다. 그러나 루이스가 비필연성

---

28) O. Becker, "Zur Logik der Modalitäten", *Jahrbuch f. Philos. u. Phän.* F. XI.

-~-p

를 기본형상의 하나로 보지 않는 것에는 단연 반대하고 있다. 기호도 셋에서 둘로 감소해서 -·p로 했다. 그래서 "비필연" 또는 "가능적 거짓"이라는 명칭 아래에 우연을 하나의 기본적 양상으로서 취급하고 따라서 여섯 가지의 불가환원적 양상성(不可還元的 樣相性: sechs irreduktible Modalitäten)을 성립시키고 있다. 벡커는 N(notwendig 필연), W(wahr 참), F(falsch 거짓), U(unmöglich 불가능), M(möglich 가능=nicht unmöglich 비불가능), M'(möglicherweise falsch 가능적 거짓=nicht notwendig 비필연)의 여섯 약자에 의해 양상성의 상호관계를 나타내고 있다. 그렇게 해서 양상성의 전체 영역을 분할하는 것으로서 다음과 같은 조합을 들고 있다.

(1) W와 $\overline{W}$=F
(2) N와 $\overline{N}$=M'
(3) U와 $\overline{U}$=M

이것은 즉 (1) 현실, 비현실 (2) 필연, 우연 (3) 불가능 가능이라는 조합에 해당되므로 양상성의 제1체계를 의미하고 있다. 다음 도형에도 그 관계가 분명하게 나타나 있다.

제3장 이접적 우연 213

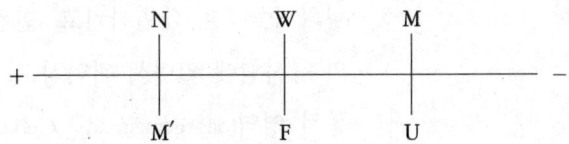

그렇기는 하지만 또, N(·p)와 U(··-p)는 부호를 바꾼 것에 의해서 대칭적 양상 (symmetrischer Modus)를 이루고, M(-··-p)와 M'(-··p)도 W(p)와 F(-p)도 동일한 부호의 변화에 의해서 대칭적 양상을 이루고 있기 때문에 이 도형에 있어서 WF를 가운데축으로 해서 좌우 대칭성을 고려하면 거기에는 제2의 체계의 입장이 나타난다. 또, 가로선보다 상부의 양상을 하나의 짝으로 하고, 하부의 양상을 하나의 짝으로 생각하면 거기서는 제3체계의 입장이 나타난다. 벡커는 또 다음과 같은 도형을 사용해서 이들의 관계를 명확히 하고 있다.

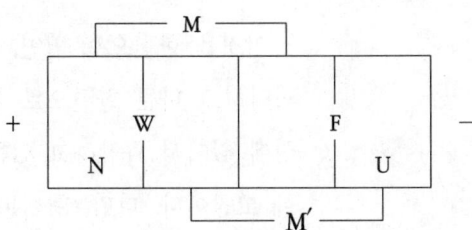

그래서 제2체계의 관점에서 "필연성의 논리"와 "가능

성의 논리"를 대립시키고, 한편으로는 N과 U를 확증성의 유사함에 있어서 파악하고, 다른 한편에 M×M'의 공통적 영역(das gemeinsame Gebiet)을 문제성으로서 포착하고 있다. 이 영역은 "불확정적"(unbestimmt)이고 "필연적이지 않으며, 불가능적이지도 않다."(weder notwendig noch unmöglich) 또한 제3체계의 관점에 서서 한편으로는,

N 〈 W 〈 M

의 접근관계를 파악하고 다른 한편으로는

U 〈 F 〈 M'

의 접근관계를 파악하고 있다. 또 적극성과 소극성에 관해서 양상성의 계열을 다음과 같이 보고 있다.

+ NWM   M' FU -

이것은 한편으로 필연, 현실, 가능을 적극성에 있어서 파악하고 다른 한편으로 불가능성, 비현실, 우연을 소극성에 있어서 파악하고 있는 것이다. 이상은 벡커의 훌륭한 고찰이다. 다만, 형식논리학의 입장에 일관했기 때문에 우연을 우연으로서 충분히 천명하지 않은 것은 유감이다. 즉, 여섯 개의 불가환원적 양상성(不可還元的 樣相性)을 역설했음에도 불구하고, 또 우연을 "가능적 거짓"

으로서 가능성의 일종으로 보았던 사유의 흔적은 M에 대해서 M′의 약자를 이용했던 것만 보아도 분명하다.

요컨대 양상성의 제3체계의 근간은 한편으로는 필연-가능의 대소대립의 관련을 목격하고, 다른 한편으로는 불가능-우연의 대소대립의 관련을 목격하는 바에 있는 것이다. 필연성은 가능성의 극한으로서 "초(超)가능성"이라고 하고, 불가능성은 우연성의 극한으로서 "초(超)우연성"이라고 해서 안될 것도 없다. 제3체계의 입장을 다음과 같이 도형화하게 된다.

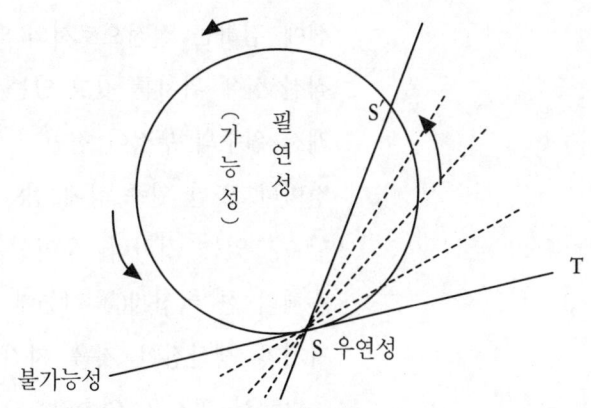

이 그림에 있어서 원주(圓周)는 필연성을 표시하고, 호(弧)는 가능성을 표시한다. 절선(切線) ST는 불가능성을 표시하고, 절점(切點) S는 우연성을 표시한다. 절점 S가 곡선의 생산점으로서 자기로부터 출발해서 화살표방향으로 진행해서 전체의 원주를 만들고 끝났을 때에 정지한다. 정지의 상태에 있어서 파악될 수 있는 원주와 접점 S가 <u>현실성</u>을 나타내고 운동 상태에 있어서 생각되는 호와 절선 ST가 <u>비현실성</u>을 표시한다.

가능성을 표시하는 호가 화살표 방향으로 증대한 극한은 필연성을 표시하는 원주가 된다. 호가 점차 감소해서 화살표 방향과 반대로 S′가 한없이 S에 접근해서 직선 SS′가 한없이 직선 ST에 접근해, 마침내 극한으로서 직선 SS′가 직선 ST에 합쳐져 S′가 S에 합쳐질 경우에 우연성으로서 S가 떠오르는 것이다. 다시 말해서 우연성은 불가능성을 표시하는 절선 ST가 가능성을 표시하는 곡선에 접하는 절점으로서의 S이다. 우연성은 불가능성의 직선 상에 위치를 갖고 있는 무(無)에 가까운 것이다. 그래서 원주의 부정이 점인 것처럼, 우연성은 필연성의 부정이다. 또한 원주 상에 점S 이외의 무수한 절점을 생각할 수 있는 것처럼, 우연성은 이접적(離接的)인 가능성 총체의 한 이접지(離接肢)에 불과하다. 게다가 우연성은 자기가 생산점인 것을 자각하거나 극한적 가능성에서 출발해서 곡선을 연속적으로 채워서 결국 가능성을 필연성의 원주에까지 전개할 수 있는 현실의 힘이다. 우연성은 가능성으로 해서 이따금 가능한 딸의 가능성보다, 항상 가능한 어미의 가능성을 자각하게 하는 박력이다. 우연성은 현실의 한 점에 간단히 첨단적 존재를 연결할 정도인데, 실재의 생산원리로서 전 생산 활동을 담당하는 정열을 가진 것이다.

동일한 사태를 다음과 같은 도형에 의해 표현할 수도 있다.

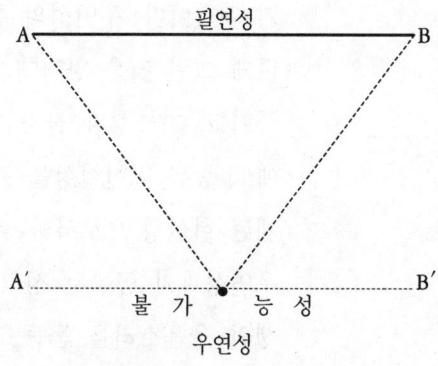

우연성은 불가능성을 표시하는 직선 내에 있어서 그 한 점임과 동시에 가능성을 표시하는 삼각형에 있어서 그 정점(頂點)이다. 우연성은 허무(虛無)임과 동시에 실재(實在)이다. 허무, 즉 실재인 정점은 생산점으로서 삼각형 전체 존재를 맡은 힘이다. 삼각형의 밑변은 발전적 생산의 종극(終極)으로서 완성 상태에 있는 필연성을 표시한다. 우연성은 스스로 극미한 불가능성이면서 아주 작은 가능성을 첨단의 위태로움으로 받아들이는 것에 의해서, '나'를 '너'에게 주고, '너'를 '나'에게서 받아 가능성에 가능성을 잉태하고, 드디어 필연성에 합치하는 것이다. 필연성과 불가능성을 똑같은 길이의 가로선 AB

와 A′B′로써 표현한 것은 양자 공통의 확증성을 상징하기 위함이다. 그와 반대로 우연성과 가능성이 한 점에서 출발해서 그 극한에 있어서 비로소 AB의 두 점에 합치하는 것은 우연성과 가능성에 공통의 문제성을 상징하기 위함이다. 우연성의 한 점과 필연성의 직선을 진하고 굵게 그린 것은 양자에게 공통된 현실성을 표상하기 위함이고, 가능성과 불가능성을 점선으로 그은 것은 양자에 공통된 비현실성을 표현하기 위함이다. 현실성은 "전개된 현실성"으로서의 필연성과, 탄생된 현실성으로서의 우연성과의 공통된 성격이다. 그래서 탄생에 있어서 탄생의 울음소리를 듣는 것처럼 현실성은 우연성에 있어서 큰 소리로 부르짖어 자기를 언명하는 것이다. 우연성이 허무성에도 불구하고 현실성을 가지는 것은 두드러진 성격이다. 그에 반해서 가능성은 비현실 안에 있으면서 자기의 정당한 실재성의 권리에 근거해 현실로의 통로를 동경하고 있는 것이다. 비현실과 허무 사이에 영원히 죽어 있는 불가능성으로 해서 현실로 향해서 비약하게 하는 것은 우연성이 지닌 신통력(神通力)이다.

7. 세 종류 체계의 개괄

이상의 고찰을 회고하며 양상성의 제1, 2, 3의 체계의 특징을 개괄해 두고자 한다. 제1체계에 있어서는 필연성과 우연성은 현실성의 지평에 있어서 모순대립을 이루는 한 쌍의 양상으로 보여지고, 가능성과 불가능성은 비현실성의 지평에 있어서 모순대립(矛盾對立)을 이루는 한 쌍으로 보여진다. 제2체계에 있어서는 필연성과 불가능성은 반대대립(反對對立)을 구성하면서 확증성의 성격에 있어서 유사관계에 있는 한 쌍의 양상으로 보여지고, 가능성과 우연성은 소반대대립(小反對對立)을 구성하면서 문제성의 성격에 있어서 유사관계(類似關係)에 있는 한 쌍으로 보여지고 있다. 제3체계에 있어서는 필연성과 가능성은 실재성의 차원에 있어서 대소대립의 접근관계에 있는 것으로서 한 쌍의 양상으로 보이고, 우연성과 불가능성은 허무성의 차원에 있어서 대소대립(大小對立)의 접근 관계에 있는 한 쌍으로 보여지고 있다.

세 종류의 체계를 다음과 같은 도형으로 나타낼 수 있다. 약자 및 기호는 다음과 같다.

    R   현실성 Realitas
    R′   비현실성 Non-Realitas
    N   필연성 Necessitas
    C   우연성 Contingentia
    P   가능성 Possibilitas
    I   불가능성 Impossibilitas
    +   실재성 = 有
    -    허무성 = 無

1.

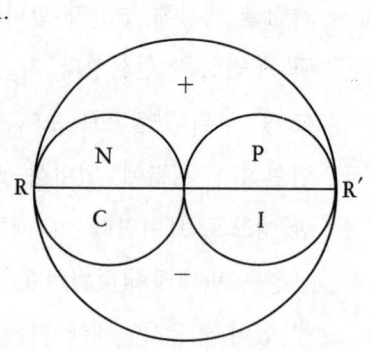

2.

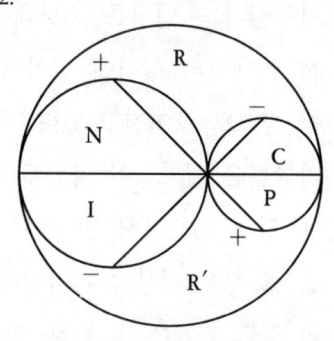

3.

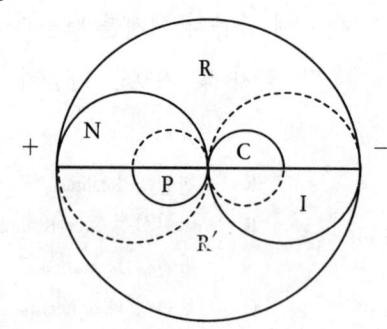

위의 그림을 간단히 설명해두자.

(1) 제1체계. 가로선의 상하는 모순대립을 이룬다. 위

부분은 실재성(+)을, 아랫부분은 허무성(-)을 표시한다. 왼쪽 방향은 현실성(R)을 오른쪽 방향은 비현실성(R´)을 나타낸다. 필연성(N)과 우연성(C)은 현실성의 측면에서 모순대립하고 필연성은 실재성의 영역에, 우연성은 허무성의 영역에 속한다. 가능성(P)과 불가능성(I)은 비현실성의 측면에 있어 모순대립하고 가능성은 실재성의 영역에 불가능성은 허무성의 영역에 속한다.

(2) 제2체계. 가로선의 상하는 현실성(R)과 비현실성(R´)을 나타낸다. 좌우의 대립에 모순대립의 관계가 나타나고 있다. 다만, 현실성의 범위 내에 있어서는 왼쪽은 실재성(+)을 오른쪽은 허무성(-)을 나타내고, 비현실성의 범위 내에 있어서는 그 반대로 왼쪽은 허무성을 오른쪽은 실재성을 표시한다. 필연성(N)과 불가능성(I)은 반대대립을 이루고, 우연성(C)과 가능성(P)은 소반대대립을 이룬다. 반대대립의 큰 원은 확증성을 표시하고 소반대대립의 작은 원은 문제성을 나타낸다.

(3) 제3체계. 원의 중심에서 왼쪽은 실재성(+)을 표시하고, 오른쪽은 허무성(-)을 표시한다. 가로선의 위 부분은 현실성(R)을, 아래 부분은 비현실성(R´)을 표시한다. 필연성(N)의 큰 원은 가능성(P)의 작은 원을 포섭해서, 실재성의 영역에 있어서 대소대립을 이루고, 불가능성(I)의 큰 원은 우연성(C)의 작은 원을 포섭해서 허무성의 영역에 있어서 대소대립을 이룬다. 필연성과 우연성은

현실성의 범위 내에 있어서 모순대립을 이루는 것이기 때문에 비현실성의 범위 즉 가로선에서 아래 부분에 있어서는 필연성의 큰 원과 우연성의 작은 원은 점선에 의해서 비소속성을 표시한다. 마찬가지로 불가능성과 가능성은 비현실성의 범위 내에 있어서 모순대립을 이루는 것이기 때문에 현실성의 범위 즉 가로선에서 위 부분에 있어서는 불가능성의 큰 원과 가능성의 작은 원은 점선에 의해서 비소속성을 표시하고 있다. 이상은 그림의 설명이다.

또한 우연성에 관해서만 세 가지 체계에 있어서의 관계를 말하면, 우연성은 제1체계에 있어서는 필연성과 모순되는 현실로 볼 수 있고, 제2체계에 있어서는 가능성에 유사한 문제적인 것으로 볼 수 있고, 제3체계에 있어서는 불가능성에 포섭되려고 하는 허무적인 것으로 보이고 있다. 182쪽의 도형에 따라서 우연성의 이러한 관계를 도시하면 다음과 같다.

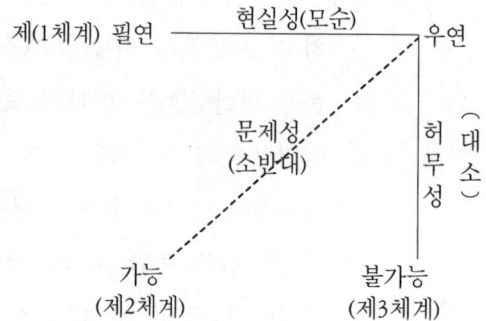

또한 양상성의 세 체계는 각각 다른 입각지로부터 여러 양상을 보고 있는 것으로 각 체계 모두 다 그 특색을 가지고 있다. 하나를 취하고 다른 것을 버릴 수 있는 성질의 것은 결코 아니다. 우연성의 구조도 이 세 가지 관점에서 종합적으로 관찰해서 비로소 완전히 파악되는 것이다. 세 가지 체계의 협력을 역설할 만하다.

8. 우연의 유희와 개연성의 개념

이상에서 우리는 주로 가능성 내지 불가능성의 관계에 기초해서 우연성을 고찰해 왔는데 이러한 고찰은 주어진 현실 혹은 존재의 배후에 서서 발전 동향을 출발점에서 살피는 것을 의미한다. 거기에는 현실 혹은 존재를 이접적 입장에서 보지 않으면 안 된다. 갑은 을인가, 병인가, 정인가라고 하는 것처럼 이접적인 가능성을, 다시 또 불가능성을, 현실의 배경으로 하는 것이다.

주사위 눈을 가지고 이접적 가능성을 받아들여 우연의 놀이를 하는 경우를 생각해 보자. 대체로 주사위가 나타내는 일정한 면을 우연의 성격을 가진 것으로 하는 것은 여섯 가지의 가능성을 배경으로 해서 생각하기 때문이다. 즉, 다른 다섯 가지도 있을 수 있다고 생각되기 때문이다. 과연 확률론은 거기에 무엇인가의 항상성을 요구하여 우연을 제외하려고 하는 것이다. 그렇지만 그 이른바 우연을 제외한다고 하는 것은 무엇인가? 확률이란 무엇인가?

하나의 사건이 발생할 확률이란 그 사건이 발생하는 데 적합한 경우의 수가 전체의 가능한 경우의 수에 대한 비율을 일컫는 것이다. 즉 적합한 경우의 수를 전체의 가능한 경우의 수로 나누어 얻는 몫이 확률이다. 그 때문에 주사위 놀이에 관하여 확률론이 규정하는 점은 일정한 주사위 숫자의 출현 및 불출현이 모두 가능한 경우와 주사위의 그 숫자가 출현하는 '알맞은' 우연적인 경우와의 사이에 존재하는 수량적 관계에 불과하다. 거기에는 주사위가 완전히 동질이고 대칭인 경우와 완전함이 조금 결여되어 있는 경우에 차이가 있지만 완전하다고 가정해서 선험적 확률로 둘 수 있는 개연법칙은 단지 각각의 주사위의 각 면의 숫자가 나타내는 것이 1/6의 확률이 있다고 할 뿐이다. 여섯 번에 대해서 한번 나타나는 것이 개연적이라고 할 뿐이다. 그래도 이론상의 수량 관계는 실제에 있어서는 무수한 경우의 총계에서 이념적으로 타당할 뿐이다. 횟수가 적으면 극단적으로 치우치는 경우까지도 있을 수 있다. 또 혹 그 주사위를 가령 1만 번에 걸쳐 실험해 본 결과 1인 면의 확률이 9/60이고, 반대 면인 6인 면의 확률이 11/60임을 알았다고 하면 그것이 이른바 경험적 확률이다. 이 경우 경험적 확률은 앞의 선험적 확률 1/6보다도 객관적 가치를 많이 갖고 있는 것이지만, 그러나 결국은 동일한 성질의 것이다. 확률의 선험성(先驗性), 경험성(經驗性) 어느 것에도 관계없이 개연 법칙은 이른 바 거시적(巨視的) 지평에서 성립하므로, 미시적(微視的) 지평에서 각각의 경우에 어떤 항목이 나오는가 하는 우연적 가변성은 여전히 엄존해 있는 것이다.

또 확률론의 기초개념인 개연성(蓋然性)의 의미에 대해서도 조금 고찰하고자 한다. 개연성은 철학적[질적] 개연성과 수학적[양적] 개연성의 둘로 나누는 것이 보통이다. 확실성에 도달하지 않는 것을 개연성이라고 하는 것인데, 개연성에 대해서는 많다 적다라고 말한다. 많다 적다 말하는 것은 양적인 것이라고 생각하면, 개연성은 본질적으로는 모두 양적 개연성인 것이 된다. 그러나 엄밀한 수량 규정을 허용하는 경우와 그렇지 않은 경우가 있다. 엄밀한 수량 규정을 허용하지 않는 경우를 철학적 또는 질적 개연성(質的蓋然性)이라 하고, 엄밀한 수량 규정을 허용하는 경우를 수학적 또는 양적 개연성(量的蓋然性)이라고 하는 것이다.[29] 철학적 개연성은 유비추리(類比推理)와 귀납적 추리에서 가장 잘 나타나는데, 수학적 개연성은 확률론의 주제를 이루고 있다.

또 개연성이란 것은 그 개념 속에 확실성으로의 접근이라는 계기를 포함하고 있다. 유비추리라든가 귀납

---

29) W. Wundt, *Logik*. I. 4. Aufl. S. 419~422; Cournot, *Théorie des Chances et des Probabilités*, 1843. pp.427~428, 437~440; R. Berthelot, *Un romantisme utilitaire* I, 1911, pp.311~312.

추리가 개연성으로부터 확실성에 접근하는 사실에 비추어보아도 분명하다. 이 성격과 더불어 협의의 개연성이란 특히 확실성이 절반보다 큰 경우에만 적용할 수 있는 개념이다. 따라서 확실성이 절반보다 작은 경우에는 비개연성이란 개념이 생긴다.

칸트의 개연성의 정의는 이러한 협의의 것이다. 칸트에 따르면, "개연성이라고 말하면, 불충분한 근거에 의한 인정이라고 해석할 수 있다. 그러나 그 경우 불충분한 근거가 충분한 근거에 대한 비율은 반대의 근거가 충분한 근거에 대한 비율보다 큰 것이다." 따라서, "개연성은 확실성의 절반보다 크다.(mehr, als die Hälfte der Gewissheit)"30) 또 칸트는, "불충분한 근거가 충분한 근거에 대한 비율을 정할 수 있는 것은 수학자뿐이다."31)고 하는 이유에 기초해서, 개연성의 개념이 수학의 영역에 정당하게 속할 수 있는 것을 설명했다. 수학의 영역에 있어서의 개연성, 즉 확률론이라고 하는 개연성은 협의의 개연성과 비(非)개연성을 총괄한 전체에 해당한 광의의 개연성이다.

라플라스에 의하면, "전체의 가능한 경우의 수에 대한 알맞은 경우의 수의 비(比)가 개연성의 정도이고, 개연성이란 알맞은 경우의 수를 분자로 하고 전체의 가능한 경우의 수를 분모로 하는 분수임에 틀림없다."32)고 한다. 쿠루노의 표현방식에 의하면 개연성이란, "사건에 알맞

30) Kant, *Logik*, hrsg. v. Jäsche, 3 Aufl. S.90~91.

31) *ibid.*

32) Laplace, *Essai philosophique sur les probabilités*, I, Paris, Gauthier-Villars. 1921, p.6.

은 우연의 기회의 수가 우연인 기회의 총수(總數)에 대한 비"33)이다. 요컨대 개연성이란 수량관계를 본질로 하는 한 개연량(蓋然量)으로서의 확률임에 틀림없다. 미제스는 개연성을 정의해서, "일정한 징표가 나타나는 상대적 빈도수의 극한치를,(단, 그 극한치는 개개선택에 대해 무감각한 것이 아니면 안되는데) 그런 극한치를 고찰할 수 있는 집합 내에 있어서의 이 징표가 나타나는 개연성이라고 한다."34)고 말했다. 상대적 빈도수(relative Häufigkeit)란 라플라스가 말한 분수에 상응하는 것인데, 미제스는 경험적 확률, 즉 통계적 확률의 입장에서 상대적 빈수의 극한치를 결정할 수 있는 것을 주안점으로 하고 있다.

극한치가 개소(個所) 선택에 대해서 무감각(gegen Stellenauswahl unempfindlich)이라고 하는 것은, 극한치가 개소 선택에 의해서 아무런 영향도 받지 않는다는 뜻이다. 개소란 계열 중의 어떤 개소, 어떤 부분만을 특히 선택하는 것이다. 개소 선택에 의해서 극한치가 영향을 받는 경우의 예로서, 거리에 100m마다 작은 표지석을 세우고, 1000m마다 큰 표지석을 세우는 경우를 든다. 그 길을 장거리에 걸쳐 걸어가면 표지석의 계열에서 큰 표지석과 충돌하는 상대적 빈도수의 극한치가 1/10인 것을 알 수 있다. 그러나 혹 표지석의 계열에 선택을 해서, 예를 들면 작은 표지석을 하나 걸러 두게 되면, 큰 표지석의 상대적 빈도수는 이미 1/10은 아니고 1/5로 변해버리는 것

33) Cournot, l.c.p.24.

34) R. von Mises. *Wahrscheinlichkeit, Statistik und Wahrheit*, 1928, S.29.

이다. 즉, 이 경우에는 자유 선택에 의해서 요소의 일부를 특히 전체에서 빼내 그것만을 주의하면 상대적 빈수의 극한치가 그 영향을 받는 것이다. 주사위의 경우에는 그와 같은 것은 결코 없다. 주사위를 잡고 흔들어 한번 던진 것만 고려해도, 상당히 긴 기간 지속한다면 빈도수에 변화는 없는 것이다. 확률론이 문제로 하는 집합은 개소(個所) 선택을 제멋대로 해서 전체 속에서 일부분의 요소만을 빼내서 주의해도 빈도수의 극한치가 불변이라고 하는 요구를 충족시키는 집합이어야 한다. 빈도수의 극한치에 변화를 가져왔다는 것은 계열에 규칙성이 있기 때문이지만, 변화를 초래하지 않는 것은 계열에 불규칙성(Regellosigkeit)이 있기 때문이다. 확률론은 이런 종류의 불규칙성에 관해서 일정의 수량 관계를 발견하고 개연성의 정도를 규정하는 것이다.

대체로 개연량은 분수인 것을 본질로 하기 때문에, 1보다 작고 0보다 크다. 즉 최대값은 1로서 확실 또는 필연을 의미하고, 최소값은 0으로 불가능성을 의미한다. 칸트가 개연성의 성립에 관해서 불충분한 근거가 충분한 근거에 대한 비율은 반대의 근거가 충분한 근거에 대한 비율보다도 크다고 했고, 또 개연성은 확실성의 반보다도 크다고 했던 것은 1/2 이상을 개연성으로 생각하기 때문이다. 따라서 이미 말한 것처럼 1/2 이하는 비개연성이라고 말할 수 있다. 이러한 0.5 이상의 개연성이 협의의 개연성이고, 확률론을 취급하는 개연성은 1과 0의 사이 전체에 타당한 광의의 개연성이다. 또한 개연성이 필연성과 불가능성의 사이에 위치를 차지하고 있는 이상, 불가능성과 우연성에 대한 관계가 고찰되지 않을 수 없다. 가능성과 우연성은 광의의 개연성의 임의의 정도인 바에, 이를테면 배중합(背中合)에 서있는 것이다. 가능성은 1의 방향을 향하고, 우연성은 0의 방향을 향한다.

이상의 관계를 다음과 같은 도형으로 표시하자. 대립관계에 대해서는 203쪽에 이미 도시해 두었다. 소반대대립의 가능성과 우연성은 아래의 그림에서는 편의상 0.5 이하에 위치를 차지하고 있고, 1과 0과의 사이에 임의의 점에 위치할 수 있다는 것은 말할 것도 없다.

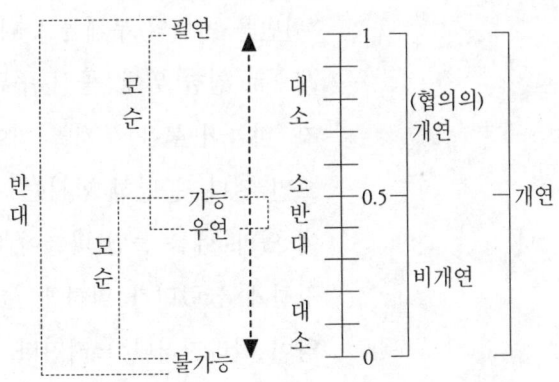

확률론이 불규칙성에 관해서, 거시적 지평에 있어서 개연 법칙을 발견하면서, 그 불규칙성, 즉 우연적 가변성

을 미시적 지평에 있어서 개개의 경우로부터 제외할 수 없는 점에, 우연성 문제의 철학적 제출에 대한 확률론의 근원적 무력(無力)이 있는 것이다.

원래 미시적으로 보아 개개의 경우에 주사위가 나타내는 면은 주사위, 던지는 방법, 공기의 저항, 내던져진 평면 등의 물리적 성질에 의해서 필연적으로 규정될 것이다. 그렇기는 하지만 궁극적인 입장에 있어서 다른 필연성의 인과적 계열도 취할 수 있다고 생각할 수 있는 점에서, 이제 현실로서 주어졌던 인과계열이 절대성을 반드시 가지는 것은 아니라고 생각할 수 있는 점에서, 즉 가능성과 현실과의 사이에 어긋남이 있다고 생각하는 점에서 우연성이 존재하는 것이다.

뽀앵까레는 룰렛 놀이에 관해서 다음과 같이 말한다. "원반을 백개의 부채꼴로 나누고 번갈아 붉은 색과 검은 색으로 칠한 위에, 중심 주위에 바늘을 회전시킨다고 하자. 바늘이 붉은 부채꼴 위에 멈추면 이기고, 그렇지 않으면 진다. 분명히 만사는 우리가 바늘에 준 처음 압력에 있다. 예를 들면 바늘이 10 또는 20 회전할 때 처음에 강하게 눌렀던가 약하게 눌렀던가에 따라서 멈추는 모양이 빨라지거나 느려진다. 다만 처음에 누른 힘이 1천분의 1 혹은 2천분의 1 틀린 만큼 바늘은 혹은 검은 부채꼴의 위에 멈추거나 혹은 그 다음 붉은 부채꼴의 위에 멈춘다. 이것은 근육의 감각에 의해서는 감지할 수 없고,

다시 미묘한 기계를 가지고서도 측정할 수 없는 근소한 차이 때문이다. 따라서 지금 움직인 바늘이 어떻게 움직일지는 예견할 수 없다. 그렇다면 그거야말로 가슴 뛰면서 전체를 우연에 맡기고 기다리는 것이다."35)

대개 우연이 우연인 이유는 바늘이 붉은 색 위에 멈출 때 검은 색 위에도 멈출 수 있다고 생각하고, 검은 색 위에 멈출 때, 붉은 색 위에 멈출 수 있다고 생각하는 데 있다. 그러나 이렇게 생각하는 것은 꼭 뽀앵까레의 말과 같은 이유에 의한 것은 아니다. 처음에 누른 힘의 근소한 차이가 미묘한 기계를 가지고도 측정하기 어렵고, 따라서 바늘이 어떻게 움직일지를 예견할 수 없다고 하는 주관적 이유 때문만은 아니다. 우연성은 사실에 관한 인식부족과 같은 근거를 가지고 있는 것은 아니다. 유희자(遊戱者)의 가슴을 뛰게 하는 참된 우연성은, 오히려 처음에 누른 힘 그 자체에 관해서, 사실로서 주어진 일정한 강도가 반드시 절대적 필연성을 가지고 있지 않다고 하는 점에(다른 강도도 있을 수 있다고 하는 점에) 있는 것이다. 즉 다른 강도가 있다고 생각해도 아무런 모순도 없다고 하는 점에 있는 것이다.

구체적인 예를 다시 경마(競馬)에서 살펴보자. 경마가 이른바 "우연의 승부"라는 것은 부정할 수 없다. 물론 경마에서 우연을 배제하려는 경향이 없다고는 말할 수 없다. 키쿠찌 히로시(菊池寬)의 『나의 경마 철학』36)에 의하

---

35) Poincaré, Science et Méthode, pp.70-71.

36) 文藝春秋社 發行, 『話』, 1935년 5월호 소재

면, "잘 감정한 결과인 배당은 금액의 다소에 관계없이 그 득의는 크다. <u>요행수의 배당은 가령 2백엔이라도, 투기적인 것</u>으로서, 올바른 마권(馬券) 팬의 공적(功績)에 마땅한 것이 아니다." "백이삼십엔의 손실이라도 공적인 이상은 이백엔에 해당하는 것이다. 이백엔의 배당에도 공적인 이상은 시시한 것이다. 새로운 말에 이백엔을 요행수로 얻은 것과, 다만 돈을 주운 것과 그다지 틀리지 않는다." "써러브레드가 뭔지도 모르고 마권을 준 사람이어서 마음 아플 것이다. 말의 혈통, 기록 등을 조금도 연구하지 않고, 마권을 하는 것은 노름꾼이다."

논자는 경마를 우연의 놀이로서 향락하는 것에는 반대하는 듯이 보인다. "같은 시기에 개최해서 끝난 각 경마의 성적을 정성껏 조사하자. 그 덕택으로 예상외의 결과를 하나 둘 얻을 수 있다." 논자는 통계에 의해서 개연법칙을 세우고 승패 그 자체에서 생길 수 있는 우연을 제외하려고 하고 있다. 이 태도는 배당의 많고 적음으로부터 우연을 제외하려는 태도와 일치한다. "프랏세의 배당이 많고 적음은 대부분은 다른 인기마의 입선 여하에 달려있다. 그 점에 있어서 보다 <u>우연적</u>이다. 오히려 1등만을 맞히는 예상외의 결과를 노리는 것만 못하다."

논자가 한편으로 '감정가'의 입장에 선 것과 함께, 다른 한편으로는 이익을 기대하는 마권을 거는 입장에 설 때, 경마에서 우연을 배제할 것을 계획하는 것은 당연한 것이다. 그러나 그것에 성공할 것인가?

논자는 마지막으로, "마권을 걸고 이기는 것은 대단하다. 다만 자기가 무리하지 않는 희생으로 마권을 즐기는 것, 이것이 경마 팬의 바른 길이다. 경마팬은 큰 부자가 없을 뿐만 아니라, 2~3년에 걸쳐 경마장에 출입하는 사람은 꽤나 자금력이 있는 사람이라고 한다. ……마권을 거는 것은 방탕이며 돈 낭비이다. 실제 돈을 벌지 않는다고 하면 올바른 가업을 힘쓰는 것만 못하다."고 말하고 있다. 이것은 개연 법칙의 거시성이 미시적 우연의 제거에 성공하지 않는다는 것을 말하고 있는 것이다. 따라서, '감정'(鑑定)의 역설에도 불구하고, '도박꾼'의 배척에도 불구하고, '경마의 묘미'는 적어도 절반이 여전히 우연의 놀이에, '우연의 승부'에 있는 것을 인정하고 있는 것이다.

그렇다면 경마에 내재하는 우연이란 어떠한 성격의 것인가? 주사위의 경우와 마찬가지로 미시적 우연은 거시적 지평에 있어서만 성립하는 것으로서, 미시적 지평에 있어서는 말의 도착 순서는 전부 인과적 결정을 가지고 있다고도 할 것이다. 그렇다면 실제문제로서의 우연성은 인식의 불충분성에 의존하는 주관적인 것으로 해소되어버릴 것이다. 이러한 우연성은 객관적인 인식정도에 따라서 주관적으로 정도를 다르게 하는 것이고, 심적 기구 전체와 관련해서 우연성의 심리학적 연구 대상을 구성할 뿐이다. 게다가 또 이러한 주관적 우연과는 독립되어 있는, 철학적으로는 객관적인 우연성이 존재하고 있다.

A말이 1등을 차지했을 때, A말의 1등은 반드시 절대적 필연성을 가지고 있지는 않다. A말이 2등이라든가 3등인 경우를 생각하는 것이 논리적으로 모순을 포함하지 않는 한, A말이 1등한 사실에 우연성이 존재하는 것이다. 인과적 결정이 모든 세목에 있어서 존재하고, 동시에 만약 그것을 모두 인식할 수 있다면 예상되는 등수도 모두 인식할 수 있다는 뜻이므로 그 경우 경마는 시간적 경과로서는 성립하지 않을 것이다. 그렇기 때문에, 결승선에 있어서 처음 보이게 되는 바의 우연성은 상실되었어도, 또한 출발선에 있어서 여전히 우연성이 존재하고 있는 것이다. 각 말이 출발선에 나란히 설 때, 그 멤버에서 이미 도착순서도, 차이도 결정되어 있기 때문에 경마 그 자체를 할 필요는 없다. 결승선은 출발선과 일치해버린다. 출발선과 결승선의 사이에 개재하는 시간의 연속은 완전히 배제되어버린다. 게다가 또 그 경우의 각 결정이 다른 결정으로도 있을 수 있다는 점에 이접적 우연의 우연성이 여전히 존재하는 것이다.

이러한 이접적 우연은 공허한 우연성 또는 공허한 가능성으로서 멸시되는 경우도 적지 않다. 헤겔에 의하면 이런 종류의 가능성은 구체적 현실에 대해서 단순한 추

상이고 모순되지만 않으면 모두가 가능하게 된다. 모순
되지 않는다고 하는 이 형식은 구체적 관련에서 내용을
분리시키기만 하면 어떠한 내용에도 부여될 수 있는 형
식이다. 따라서 가장 불합리한 것까지도 가능하다고 생
각될 수 있기도 하다. 공중에 던져진 돌이 떨어지는 것
처럼 오늘밤, 달이 지구로 추락하는 것도 가능하다. 터키
왕이 그리스도교로 개종해서 카톨릭 사제가 되고, 로마
교황이 된다는 것도 가능하다. 단순히 형식적으로, '무엇
무엇이 가능하다.'고 하는 말은 천박하고 공허한 것이다.
"특히 철학에 있어서는, 무엇 무엇이 가능하다든가, 또는
역시 다른 것도 가능하다라고 말한다든지, 또는 사람들
이 곧잘 말하는 것처럼 무엇 무엇을 생각할 수 있다고
말한다든지 하는 따위와 같은 것이 있어서는 안 된다."37)

그러나 우리는 반대로 생각할 수도 있다. 헤겔이 말하
는 것처럼 구체적 관련에서 내용을 전혀 별개의 것으로
하지 않아도 어느 정도의 구체성을 보유한 채 이접적 가
능성, 따라서 이접적 우연성을 생각할 수 있다. 터어키왕
이 로마교황이 된다는 것을 생각하지 않아도 미솔롱기
를 포위했던 이브라힘파샤가 우연히 포탄에 맞아 죽고,
터어키군이 포위를 풀고, 바이런이 객사하지 않았다는
경우를 생각하는 것도 꼭 불합리한 것만은 아니다.38)

또 반대로 구체적인 것을 충분히 벗어나지 못하고 중
도에 그만두기 때문에 불합리가 생기는 경우에는 다시

37) Hegel, *Encyklopädie*, hrsg., v. Bolland, 1906, §143, S.191~192; *Wissenschaft der Logik*, hrsg. v. Lasson, II, S. 171.

구체적인 것을 이탈해서 추상으로 가는 것에 의해 불합리성을 해소할 수 있다. 오늘밤, 달이 지구로 떨어진다고 하는 것은 더욱 분명하게 시간과 공간의 구체성에 수고를 끼치고 있다. 우리는 우주의 생성에 있어서 달이 만들어지지 않았던 경우를 생각한다 해도 반드시 불합리한 것은 아니다. 지구도 만들어지지 않고 인간도 생기지 않았던 경우를 생각한다 해도 그것이 불합리하다고는 말하지 않는다. 천문학은 달이 지구에 대해서 지나치게 커서, 혹성의 위성으로서 오히려 예외인 것을 가르치며, 또 항성이 중성(重星)이 되지 않으며, 하나의 태양을 중심으로 해서 여러 혹성이 회전하고 있는 우리의 태양계가 항성 생성의 법칙에 예외를 이루고 있는 것을 가르치고 있다. 진화론이 동물에서부터 인간으로의 진화를 설명하는 배경에도 인간으로의 진화가 행해지지 않은 유인원(類人猿)이 생물에서부터의 발전의 정점을 이룰 가

---

38) 역주 : 그리스 독립전쟁(1821~1832) 도중에 있었던 일. 18~19세기의 러시아-투르크 전쟁, 프랑스 혁명, 알리파샤 술탄의 반란 등으로 그리스 독립운동의 여건이 조성된 다음, 1821년 남부 러시아의 오데사에서 비밀결사가 탄생했다. 이에 호응하여 일어난 펠로폰네소스의 반란이 파트라스의 대주교 게르마노스의 지도로 클레프트·아르마톨이 합세하여 성공을 거두자, 그리스의 독립전쟁(1821~29)으로 발전했다. 독립군은 D. 입실란티스의 지휘로 각지에서 투르크군을 구축하였으며, 드디어 22년 1월 그리스 독립이 선언되었다. 투르크는 그리스인을 대량 학살하였는데 이를 계기로 유럽의 여론은 압도적으로 그리스 편을 들게 되어, 시인 L.바이런을 비롯해서 사재(私財)를 털어 의용군에 참가하려는 사람들이 줄을 이었다. 투르크는 이집트에게 구원을 청하여, 24년 정예를 자랑하는 이브라힘파샤군(軍)이 펠로폰네소스에 상륙해서 점령을 시작한 결과 미솔롱기는 1년 간의 항전 끝에 결국 26년 4월 함락되었고, 뒤이어 아테네도 포위되었다. 바로 이 미솔롱기에서 의용 참전했던 바이런이 열병으로 죽었다. 그리스의 독립은 29년 아드리아노플 화약(和約), 30년 런던회의에서 보장되었다. 그 동안에 그리스의 내분도 진정되고, 전(前) 러시아 외상 카포디스트리아스가 대통령이 되었으나 암살되었고, 바이에른 출신의 오토 1세(재위 1832~62)가 국왕으로 옹립되었다.

능성과 같은 것도 생각하고 있는 터이다. 또한 철학이 '무'(無)에 대해 고찰하는 경우에도 배중율에 의한 이접 관계를, 혹은 무엇인가 초논리적인 사유 가능성을, 예상하고 있지 않으면 안 된다.

럿셀은 다음과 같이 말한다. "경험을 기초로 하는 인식작용은 현실을 개체적으로 정한다. 공간적 시간적으로 실존하는 것으로서 정한다. 이 시간위치에 있어서 이 지속과 일정한 현실 내용을 가진 어떤 것으로서 정한다. 그래서 이와 똑같은 현실은 그 본질에 따라 어떠한 임의의 장소에서도, 어떠한 임의의 형태를 가지고 있을 수 있었던 것이다. 마찬가지로 또 그 현실은 사실상은 변하지 않고 있어도 변할 수 있는 것이다. 또는 실제로 변한 것과는 다른 방법으로 변할 수 있는 것이다. ……그것은 그 본질상 다른 것일 수 있는 것이다. 어떤 일정한 자연 법칙이 타당할 것이다. 그래서 그 자연 법칙에 따라 이러이러한 현실적 사태가 실제로 있다면 이러이러한 일정한 귀결이 실제로 없을 수 없는 것이다. 그러나 이러한 법칙은 단순히 사실상의 규정을 언표하고 있을 뿐이다. 그 규정은 그 자체 완전히 달리 말하는 것도 가능한 것이다. 그래서 그 규정은, 가능적 경험의 여러 대상의 본질에 미리 속하는 것으로, 그 규정에 의해서 지배되는 듯싶은 여러 대상은 그 자체에 있어서 보여진다면 우연적인 것을 이미 가정하고 있는 것이다."39)

39) Husserl, *Ideen zu einer reinen Phänomenologie*, S. 8-9.

벤노 에르트만도 마찬가지로 말한다. "현실은 그것이 존재하고 있는 것과 같은 모습으로, 인과관련에 따라서 필연적으로 되는 것이다. 그렇지만 이 필연성은 결코 어디에도 유일한 가능적인 것은 아닌 것이다."40) 아우구스트 파우스트도 말한다. "모든 세계내적 존재(世界內的存在)의 구체적 내용 충실이 또 무언가 개념적으로 이해될 수 있게 되면, possibilitas logica(논리적 가능성)이라고 하는 따위의 극히 내용 빈약한 추상적인 개념이 확실히 불가결(不可缺)한 것임을 알 수 있는 것이다."41)

논리적 가능성, 따라서 이접적 우연성을 용인하는 궁극적인 입장에 있어서는 이 클로버의 세 잎이 아니고 네 잎인 것도 우연이고, 아사마(淺間)산42)이 단층산(斷層山)도 아니고 습곡산(褶曲山)도 아니고 화산(火山)이라는 것도 우연이다. 토요토미히데요시(豊臣秀吉)가 쿄오토오도 오사카도 아니고, 또 그 외 다른 곳도 아닌 오와리(尾張)의 나카무라(中村)에서 태어난 것도 우연이다. 라이프니츠는 무수한 세계가 가능했던 것을 서술하고, 섹스투스 타르퀴니우스가 도우라키아에 태어나 전국민이 존중하고 숭배하는 가장 행복한 인간이 되는 세계도 가능하고, 코린트에서 태어나 시민에게 사랑을 받으면서 평범하게 늙어 가는 세계도 가능하고, 로마에 태어나 남의 아내를 범하고 추방당한 신세가 된 세계도 가능하고, 그 외 모든 종류의 무수한 형태의 섹스투스(Sextus de toute espèce,

---

40) Benno Erdmann, *Logik*, 3 Aufl. S. 488.

41) August Faust, *Der Möglichkeitgedanke*, II, S. 59.

42) 역주 : 나가노(長野)와 군마(群馬)현 경계에 있는 3중식 성층 원추화산. 높이 2560미터 685년 이래 지금까지 여러 번 분출한 일본의 대표적 활화산.

43) Leibniz, *Théodicée*, Ⅲ. §§414-416, Opera philos., de. Erdmann, pp.622-624.

역주 : 섹스투스 타르퀴니우스 Sextus Tarquinius고대 로마의 전설에 등장하는 인물. 그는 루씨우 타르퀴니우스 콜라티누스의 아내 루크레티아를 납치했다. 그녀의 아버지와 남편에 의해서 복수가 이루어진 다음 그녀는 자살했다. 루씨우스 주니우스 브루투스가 분노한 집단을 이끌고 혁명을 일으켜 타르퀴니우스 가문을 로마로부터 축출했다. 이 이야기는 셰익스피어의 극으로 만들어졌다.

44) Diels, *Die Fragmente der Vorsokratiker* Ⅰ. Herakleitos, Fr. 52.

et d'une infinité de façons)를 포함한 무수한 세계가 있을 수 있다고 했다.43)

실제 우리는 아메리카사람으로도, 프랑스사람으로도, 이디오피아사람으로도, 인도사람으로도, 중국사람으로도 기타 어떤 나라의 사람으로도 존재할 수 있다는 것이다. 우리가 일본인이라고 하는 것은 우연이다. 우리는 또한 벌레로도, 새로도, 짐승으로도 될 수 있는 것이다. 벌레도 아니고, 새도 아니고, 짐승도 아니고, 인간이라고 하는 것은 우연이다. 『잡아함경』(雜阿含經)(권15)은 인간으로 탄생하는 우연성을 교묘하게 비유하고 있다. 커다란 바다에 자맥질하고 있는 무한한 수명의 눈먼 거북이가 백년에 한번 그 머리를 내민다. 또 구멍이 하나만 뚫린 나무토막이 바다 가운데를 떠다니다가 바람이 부는대로 이리저리 간다. 인간으로 태어나는 것은 이 눈 먼 거북이가 머리를 위로 내밀 때, 때마침 이 나무의 구멍을 만나는 것과 같은 것이라고 한다. 이접적인 가능성의 하나인 이접지가 주사위의 눈처럼 내던져진 것을 생각하면, 집착하지 않는 자재(自在)인 범(梵)이 <u>유희를 위해</u> 조화 변화한다고 생각하는 수론유가설(數論瑜伽說) 내지 폐단다파(吠檀多派)의 철학에서도 심원한 의미를 보일 수 있다. 헤라클레이토스도, "시간은 장기 놀이를 하는 어린이이다."44)라고 했다.

요컨대 이 종류의 우연성은 이접적 가능성의 한 이접

지가 현실로서 눈앞에 정해진 경우에 그 현실이 가능성 전체에 대해서 따라서 또 불가능성에 대해서 가진 바의 관계이다. 그래서 이접적 가능성이 불가능성의 반대를 무릅쓰고 현실성에 통합되는 추이의 스피드에 우연의 유희의 유선형(流線型)이 감촉되는 것이다.

9. 우연성의 시간 성격

양상성의 논리가 시간성과 깊은 관계를 가지고 있는 것은 오스카 벡커도 주의했지만[45], 우리에게 있어서는 우연성의 시간성격을 천명하는 것이 특히 중요한 의의를 갖는다. 우연의 시간적 한정, 특히 가설적 우연의 동시성 및 계기성(繼起性)에 대해서는 앞서 서술했다.(2장 17절 참조) 그러나 우연은 다른 제 양상에 대해서 시간적 지평에 있어서 대체로 어떠한 특수한 성격을 가지는가? 시간의 지평에 있어서 다른 제 양상과 우연성의 관계를 고찰하는 것에 의해서 우연성의 구조를 다시금 명확하게 할 수 있다.

우선, 가능성은 "미리"라는 도식에 의해서 미래의 시간성격을 가지고 있다. 가능성과 미래의 관련을 강조하는 철학자에는 하이데거가 있다.[46] 하이데거 철학의 중심점은 기투(企投: Entwurf)로서의 관심 및 선구(先驅:

---

45) Oskar Becker, *Jahrbuch f. Philos. u. Phän.* F. XI, S. 539.

46) 岩波哲學講座, 九鬼, 『實存의 哲學』, 54~55, 59~77쪽 참조.

Vorlaufen)로서의 결의성(決意性)이라는 관념이다. 기투란 가능성을 가능성으로서 미리 자기의 앞에 던지는 것이다. 실존이 가능성으로서의 가능성으로 존재하는 존재방법이 기투의 양태에 있어서의 관심이다. 선구란 가능성에의 앞서 나감[先驅]이다. 선구에 있어서 가능성은 가능성으로서 터득할 수 있고, 가능성으로서 형성되어 가능성으로서 유지할 수 없으면 안 된다. 가능성을 가능성대로 선취(先取)하고, 가능성을 미리 선구하는 것이 결의(決意)의 선구성이다. 그래서 관심이 선구적 결의성에 의해서, 터득한 기투의 형태에 있어서 근원적으로 양태화(樣態化)되는 것이 관심 자신의 존재성에 기초하는 것인 한, 관심의 주요한 계기는 "스스로 앞서 있는 것"(Sich-vorweg-sein)이지 않으면 안 된다. 관심의 존재론적 의미가 시간성으로서 해석되는 데에 이르러 시간성의 주요 계기도 또한 따라서 미래에 존재하는 것이다. 시간성의 일차적 현상은 미래이다. 시간은 미래에 기점을 가지는 것이다. 시간의 방향은 미래로부터 자기"에게로 오는"(zu-kommen) "장래"(將來: Zu-kunft)를 기초로 하여 이미 존재하는 과거에로 향해 가는 것이다. 가능성의 자기 장래성이 결의의 선구성을 가능하게 하는 것이다. 가능성이 "장래적"인 것은 가능성의 시간성격이 "미래적"이기 때문이다.

그에 반해서 필연성은 "이미"라고 하는 도식에 의해서

과거를 시간 성격으로 갖는다. 아리스토텔레스는 필연적 본질을 "무엇으로 존재하기에 존재한 저 것"(τo τι ἦv εἶναι)이라고 칭한다. 필연적 본질은 단순히 "있다"(ἐστι)고 하는 정도의 것은 아니다. 지금 존재하기 위해 이미 "존재한"(ἦv) 것이다. 본질필연성(本質必然性)을 묻기 위해서는 "무엇으로 존재하는가"(τι ἐστι)라고 묻는 것만으로는 족하지 않다. "무엇으로 존재했는가"(τι ἦv)라는 물음도 포함하는 것이어야 한다. 필연성은 과거로부터의 존속을 시간적 계기로 하고 있다. 플라톤의 이데아는 본질필연성의 전형이고, 이데아를 받아들이기 위해서는 무한한 과거를 회고해서 전세(前世)에 있어서의 직관을 상기(想起: ἀναμνητις)하지 않으면 안 된다. 이데아는 필연자(必然者)이기 때문에 불변의 모습대로 먼 과거에 있어서도 이미 존재하고 있는 것이다. 망각하고 있던 것을 상기해서 먼 과거에 돌아가는 것이 필연자를 목격하는 유일한 방법이다. "태초에 말씀이 있었다."(ἐν ἀρχῇ ἦv ὁ λοΥος)(요한복음 1:1)고 하는 것도 마찬가지다. 로고스의 필연성은 만물의 단서에 있어서 이미 존재하고 있어서 지금 또 변함없다고 생각되고 있는 것이다. 필연성의 시간성격이 과거적인 것은 분명하다. 또한 전개된 현실로서의 필연성을 보는 입장에 있어서도 필연성의 과거적 성격이 상실되는 것은 아니다.

필연성이 현실의 전개라면 필연성은 미래에 위치를

차지하고 있는 것은 아닌가라고 할지도 모른다. 그렇지만 필연성이 현실의 전개라면 현실의 전개이므로 전개된 현실로서의 필연성은 과거의 회상(回想)을 담당하고 있는 것이 아닐 수 없다. 가능성이 늘 미래로의 전망을 갖추고 있는 것과 마찬가지로 필연성은 늘 과거에의 회고를 가진 것이 아닐 수 없다. 대체로 전개란 미래적인 가능성으로부터 과거적인 필연성으로 전개하는 것이다. 아직 전개하지 않은 형태에서, 미래에 있어서의 전개가 "미리" 선취되어 있는 것이기 때문에, 가능성을 미래적이라고 하는 것이다. "이미" 전개한 형태에서, 과거에 있어서의 전개의 경력이 회고되고 있기 때문에, 필연성을 과거적이라고 하는 것이다.

가능성의 시간성이 미래이고, 필연성의 시간성이 과거인 데 반해서, 우연성의 시간성은 "지금"을 도식으로 하는 <u>현재</u>이다. 대체로 미래적인 가능은 현실을 통해서 과거적 필연으로 추이(推移)한다. 가능은 커다란 가능성으로부터 불가능성에 접근하는 지극히 미미한 가능성에 이르기까지 가능의 가능성에 의해서 현실로 이루어진다. 현실은 필연으로 전개한다. 그래서 일반적으로, 가능이 현실면에 <u>마주친</u> 경우가 광의의 우연이다. 가능성이 큰 것이라도 현실면에 마주치는 한에 있어서 조금이라도 우연의 성격을 갖게 된다. 헤겔도, "우연이란 현실이 동시에 단순히 가능으로서 규정되고 있는 것이다."[47]라고

---

47) Hegel, *Wissenschaft der Logik*, hrsg. v. Lasson, II, S. 173.

말하고 있다. 또 본질적 의미의 우연이란 특히 최소의 가능성이, 혹은 불가능성이, 현실면에 마주치는 경우임에 틀림없다. 그래서 현실성이 시간적으로는 현재를 의미하는 한, 우연성의 시간성도 현재이지 않으면 안 된다. 『교행신증』(敎行信證)의 머리말에, "우연히 부탁해서 지금 우연한 것을 얻었고."라고 하고 있는 "지금"이 우연성의 시간적 도식이다. 일반적으로 우연은 현재성에 있어서 창조되는 것이다. 또한 본질적 의미의 우연은 미래적인 가능성 감소의 극한으로서 미래 없는 불가능성의 무(無)로부터, 현재의 비존재적 한 점을 뚫고 홀연 용솟음쳐 나오는 것이다.

우연이 현재에 있어서의 해후인 것은 "곁에 존재하는 것"(Sein-bei)으로서 현전(現前)의 "퇴락"(頹落)을 의미하고 있다고 생각해도 잘못된 것은 아니다. 또한 그 움직임으로서 "추락"(墜落)이라고 생각해도 잘못된 것은 아니다. 그러나 "우연"(Zufall)을 "퇴락"(Verfall) 또는 추락(Abfall)이라고 해석하는 것은 "퇴락" 및 "추락"이라는 용어 중에서 일체의 가치론적 관점을 배제한다고 하는 조건하에서만 허용될 수 있는 것은 말할 필요도 없다.

또한 원시우연(原始偶然)은 "가장 오래된" 우연(170쪽 참조)으로서 영원의 과거를 맡은 것으로 생각될지도 모른다. 또한 장차 올[將來] 수 있는 일체의 우연을 잉태하고 있는 것으로서 미래성(未來性)을 가지고 있는 것으로 생각될지도 모른다. 그러나 원시우연이 과거성(過去性)에 있어서 상기되는 경우에는 원시우연은 필연성으로 양상화되는 것이다. 또한 미래성에 있어서 선취되는 경우에는 원시우연은 가능성으로 양상화되는 것이다. 원시우연이 우연인 까닭은 주어진 "지금"의 순간에 우연한 현재성에 있는 것이 아니면 안 된다. 과거성에 있어서 추구(追求)되는 것은 우연은 아니다. 미래성에 있어서 기대(期待)되는 것도 우연은 아니다. 우연은 단지 현재성에 있어서만 촉발되는 것이 아니면 안 된다. 계기적(繼起的) 우연이 동시적(同時的) 우연에 기초를 두는 것(및 그 점으로부터도 우연의 시간성격을 현재로 논정할 수 있는 것)은 한마디 해두었는데(155~156쪽 참조) 그러한 구조적 사실과는 떨어져 계기적 우연 그 자체만을 떼어놓고 보아도 우연의 현재성을 파악할 수 있다. 계기적 우연에 있어서 계기라고 하는 말에 속아서 무엇인가 지속적인 것을 표상하게 되면 그것은 이미 우연은 아니고, 필연 또는 가능에 속하는 것으로 되어버린다. 계기적 우연이 우연인 이유는 주어진 "지금"의 순간에 있어서 "이미" 주어진 것과 부합하는 그 현재적 성격에 달려 있지 않을 수 없다. 우연성이 성립하는 현재는 "한 점에 있어서 지나가는"(in puncto praeterit)[48] 무(無)와 똑같은 현재이다. 무와 똑같은 현재에 있어서 불안정하게 성립한 점에서 우연성의 불가능성과 공유하는 허무적 성격이 감촉되는

---

48) Augustinus, *Confessiones* XI, §28.

것이다.

벡커도 지적했던 것처럼[49] 현실성은 "직태"(直態: modus rectus)이다. 현실로 걸음을 옮기는 가능성과 현실로부터 걸음을 내딛는 필연성은 다 같이 "사태"(斜態: modus obliquus)이다. 브렌타노는 시간론에 있어서 현재를 "직태"(直態)라고 하고, 미래와 과거를 "사태"(斜態)라고 했다.[50] 현실로서의 현재성은 "바로 볼[正視]" 수 있는데 반해서, 가능성을 가진 미래성과 필연성을 가진 과거성은 현재의 현실성에 선 것이 오른쪽과 왼쪽으로 "곁눈질[斜視]"하는 것에 의해서 비로소 시야에 들어올 수 있는 것이다. 우연성의 시간성적 우위도 거기로부터 귀결한다.

사태(事態)를 유체적(有體的)으로 근원적으로 직시한다면, 필연성의 부정으로서 우연성이 체험되는 것도 아니고, 가능성에 관련해서 우연성이 터득되는 것도 아니다. 현재에 있어서 현실로서의 우연을 바로 보는 것이 근원적 일차적인 원시적 사실이다. 다음 이차적으로 미래로의 움직임으로서 미래적인 가능을 곁눈질하고 과거로부터의 존속으로서 과거적인 필연을 곁눈질하는 경우를 생각할 수 있는 것이다. 말을 바꾸면, 가능성 및 필연성은 자기의 시간성격 그 자체에 의해서, 단순히 곁눈질로 목격될 수밖에 없는 것이다. 바로 볼 수 있는 양상은 한 점에 있어서 현재하는 우연성 정도 밖에 없다. 우연성이

49) l.c., S.539.

50) F. Brentano, *Psychologie vom empirischen Standpunkt*, hrsg. v. Kraus, II, S. 225.

필연성의 부정으로서 또는 가능성의 관련자로서 규정되는 것은 체험의 직접성을 이미 이탈한 논리의 영역에 있어서이다. 체험의 직접성에 있어서는 우연은 정시태(正視態)로서, 직태(直態)로서 현재에 위치를 가지는 한, 시간적 우위를 차지하는 것이다. 또한 순간으로서의 영원한 현재의 고동(鼓動)임에 틀림없는 것이다.

고찰의 결과에 기초해서 가능과 필연과 우연의 시간성격을 다음과 같은 도형으로 표현할 수 있다.

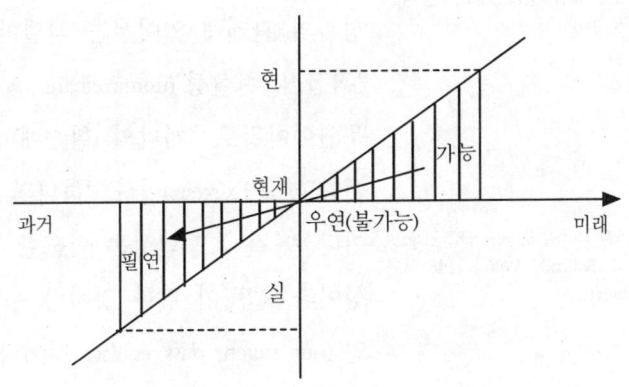

이상으로 우연성의 시간성격으로서 현재성을 파악했고, 동시에 또 우연성과 현실성의 밀접한 관계도 분명하게 되었다고 생각한다. 양상의 제1체계에 있어서는 우연성은 현실성의 정적(靜的) 지평에 있어서 필연성과 모순대립을 이루는 것으로 규정되었다. 제2체계에 있어서는 현실은 동적(動的)으로 문제화되고 문제적 현실의 현실성을 구성하는 것으로서 우연성과 가능성이 소반대대립(小反對對立) 관계로 목격되었다. 제3체계에 있어서는 우연성은 불가능성과 대소대립의 접근관계에 있는 것으로서 허무성의 차원에 있어서 파악되면서 그것과 관계없이 현실의 탄생으로서 자기의 현실성을 높이 부르짖는 것으로 해석되었다.(218쪽 참조) 필연성과의 관계에 있어서 우연성이 단순히 필연성의 부정은 아니고, "필연성의 결여에도 불구하고 또 사실성이 현존하고 있다."는 것이 우연성의 불가결조건인 것은 마이농도 지적했다.51) 가능성과의 관계에 있어서는 헤겔이 말한 것처럼 우연성은, "직접적 현실성"(unmittelbare Wirklichkeit)임에 틀림없다. 우연이야말로 "하나의 현존재"(ein Dasein)이다. "하나의 실존"(eine Existenz)이다. "하나의 직접자"(ein Unmittelbares)이다.52) 결국 우연성은 단순한 현실로서의 현실의 현실성이다. 셸링이 말한 것처럼 우연이란 "있다고 말할 뿐인"(nur sagen, dass es Ist) 것이다. "본질적 의미의 사건"(das Geschehene κατ ἐξοχην)이다.53) 그래서 우연성의 시간성격인 현재성도 또한 실은 단순한 현실로서의 우연의 현실성에 기초한 것이다.

51) Meinong, *Über Möglichkeit und Wahrscheinlichkeit*, 1915, S. 240.

52) Hegel, *Encyklopädie*, hrsg., v. Bolland, 1906, §146 u. zusatz.

53) Schelling, *Sämmtliche Werke*, 1856-1857, Ⅱ, 1, S. 464, Ⅱ, 2, S. 153.

10. 우연성과 경이의 정서

우연성의 시간성격에 관련해서 우연성의 감정가치(感

情當價)를 이해할 수 있다. 먼저 가능성과 필연성의 감정가치부터 고찰해가자. 가능성은 자기의 시간성격인 미래성에 기초해서 불안(不安)의 감정을 가치로서 가진다. 하이데거의 가능성의 철학이 기초적 존재론적 감정형태를 불안하다고 하는 것도 그것 때문이다. 필연성은 그 시간성격인 과거성에 기초해서 평온(平穩)의 감정을 가지고 있다. 미래적 가능성이 과거적 필연성으로 추이(推移)할 때, 불안이라는 긴장적(緊張的) 감정은 평온이라는 이완적(弛緩的) 감정으로 변하는 것이다. 불가능성은 소극적 필연성으로서 필연성의 소극적 일면임에 틀림없다. 가능성을 갖는 불안의 감정은 미래에 있어서 가능한 사건의 성질 여하에 의해서 희망의 쾌감 또는 걱정의 불쾌감이라는 형태를 취하고 있다. 가능성이 긍정적으로 필연성으로 추이한 경우에는 희망은 만족의 감정으로 이완하고, 걱정은 우울의 감정으로 이완한다. 혹은 또 가능성이 부정적으로 소극적 필연성 즉 불가능성에로 전환한 경우에는 희망은 반대로 실망의 감정으로, 걱정은 반대로 안심의 감정으로 이완하는 것이다. 가능성의 감정가치인 희망과 걱정이 공통적으로 불안이라는 긴장을 가진 감정인 데 반해서 필연성(적극적 및 소극적)의 감정가치인 안심, 만족, 실망, 우울은 어느 것도 모두 무엇인가 이완 상태에 있는 평온한 감정이다. 그래서 감정의 긴장성은 가능성의 미래성에 기초하고 이완성은 필연성의 과거성에 기초하고 있는 것이다.

　우연성에 해당하는 감정은 어떠한 감정인가? '기우'(奇遇), '기연'(奇緣) 등의 용어의 존재가 보여주는 것처럼 우연성의 감정가치는 경이(驚異)의 정서이다. 필연성이 평온이라는 고요한 감정을 갖는 것은 문제가 분석적 명석을 가지고 "이미" 해결되어 있기 때문이다. 그에 반해서 우연성이 경이라는 흥분적 감정을 자아내는 것은 문제가 미해결 된 채로 "눈앞에" 던져져 있기 때문이다. 경이의 정서는 우연성의 시간성격인 현재성에 기초하고 있다. 요컨대, 필연은 그 과거적 결정적 확증성 때문에 이완 및 고요한 정적(靜的)인 약한 감정밖에는 가지지 않는데, 가능 및 우연은 문제성 때문에 긴장 및 흥분의 동적(動的)인 강한 감정을 초래하는 것이다. 그래서 가능이 지닌 불안의 긴장적 감정과 우연이 지닌 경이의 흥분적 감정과의 주요한 차이는 전자가 미래에 관해서 있다면, 후자가 현재에 관해서 있는 데 있다. 가능성은 무(無)가 유(有)를 미래에 기대하고 있는 상태이다. 우연성은 유(有)가 현재를 안고 무(無)를 목격하는 상태이다.

　이러한 여러 양상과 그 감정가치(感情價値)를 다음과 같은 도형으로 표현해둘 수 있다. 불가능은 소극적 필연으로 보고, 점선으로 나타내둔다. 점선 부분은 위 부분에서 꺾여서 정점 "불가능"이 정점 "필연"과 합쳐지도록 해서 보면 된다.

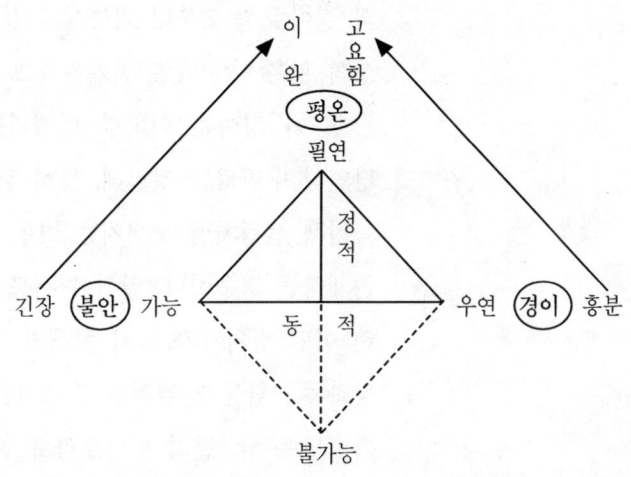

경이(驚異)의 정서는 아리스토텔레스가 말한 θαυμαζει
v이고, 데카르트가 말한 admiration이다. 데카르트는 경이
를 정의해서 다음과 같이 말하고 있다. "경이란 정신의
돌연한 놀람이고, 드문 이상한 사물을 정신에게 주의해
서 고찰하도록 하게 하는 것이다."[54] 그래서 "경이는 일
체의 격정 중에 첫째의 것이다."[55] 우연성의 감정가치인
경이는, 가능적 이접지의 하나가 선정(選定)된 현재 순간
에 선정의 절대적 이유에 대해서 생각하는 형이상적 정
서이다. 플라톤이 『향연』에서, 갑이 을에 "우연히 만났다
면(ἐυτύχη) 그들은 경이에 부닥친다."(θαυμαστα ἐκπλητ-το
νται)고 말한 것은[56] 철학적 경이로서의 θαυμαζειν에 대
한 명확한 한 사례이다. 철학은 실로 우연에 대한 경이
로부터 생기는 것이다. 그래서 존재론적 감정은 우연성

54) Descartes, *Les Passions de l'âme*, Art. 70, Oevres, éd. Adam & Tannery, XI. p.380.

55) *ibid.* Art 53, Adam & Tannery, XI. p.373.

56) Platon, *Symposium*, 192.

의 경이(驚異)로부터 가능성의 불안(不安)을 경유해 필연성의 평온(平穩)에로 전개된다고 볼 수 있다.

또 이 경이는 어떠한 이접지를 선정(選定)하는 데도 당연히 수반되는 것인데, 특히 잘 나타나는 것은 선정이 목적적 선정처럼 느껴지는 경우, 즉 "목적 없는 목적"이 존재하는 경우이다. 일찍이 새로운 당(黨)을 조직하고 있던 어떤 정치가가 다시 원래의 정당으로 귀속했을 때의 담화에, "합동을 결의한 후에 하나의 전조(前兆)가 있었다. '남은 남, 빨리 돌아오라고 친아버지 말함'이라고 하는 것인데 실로 <u>기묘한</u> 것이다."고 했다. 또한 그를 가출한 자식으로 칭하고 있던 어떤 선배가 "위와 같은 묘한 전조에서 묘한 감격을 했다."고 말했다. (오오사카 아사히 신문, 1929년 7월 7일) 또 『법정 기연』(法廷奇緣)이라는 제목으로, "남편 사망 후 그 남은 자식을 둘러싸고 미망인의 신상에 일어났던 아주 유사한 내용의 두 소송사건의 변론이 <u>기이하게도</u> 동일한 날 동일한 법정—오사카 공소원 2호법정—에서 열렸다."는 기사가 신문에 실렸던 적이 있다. (오오사카 아사히 신문, 1929년 11월) 이 기이하다고 할까 묘하다고 할까 한 것은 우연의 "목적 없는 목적"에 대한 경이임에 틀림없다.

또 주의할 것은 인간적 입장에 있어서의 우연에 대한 경이는 신(神)의 입장에 있어서는 우연에 대해 가소로운 것이 될 수 있다는 것이다. 그래서 입장의 차이는 주로 주체와 객체의 크기의 상대적 관계에 의해서 결정되기 때문에 실존적 의의가 작은 우연에 대해서는 주체는 상대적으로 큰 것이 되어 신적 예지(神的叡智)의 가소로움을 느끼고(58쪽 156쪽 참조), 실존적 의의가 커다란 우연에 대해서는 주체는 상대적으로 작은 것이 되어 인간감정으로서의 경이를 느끼는 것이 보통이다. 실없는 익살의 가소로움과 같은 것도 실존적 의의가 극히 작은 이유적 적극적 우연에 대한 예지의 웃음에 지나지 않는다. 실존적 의의가 큰 우연에 대해서 웃는 웃음은 초인 짜라투스트라가 웃는 명랑한 웃음이다. 경이하는 인간성의 왜소함을 웃는 것일 수밖에 없다. 요컨대 우연에 대한 가소로움은 경이의 감정을 대상으로 하는 신적 자기반성(神的自己反省)에 따르는 감정이다.

11. 우연과 예술

문학이 우연을 존중하는 것은 주로 경이(驚異)의 정서에 기초하고 있다. "경이로운 것은 즐거움이다."고 아리스토텔레스도 『시학』 속에서 말했다.[57] 문학 즉, 광의의 시(詩)는 내용과 형식의 두 방면에 있어서 우연성을 중요한 계기로 갖는다. 내용상에 있어서는 예를 들면, 『나팔꽃일기』(朝顔日記) 등은 우연성이 전체의 골자를 이루고

57) *Aristoteles, de Poetica*, 24, 1460^a : *Rhetorica*, 3,2,1404^b.

있다. 그래도 단순히 하나의 우연은 아니다. 전체가 우연을 주선율(主旋律)로 한 변주곡(變奏曲)임에 틀림없다. 또한 요곡(謠曲)『세미마루』(蟬丸)는 세미마루(蟬丸)와 그의 누나가 아후사카(逢坂)의 고개에서 우연히 만난 사실만으로 충분한 극적 효과가 있기 때문에 요곡으로서 소생할 수 있는 것이다.[58] 그래서 시마타(島田)의 여관에서 여행 손님인 코마사와(駒澤)와 만난 미유키(深雪)가 울다가 눈이 멀어 맹인이 되었다는 것이라든가, 세미마루가 맹인인 것은 저 바다에 뜬 나무에 뚫린 구멍을 만난 무한 수명의 거북이가 눈먼 것과 마찬가지로, "우연의 일치", "맹목적 우연" 등의 언어로써 표현되고 있는 우연의 일치성, 맹목성을 상징화하고 있음에 틀림없다. 우연의 "목적 없는 목적"은 맹목이기 때문에 비극과 희극을 만들어내는 것이다. 그 때문에 노발리스도, "모든 시적(詩的)인 것은 동화적(童話的)이지 않으면 안 된다. 시인은 우연을 예배한다."[59]라고 말하고 있다.

우리 나라에도 최근에 나카가와 요이치(中河與一)씨에 의해서, "마르크스주의의 필연론(必然論)에 대해서 우리들의 사고의 근거를 우연설(偶然說)에 두지 않으면 우리들의 문학은 말라죽게 될 것이다."고 하는 주장이 제기되었다. "불가사의함이 없는 진실 따위의 것은 공허한 꿈에 지나지 않는다. 즉 오늘의 리얼리즘은 우연론(偶然論)에 입각한 바인 진실의 불가사의함, 불가사의한 진실

---

58) 역주 : 『後撰和歌集』 권 15, 「雜」, <蟬丸>에, '여기가 바로 가는 사람 오는 사람 헤어졌다가 아는 사람 모르는 사람 서로 만나는 고개'(これやこの行くも歸るも別れては知るも知らぬも逢坂の關)라는 노래가 있다.

59) *Novalis Schriften*, hrsg. V. Minor, III. S.4.

제3장 이접적 우연 255

을 추구하는 것이 아니면 안 된다. …… 나는 일찍이, '현대의 리얼리즘은 진실을 가진 불가사의를 추구하는 일이다.'고 말했다. 그러나 이 말은 동시에 로맨티시즘의 주장으로도 변화하는 것이다. 왜냐하면, 이 명제는 불가사의를 강조하면 로맨티시즘이 되고 진실을 강조하면 리얼리즘이 되기 때문이다. 그러나 좀더 적절히 말하자면, 오늘날에는 이 둘의 이즘(주의)이 우연론에 있어서 강력히 결합되지 않으면 안 되게 된 것이다. …… 이리하여 오늘의 문학은 하나의 개혁기(改革期)에 도달하고 있는 것은 아닌가? 그것은 정치적 관심과 수사적 관심과 인간적 관심 여하를 막론하고, 정지(靜止) 속에 침몰해서 우연의 실타래를 풀려고 하는 의욕을 가지지 않는 한 무의미하게 생각된다. …… 우리들은 우리들의 문학을, 또 단번에, 우연한 일의 많고 적음에 의해 판단하고, 우연의 진실에 의해서 그 소재를 선택하고, 인간 생활 속에 있는 공상력(空相力)을 다시 한번 일으키지 않으면 안 된다. 나는 오늘날의 문학을 소생시키는 것은 이 근본적 사고의 개혁에만 달려있다고 굳게 믿는다."[60]

또 형식상에 있어서 음운상의 일치로서의 우연성이 문학 내에 예술적으로 소생시킬 수 있는 것에 관해서는 앞서 이유적 적극적 우연의 한 예로서 자세히 설명해두었다.(2장 3절 참조) 압운(押韻)의 기원에 관한 전설의 핵심이 우연의 부합에 있는 것도 흥미 있는 사실이다. 페

---

60) 도쿄아사히신문, 1935년 2월 9일 - 11일 소재. 中河與一, <偶然의 실타래>, 『新潮』, 1935년 7월호 소재. 中河與一, 『偶然文學論』 참조.

르시아의 전설에 의하면 베에라모라는 왕이 디레라모라는 시녀를 총애했다. 왕이 그녀와 말을 할 때에는 항상 "디레라모"라고 말하면서 말을 이었다. 그녀는 그것에 응해서 항상, "대군 베에라모"라고 말하며 말을 이었다. 이리하여 압운법이 시작되었다는 것이다. 왕의 이름과 시녀의 이름이 각운을 같이 한다고 하는 우연의 일치가 기초가 되어 압운의 예술형식이 생겼다는 뜻이다.

폴 발레리는 하나의 말과 다른 말 사이에 존재하는 "쌍둥이의 미소"(sourires jumeaux)라는 것을 말하고 있는데[61], 말과 말 사이의 음운상의 일치를 쌍둥이 상호간의 우연적 관계에 비교하고 있는 것이다. 또한 발레리는 시를 형식적 관점에서 정의해, "언어 우연[運]의 순수한 체계"[62]라고 하고 또 압운에 있는 "철학적 미"[63]를 말했다.

또 오스카 벡커는 "덧없음"(Fragilität), "깨지기 쉬움"(Zerbrechlichkeit)이 미적인 것의 기초적 특질이라고 말하는데[64] 우연 만큼 첨단적인, 덧없이 깨지기 쉬운 것은 없다. 거기서 또한 우연의 아름다움이 있다. 우연성을 음과 음의 눈짓, 말과 말의 스침으로서 시의 형식 속으로 들여오는 것은 생의 고동(鼓動)을 시로 상징화하는 것을 의미한다. 그래서 "언령(言靈)"의 신앙 속에 잠재해 있는 우연성의 의의를 깨지기 쉬운 덧없는 예술 형식으로서 현실화하는 것은 시의 힘의 풍부함을 말하지 않을 수 없다. 요컨대 우연성이 문학의 내용 및 형식에 갖는 두드

---

61) Valéry, *Aurore*.

62) Valéry, *Variété*, p.159.

63) *ibid*. p. 67.

64) O. Becker, Vonder Hinfälligkeit des Schönen und der Abenteuerlichkeit des Künstlers. *Jahrbuch f. Philos. u. Phän*. F. Husserl-Festschrift, S.27.

러진 의의는 주로 형이상적 경이와 그것에 수반되는 "철학적 미"에 있는 것이다.

또한 일반적으로 예술이 우연성에 대해서 가지는 내적 관계에 있어서 한마디 해둔다. 그것은 두 가지 점으로 생각된다. 첫째로 예술 그것의 구조성격이 우연적이다. 둘째, 예술은 우연을 대상 내용으로 하는 것을 좋아한다. 첫째의 점에 대해 말하자면, 학문과 도덕은 그 출발점에 있어서도 그 전개 과정에 있어서도 우연성을 동력으로 하는 것은 부정할 수 없는데, 그럼에도 불구하고 전체의 필연성을 무한의 과제로 해서 가능성에 있어서 추구해 가는 것이다. 학문과 도덕은 필연적 관련의 가능적 도정에 있어서, 끝내 갈증을 푸는 것을 알지 못하는 것이다. "군자(君子)는 자강불식(自彊息不)한다."(『역』, 건(乾))라든가, "활동하며 잠시 쉬지 않고 있는 저 사내."(괴테, 『파우스트』, 1부 1759)라든가 하는 것이 학문과 도덕의 영역이다. 그에 반해서 예술은 부분적 고립적으로 자기를 충실하게 하고 완성한다. 예술품은 하나의 완성태(完成態)로서 이른바 "소우주적(小宇宙的) 구조"에 있어서 다른 것과의 관련으로부터 떨어져 있다. 그래서 전체로서 독립적으로 직관된다. 거기서 예술 그것의 구조성격이 우연적인 점이 있는 것이다. 예술은 이를테면 우연성을 종국(終局)의 형태로 하는 것이다. 학문과 도덕이 필연성을 무궁히 추구하는 가능성으로서의 "미래적" 문화 형태인데 반해서 예술은 눈앞의 우연성에 있어서 자기를 관찰하는 "현재적" 문화 형태이다. 현재의 "'찰나'를 향해서 '너는 정말 아름답기 때문에'라고 일컫는다."65) 라는 것이라든가, "처녀의 자태를 잠시 붙잡자"(승정(僧正) 헨죠우(遍昭))라고 탄식하는 것이 예술의 경지이다.

또한 예술에 있어서 자유는 일체의 필연성으로부터의 자유이다. 예술에 있어서는 절대적 자발성은 돌연 나타났다가 홀연 사라지는 바인 이른바 영감(靈感)과 모험의 우연성이 있는 것이다. 천재(天才)란 원시 우연의 우연성을 반영해서 자신의 제작에 경이의 눈을 크게 뜨는 자이다. "감정의 밀도, 강도, 심도의 방향으로 발전해 가는 이 충동은 개체화의 본능에 미치는 그 영향에 의해서 감정의 발전 과정에 응하면서 각각의 예술 개체를 방사(放射)해 가는 것이다. 따라서 이 충동에 입각한 자에게 있어서는 예술 제작은 차라리 우연이다."66) 수묵화라든가 흑백영화가 감상자에게 모두 색맹의 우연성을 강요하는 것도 라디오 드라마가 맹인의 우연성을 강요하는 것도 모두 근원을 찾아보면 예술 그 자체의 고립적 우연적 구조성격에 기초하는 것이다.

두 번째 점, 즉 예술이 우연을 대상 내용으로 하기를 선호한다는 것은 우연이 생명감을 수반하는 사실에 기초한다고 생각한다. 생물계의 우연성은 전형적이다. 기상학상의 우연성조차도 생물에 비유된다.67) 자연 현상의

---

65) 괴테, 『파우스트』, 1부 1700, 2부 11582.

66) 阿部次郎, 『世界文化와 日本文化』, 88~89쪽.

67) 藤原咲平, 『氣象과 人生』, 32~33쪽.

우연성은 예지하기 어려운 것, 법칙으로 파악할 수 없는 것이다. 거기에는 개성과 자유가 나타나 있다. 생명의 방종과 자의의 유희가 나타나 있다. 그 생명, 그 유희가 아름다움인 것이다. 그 발랄한 일탈성(逸脫性)에 대한 경이가 감동을 주는 것이다. 립스도, "자유로운, 변화가 풍부한, 법칙 속에 끼워 넣어질 수 없는 자연력의 유희로서 우연적인 것은 아름다운 것이다."68)라고 말하고 있다.

동양의 도기(陶器)를 감상하는 데 있어서 우연성이 중요한 위치를 차지하는 것을 생각해보는 것도 좋다. 도기 제작에 있어서는 가마 속의 불이, 만드는 이의 의도와는 어느 정도 독립성을 가지고, 제작에 참여하는 것이다. 거기로부터 형태에 일그러짐이 생기거나, 색에 멋이 스며 나오는 것이다. 이른바 요변(窯變)69)은 예술미 자연미로서의 우연성에 불과한 것이다. 프랑스 현대화가 중에는 정물의 화면에 묘사할 대상의 선택을 우연에 맡기는 사람도 있다. 길에서 그때그때 되는대로 눈에 띄는 것을 그때마다 화면에 덧붙여 묘사하는 것이다. 생명의 우연을 예술 제작의 제작 원인으로 받아들이기 위해서는 우연이 생명과 예술에 있어서 가지고 있는 의의 및 그 관련에 있어서 충분한 확신이 서지 않으면 안 된다. '연구(連句)70)를 만드는 데 있어서 우연성의 의의는 와쓰지 테쓰로우(和辻哲郞)씨에 의해서 지적되었다. "연구(連句)에 있어서는 각각의 구는 하나의 독립된 세계를 갖고 있다.

---

68) Theodor Lipps, *Ästhetik*, Ⅰ, 2 Aufl. S. 205.

69) 역주 : 도자기를 구울 때 불을 조절하는 방법 따위로 가마 속에서 변화가 생겨 도자기의 빛깔이 변하거나 모양이 일그러지는 현상.

70) 역주 : 와카(和歌)를 대신해 중세를 지배했던 일본시의 한 형식. 단가(短歌)의 윗구 5·7·5와 아랫구 7·7을 두 사람이 창화(唱和)해 시구를 만드는 것.

게다가 그 사이에 미묘한 유대가 있어 하나의 세계가 다른 세계로 전개하면서 전체로서의 통합도 갖는 것이다. 이 구와 구 사이의 전개는 통상 다른 작가에 의해서 행해지는 것이므로 한 사람의 작가 상상력이 갖는 통일은 고의적으로 버려지고, 전개의 방향은 오히려 '우연'에 맡겨지게 된다. 따라서 전체로서의 통합은 '우연'의 소산이고, 게다가 그 때문에 전체는 반대로 풍부하게 되어, 한 사람의 작가에게서 기대할 수 없는 곡절(曲折)을 만드는 것이다."[71] 그 외에 현악기가 건반악기가 가지지 못한 맛을 가지고 있는 사실과 같은 것도 주로 우연적 가변성(可變性)에 기초하는 것은 아닐까?

우연과 예술 생활과의 관계에 관해서, 예술가 자신의 말을 인용해두기로 한다. "사람들은 우연인 것에 비상한 경이를 느낀다. …… 특히 직접 항상 자연에 접해 있는 우리들 화가에 있어서는 이 우연의 경이야말로 행운이다. 가령, 어떤 불행이라도 일면으로 즐기고 향유하고픈 기분도 든다. 대체로 화가는 끝맺음을 잘 못한다든가 변덕스럽다든가 하는 것도, 그것을 예기하는 것이 싫기 때문이다. …… 생각하는 방법에 따라서는 전부 일상의 일은 우연인지도 모른다. 다만 사람은 그것을 감수하는가 부정하는가에 의해서도 생활은 변해간다."[72] 예술이 우연성에 대해서 가지고 있는 내적 관계는 첫째로는 예술 그 자체의 구조 성격이 우연적이고, 둘째로는 예술이 대

71) 和辻哲郎, 『風土』, 325쪽.

72) 川口軌外, 『偶然』, 오사카 아사히 신문, 1933년 4월 30일 소재.

상 내용으로서 우연적인 것을 애호한다고 했는데 지금 인용문이 나타내는 것처럼, 아마도 두 가지 점은 예술가의 인간적 실존성에 공통의 뿌리를 깊이 내리고 있는 것이다.

12. 우연과 운명

우연에 대한 형이상적 경이는 운명에 대한 경이의 형태를 취하는 때가 있다. 우연이 인간의 실존성에 있어서 핵심적 전인격적(全人格的) 의미를 가질 때, 우연은 운명이라고 일컬어지는 것이다. 그래서 운명으로서의 우연성은 필연성과의 이종결합(異種結合)에 의해서 "필연 - 우연자"의 구조를 보이고 초월적 위력으로서 엄정하게 인간의 전존재성에 임하는 것이다.

헤라클레이토스의 운명(εἱμαρμενη)의 관념에 있어서도, "필연 - 우연자"의 구조가 보인다. 그는 "어차피 운명 지어져 있다.(ἒστι εἱμαρμενα)"[73]라고 말하고 필연성을 역설함과 동시에 또, "가장 아름다운 세계는 아무렇게나 (εἰκῆ) 쌓아 올려진 티끌 덩어리이다."[74]라고 말하면서 세계의 우연성을 역설하고 있다.

칸트는 『형이상학강의』에서 사물의 관련 속에 배리적 (背理的)인 것은 맹목적 필연성(die blinde Notwendigkeit)

---

[73] Diels, *Fragmente der Vorsokratiker*, Ⅰ, Herakleitos, Fr. 137.

[74] *ibid*. Fr. 124.

즉 운명(Schicksal)과, 맹목적 요행(das blinde Ungefähr) 즉 우연(Zufall)이라고 하고, 전자는 "사태의 본질에도 다른 원인에도 기초지어질 수 없는 것"이고, 후자는 "모든 점에 있어서 우연적인 것"이라고 말한다.75) 『순수이성비판』 중에서도 "어떤 일도 맹목적 요행에 의해서는 일어나지 않는다." 즉, "세계에는 우연은 없다."(in mundo non datur casus)라고 하는 명제와 "자연에 있어서 어떠한 필연성도 맹목적이지는 않다." 즉, "운명은 없다."(non datur fatum)라고 하는 명제를 함께 선천적 자연법칙이라고 말하고 있다. 그래서 양자 모두 역학적(力學的) 원칙에 속하는 것이고, 단지 전자는 원인성 원칙의 귀결로서 관계 범주에 따라 이해할 수 있고, 후자는 원인성의 한정에 더해져서 필연성의 개념으로 하는 양상 범주에 따라 해석될 수 있는 것이다. 또한 칸트가 여기서, "우연은 없다."라든가 "운명은 없다."라고 말하는 것은 "세계에는" 없다고 말하는 것뿐이다. 그래서 그 '세계'란 수학적 자연과학의 대상인 이른바 '현상계' 또는 '자연'임에 틀림없다. 이른바, "오성과 모든 현상의 연속적 관련, 즉 오성개념의 통일에, 중단과 장해를 가져오는 바인 어떤 것도, <u>경험적 종합</u>에 있어서 허용하지 않는다는 점에서 이들의 원칙은 일치하고 있다."76)

칸트는 운명을 필연성으로 해석해서 우연성에 대립시키고 있는 듯한데, 그것은 단순히 언어 표현상의 것이고,

75) Kant, *Vorlesungen über die Metaphysik*, 2 Aufl. hrsg. v. Schmidt, S. 52f.

76) 칸트, 『純粹理性批判』, B.280~282.

실은 양자의 깊은 내적 관련을 보고 있는 것이다. 한편으로 우연성도 다른 한편으로 운명으로서의 필연성도 모두 맹목성에 있어서 일치하고 있는 것이다. 맹목이란, "그것에 의해서 어떤 것도 볼 수 있는 것이 불가능한 것"(das, wodurch man nichts sehen kann)[77]이다. 모든 점에 있어서 우연적인 맹목적 우연성과, 사태의 본질에도 다른 원인에도 기초하고 있지 않은 맹목적 필연성과는 결국 동일한 것이다. 요컨대 칸트에 있어서도 운명의 개념은 "필연 - 우연자"의 구조에서 보여지는 것이다.

쇼펜하우어는 "개인의 운명"에 관한 논문 중에 운명으로서의 우연성의 "필연 - 우연" 관련을 서술했다. "사물의 경과는 아무리 순수하게 우연적인 것으로서 나타내려고 해도 그 근저에 있어서는 우연적이 아니다. 오히려 일체의 그것들의 우연 그 자체, τα εικη φερομενα(터무니없는 일을 가져온 것)가 깊이 숨겨진 하나의 필연성, ειμ αρ-μενη(운명)에 의해서 감싸져 있다. 우연 그 자체가 그 필연성의 단순한 도구이다."[78] "우연이 지배하는 이 mundus phaenomenon(현상계)의 뿌리에, 우연 그 자체를 통어(統御)하는 하나의 mundus intelligibidilis(예지계)가 전적으로 이르는 곳에 가로놓여 있는 것이다."[79] "필연성과 우연성에 깊게 가로놓인 근저의 통일"[80] "필연성과 우연성의 최후의 통일"[81]이 운명의 개념이다. "때마침, 행신(行信)을 얻으면 멀리 숙연(宿緣)을 기뻐하라"(『교행

77) Kant, *Vorlesungen über die Metaphysik*, 2 Aufl. hrsg. v. Schmidt, S. 52.

78) Schopenhauer, *Sämtliche Werke*, hrsg. v. Deussin, Ⅳ. S.228.

79) *ibid.* 232.

80) *ibid.* 235.

81) *ibid.*

신증』,「서」(序))라는 말에도 동일한 뜻이 나타나 있다. 저 6사(六師)의 숙명론과 무인론(無因論)도 구별하기 어려운 일치점을 갖고 있다. "일체는 모두 숙명이 만든 데에 기인한다."(一切皆因宿命造)라고 하는 것과, "일체는 모두 인(因)도 연(緣)도 없다."(一切皆無因無緣)라는 것은 결국 동일한 것이다. (『중아함경』, 권3, 도경)

우연과 운명 사이에 이러한 내적 관계가 존재하는 것에 기초해서, 빌헬름 폰 슐츠도 그의 저서 『우연』에 "운명의 전형식"(Eine Vorform des Schiksals)이라는 별칭을 부여했다. 쿠니키다 돕포(國木田獨步)도 『운명론자』 중에서 갑이, "나는 운명론자는 아닙니다."라고 말했던 것에 대해서 을을 통해 "그렇다면 우연론자입니까?"라고 힐문하게 했다. 이 힐문은 단순히 야유에 불과하지 않는 것이고, 운명과 우연이 결국 동일하다는 것이 전제되고 있다. 무샤노고우지사네아쓰(武者小路實篤)의 『운명과 바둑 두는 남자』에, "운명은 어디에 기다리고 있는지를 알 수 없는 것입니다."라는 말이 있는데, "운명" 대신으로 "우연"이라고 말해도 좋을 것이다. 계기적 우연이 회귀적 우연으로서 우연과 필연의 결합을 보이고 운명의 개념으로 육박하는 경우가 있는 것은 이미 한차례 말해두었다. (153쪽 참조)

셸링은 우연과 운명의 관련을 가장 깊이 파악했던 사람 중의 하나이다. 셸링에 의하면 원시 우연은, "그 이전을 생각하지 못하는 숙명[不可前想的 宿命: unvordenkliches Verhängnis]"이다. 그 이전을 생각하지 못한다는 것은 그 이전의 것을 의식이 사유하는 것, 상기하는 것이 불가능하기 때문이다. 숙명이란, 의도하지 않던 결과를 보고 의지가 경이하고, 현실성 속에 있으면서 아직 가능성 속에 있을 때와 마찬가지라고 믿기 때문이다. 순수실체성(純粹實體性)에 대한 의식에 있어서는 원시적 우연이 현실적 의식에 있어서는 운명이다. 현실적 의식은 자기가 그것에 의해서 생성했던 행위를 스스로 의식하지 않는다. 그 행위에 의해서 전혀 다른 것이 되어버린 이전의 상태로부터 분리되었기 때문이다. 이전의 상태를 상기하기 위해서는 상기자(想起者)와 상기하는 대상과의 동일성이 있어야만 한다. 꿈속을 여행한 사람이 꿈을 깬 후에 꿈속의 행위를 상기할 수 없는 것은 꿈속의 인격과 깨었을 때의 인격이 다른 인격이기 때문이다. 원시우연에 의해서 의식은 그 이후, "어쩔 수 없는 운명"(unabwendliches Schicksal)에 예속되는 것이지만, 지금 현실적으로 되어 자기 자신으로부터 분리된 의식에 있어서는 그 원시우연은 바닥 모를 심연으로 필연적으로 빠지는 것이다. 원시우연은 일체의 다른 우연이 연원(淵源)하는 "초생(初生)의 운(運)"(Fortuna primigenia)이다.[82]

칸트는, "운(Glück)이라든가 운명(Schicksal)이라든가 하는 따위의 횡령해 얻은 개념(usurpirte Begriffe)이 있다. 그

82) Schelling, Sämtliche Werke II, 2, 1857, S. 153~154.

것은 거의 일반적으로 관용되어 통용되고 있지만, 그러나 때로 '권리란 무엇인가'라는 물음에 대한 답을 요구하게 된다. 그렇게 되면 사람들은 그 연역 때문에 적지 않은 곤혹에 빠진다."83)고 말했다. 그렇기는 하지만, 혹, '주관적 연역'을 이룰 수 있다면, '객관적 연역'의 문제는 없는 것이다. 이들 개념의 주관적 실재성을 보일 수 있다면, "그 객관적 실재성을 증명할"84) 필요는 없는 것이다. 그것들이 '횡령해서 얻은 개념'이라고 해도, 만약 인간의 인간성으로부터 분에 넘게 가진 것이라면, 그것으로 좋은 것이다.

슈펭글러의 견해에 의하면, 운명이란 개개의 심령 및 전문화(全文化)의 궁극적 체험에 속한 것이어서, 개념과 증명에 의하지 않고, 종교와 예술에 의해서만 전달될 수 있는 것이다. 그 무엇인가를 파악하는 것은 생의 체험이지 학적 경험은 아니다. 직관이지 계산은 아니다. 그 무엇인가를 깨닫는 것은 깊이(Tiefe)이지 정신(Geist)은 아니다. 유기적(有機的) 논리이지 무기체(無機體)의 논리는 아니다. 운명이란 기술(記述)할 수 없는 어떤 내적 확실성(內的確實性)에 대한 언어(Schicksal ist das Wort für eine nicht zu beschreibidende innere Gewissheit)이다.85)

운명이 무엇인가를 명확히 기술하는 것은 슈펭글러가 말한 것처럼 불가능한 것일 게고, 운명의 개념이 어떻게 해서 생기는 것인가, 다른 유사한 개념과 어떠한 관계를

---

83) 칸트, 『純粹理性批判』, B. 117.

84) ibid.

85) Spengler, *Der Untergang des Abendlandes*, I, 1924, S.152, 153, 180.

갖고 스스로의 안에 어떠한 계기를 포함하는가는 어느 정도 만큼 명확히 할 수 있다고 생각한다. 운명의 개념은 혹 목적적 우연이 인간의 전존재성(全存在性)을 위압하는 것 같은 경우에 생겼던 것이리라. 목적적 우연은 인과적 필연과 쉽사리 이종결합(異種結合)을 한다. 다시 동종결합(同種結合)에 의해서 인과적 필연이 목적적 필연과 결합한다. 그래서 이 '필연-우연'의 복합체가 사태(事態) 바로 그것의 방대함에 의해서 현실 초월성을 획득한 것이 바로 운명이다. 그 때, 인과적 필연과 목적적 필연과의 동종결합은 다음과 같은 의미가 된다. 목적성은, 미래에 의해서 현재를 결정하는 것으로서, 앞서 말했던 것처럼(68쪽 참조) 의식을 예상하고 있다. 그러나 의식과 무의식 사이에는 단계적인 통로가 열려 있다. 의식은 이 통로를 통해서 무의식으로 전환한다. 그래서 목적적 필연은 인과적 필연과 결합하고, 인과적 필연은 목적적 필연과 결합하는 것이다.

디오게네스 라에티오스는 스토아파의 설명으로서, "일체는 운명(ειμαρμενη)에 의해서 일어난다. 그래서 운명이란, 존재자의 <u>원인</u>(αιτια), 혹은 세계가 그것에 의해서 운행하는 <u>이성</u>(理性: λογος)이다."[86]라고 말하고 있다. 이 경우 운명 속에는 '이성'으로서의 목적적 필연성과 '원인'으로서의 인과적 필연성의 두 가지 계기가 포함되어 있다고 보아도 틀림없을 것이다. 어쨌든 인과적 필연과

---

86) Diogenes Laetios, Ⅶ, 149.

목적적 필연은 동종결합을 한다. 또 운명 개념에 있어서, 목적적 우연과 목적적 필연이 결합해 있는 것은 어떠한 의미인가 하면, 전자는 인간 실존의 지평에 있어서의 목적성에 관계하고, 후자는 초월적 목적성에 관계하는 것이다. 요컨대 목적적 우연이 인과적 필연과 결합해서 다시 그 매개에 의해서 목적적 필연과 결합하고, '필연-우연자'로서 무한히 멀리 밀려가고, 무한히 가까이 다가오게 되는 것이 운명이다. 운명의 개념은 깨달음의 논리에 의해서는 '횡령해 얻은 개념'인지도 모르지만, 인간 체험에 깊이 뿌리를 두고, 인간의 인간성에 의해서 근원적으로 말하자면, 전개념적(前概念的)으로 제공된 개념이다. 소포클레스의『오이디푸스왕』, 셰익스피어의『리어왕』은 말할 필요도 없고, 모쿠아미(默阿彌)의『축옥신조』(縮屋新造)를 펴서 읽는 자도 운명 개념의 기득권을 포기하는 것을 거부할 것이다.

칸트 자신도『순수이성비판』제1판 머리말의 서두에서 운명 개념의 전형적인 사용을 보이고 있다. "인간 이성은 그 인식의 한 종류에 있어서 특수한 운명을 갖고 있다. —라고 하는 것을 배척할 수는 없지만, 그렇다고 해서 그에 대한 답을 해답할 수 없는 바인 그런 문제에 의해서 시달리게 되는 것이다. 배척할 수 없다고 하는 것은 문제가 이성 그 자체의 본성에 의해서 이성에 맡기게 된 것이기 때문이고, 해답될 수 없다고 하는 것은 그

것이 인간의 이성의 모든 능력을 초월하고 있기 때문이다." 애지자(愛知者: 필로소포스)가 포로스와 페니아 사이의 자식으로서 영원히 고민하는 미래를 지고 태어난 '필연 - 우연'이 운명이 아니고 무엇이겠는가?

칸트는 『도덕철학원론』 제1장에서 다음과 같이 말하고 있다. "설령, 운명의 특별한 불운[不興]을 입어 혹은 계모와 같이 자연의 박대에 의해, 이 의지가 자신의 목적을 관철해야할 능력을 완전히 결여한다고 해도, 또 몸소 노력하지만 그래도 여전히 이 의지에 의해서 아무 것도 이루어지는 것 없고, 남겨진 것은 오직 선의지(善意志)에 불과해도, 그것은 보옥(寶玉)과 같이 그 모든 가치를 자기 이면에 간직하는 것으로서, 참으로 스스로 작열하는 빛을 낼 것이다."

그 외 또 운명 개념을 적용하는 예를 한, 두 개 들어두자. "우리들은 각각의 순간에 있어서 절대적으로 비합리적인 것에 직면해 있는 것이다. 절대의 사실에 직면해 있는 것이며, 거기서는 우리들은 행위는 아니고, 감각기관이며, 우리들은 거기서 원시적 역사 사실에 접촉하는 것이고, 그것은 우리의 운명 내용이라고 말해야 할 것이다."[87] "사람의 힘, 사람의 움직임 모든 인간적인 것이 어느덧 종언을 고하고 절대적 권위로써 임하는 신적 실재에 우리가 갑자기 맞닥뜨릴 곳이 어디엔가 없을 수 없다. 계시(啓示)에 임해서는 사람은 온갖 저항도 보람없는

---

87) 西田幾多郎, 『無의 自覺的限定』, 187~188쪽.

것이 되고, 모든 호오(好惡)도 소홀히 하게 되면서, 전인격을 들어 이의 없이, 생각지도 못한 빛, 참, 복, 삶 속에 끌려가는 느낌이 있다. …… 위대한 종교가들에 있어서는 계시는 반드시 좋아하는 분야도, 즐기는 일도 아니었다. …… 계시는 저들에 있어서는 무한의 영광과 환희를 간직한 운명 ― 하여튼 운명이었다."88)

88) 波多野精一, 『宗敎哲學』, 32~33쪽.

운명이란 목적적 우연이 한편으로 인과적 필연과 결합하고, 다른 한편으로는 목적적 필연과 결합해서 무한대로 확대됨과 동시에, 무한소로 축소된 것이라고 말했다. 그리고 그 경우 억지로 분석을 하자면, 목적적 우연과 인과적 필연의 결합은 '맹목적 운명'으로서 나타나고 목적적 우연과 목적적 필연의 결합은 '섭리'로서 나타난다. 헤겔에 의하면, 고대인의 πεπρωμενον라든가 ειμαρμενη는 맹목적 운명이고, 그리스도교는 합목적성의 도입에 의해 신의 섭리를 설명하는 것이다. 전자는 "껍질을 벗지 않은 필연성"(unenthüllte Notwendigkeit)이고 후자는 "껍질을 벗은 필연성"(enthüllte Notwendigkeit)이다. 전자는 맹목적으로 위로할 수 없는 입장이고, 후자는 선견지명으로 위로하는 입장이다.89) 그렇기는 하지만, 운명 개념의 특색은 오히려 이렇게 두 종류의 운명으로 확연하게 구별을 허용하지 않는 점에 있다고 생각한다. 이미 말했던 것처럼, 의식과 무의식 사이에는 단계적 점진적 통로가 있는 것이다.

89) Hegel, *Encyklopädie*, hrsg., v. Bolland, 1906, §147 S. 197~200.

슈펭글러도 운명과 우연의 내적 관련을 설명하는데, 고대와 서구가 양자에 대해 갖는 관계를 다음과 같은 말로 표현하고 있다. "서구의 심령(心靈)에 있어서 우연이란 미미한 내용의 운명이라고 해석해도 좋다면, 그와 반대로 고대의 심령에 있어서는 운명이란 거대한 것으로 높아진 우연이라고 봐도 좋을 것이다."90) 또 슈펭글러는 운명과 우연의 차이가 내용에 관한 정도의 차이라는 점에 관해서, "괴테가 제젠하임에 갔던 것은 우연으로 느껴지고, 바이마르에 갔던 것은 운명이라고 느껴진다. 전자는 삽화(Episode)로 볼 수 있고, 후자는 획기(Epoche)로 볼 수 있다."91)고 말하고 다시금 양자의 대립성을 강조하고 있는데, 운명이란 우연성이 필연성에 이종결합한 결과 '필연 - 우연자'의 구조를 취하는 것으로 볼 수 있고, 운명과 우연의 대립관계를 지나치게 역설하는 것은 운명도 우연도 정당하게 이해하는 것을 방해하는 것이다.

  목적적 우연이 목적적 필연과 대각선적으로 결합(76쪽 도형 참조)하는 것은 전자가 인간 존재에 있어서의 목적적 우연이고, 후자가 초월 존재에 있어서 목적적 필연인 것을 지적했다. 초월존재에 있어서 목적적 필연은 인간 존재 그 자체의 목적성에 외적인 것으로서 의연하게 목적적 우연임을 잃지 않는다. 그러나 여기서, 운명이라는 개념 아래, 인간 존재의 지평에 있어서 목적적 우연과

---

90) l.c. S.180.

91) l.c. S.180. 역주 괴테는 1770년 21세 되던 해 슈트라스부르크에 가서 대학에 입학했다. 그해 10월 제젠하임에 가서 목사의 딸인 프리데리케와 사랑에 빠졌는데 슈트라스부르크로 프리데리케를 데려와서는 그녀를 버렸다. 이 무렵 『들장미』, 『괴츠』, 『클라비고』 등을 저술했는데 여기에 이에 대한 가책이 담겨 있다고 하고, 심지어 『파우스트』의 그레텐 비극도 이에 대한 죄의식이 없이는 이루어지기 어려울 것이라고 한다. 괴테는 1775년 바이마르 궁정에 출입하기 시작하면서 당시 유명한 사교계의 주인인 슈타인부인과 교제하기 시작했다. 10년간 지속된 교제를 통해 엄청난 감화를 받아 『에피게니에』, 『타소』 등 고전적 희곡을 창작했다.

목적적 필연이 동적(動的)으로 결합하는 경우가 있다. 목적적 우연이 지양된 계기로서 목적적 필연 속에 있어서 그것을 제약하는 것이다. 이러한 경우를 본질적 의미의 운명이라고 볼 수 있다. 그 경우 결합 및 제약이 이를테면, "영원한 모습 아래" 이루어질 수 있는 것은, 운명인 이상 말할 것도 없는 것이다. 목적적 우연과 목적적 필연의 결합에 있어서, 보통 운명 개념에 있어서는 목적적 필연이 목적적 우연을 제약한다고 생각되지만, 본래적 의미의 운명 개념에 있어서는 그 반대로 목적적 우연이 목적적 필연을 제약하는 것이다. 또한 어떤 의미에는 교호적(交互的)으로 서로 제약하는 것이다. 거기서 보통의 운명 개념과 본래적 의미의 운명개념 사이에 차이가 있다. 본래적 의미의 운명은 예를 들면 하이데거의 운명개념에도 나타내고 있다.[92] 운명이란 선구적 결의성(先驅的決意性) 속에 내재해서 비로소 운명이 되는 것이다. 운명이란 현존재(現存在)의 본래적인 사건이다. 따라서 피투성(被投性: Geworfenheit)임과 함께, 기투 (企投: Entwurf)이어야 한다. 양도받으면서 선택한 가능성에 있어서, 자기자신에 자기자신을 교부(交付)하는 것이어야 한다. 운명은 자기교부적(自己交付的) 결의성의 초력(超力: Übermacht)과 무력(無力: Ohnmacht)의 결합에 있다. 개시된 상황의 우연성에 직면해서 정열적으로 자기를 교부하는 무력(無力)한 초력(超力)이 운명의 장소이다. 미래적임과 함께

---

92) 岩波哲學講座, 九鬼, 『實存의 哲學』, 81~82쪽 참조.

근원적으로 과거적인 존재자가 유한성(有限性)에 있어서 가능성(可能性)을 자기자신에게 부여하면서 자기의 피투성(被投性)을 받아 가지는 것이 운명이다.

　야스퍼스의 운명 개념도 같다. 야스퍼스가 말하는 방식에 따르면, 운명이란, "우연이 내적(內的)으로 동화(同化)되는"(Die Zufälle sind innerlich angeeignet) 경우이다.[93] "나와 사태가 하나가 된다. 역사적 의식이 자기와 자기의 현존재의 특수성을 동일한 것으로서 깊이 자각하고 있기 때문에, 행·불행은 벌써 단순히 타자(他者)로서, 즉 단순히 외부로부터 온 자로서 파악되지 않고, 운명이라고 하는 한층 깊은 사상으로 우리에게 소속해 있는 자로서 파악되는 것이다. 나는 나의 역사적 한정성(限定性) 속으로 침잠한다. 이 역사적 한정성 속에 있어서 나는 있지만 모든 내가 현존재를 긍정한다. 그것은 단순히 경험적인 객체성으로서의 현존재를 긍정한다는 의미는 아니고, 실존적으로 포화된 객체성으로서의 현존재를 긍정하는 것이다. …… 이 침잠에 있어서 나는 운명을 단순히 외적인 것으로서가 아니라, '운명의 사랑'(amor fati)에 있어서 내가 물(物)로서의 운명을 단단히 쥐는 것이다. 나는 운명 속에 있어서만 실존적으로 자각하는 것이기 때문에, 나는 나 자신을 사랑하듯이 나의 운명을 사랑한다. 단순한 보편이라든가 전체가 퇴색되는 것과 좋은 대조를 이루지만, 나는 객관적으로는 제한인 바의 것들 속

[93] Jaspers, *Philosophie*, Ⅱ, S. 218.

에 실존적으로 존재를 경험하는 것이다. 운명 의식으로서의 역사적 의식은 구체적 현존재를 진지하게 생각하는 것이다."94) "한계상황(限界狀況)에 있어서의 역사적 한정성은 단순히 우연인 대신에 어떤 존재의 현상이 된다. 그 어떤 존재란 나의 깨달음은 그것을 파악하지 않지만, 시간 속의 영원으로서 나에게 확인되는 존재이다. 사랑하는 자는 애인을 향하여 '너는 전세에 나의 누이 혹은 처였다.'고 말한다."95)

요컨대, 본질적 의미의 운명개념은 정열적 자각을 갖고 자기를 우연성 속으로 침몰시키고, 그것에 의해서 자기를 본원적(本源的)으로 활용함과 같은 것이어야 한다. 그리고 운명으로서의 우연은 회귀적 형이상적 시간(回歸的 形而上的時間)의 영원한 현재로서 이해되는 것도 희귀한 일은 아니다.

---

94) *ibid*. Ⅱ, S. 218~219.

95) *ibid*. Ⅱ, S.217.

13. 형이상적 절대자

주사위의 눈과 같이 던져진 이접지 중의 하나가 실존의 전폭을 동요시키면서 실존의 중핵으로 체득되는 것이 운명이다. 이접지는 이접적인 제 가능성(諸可能性) 전체를 예상하고 있다. 그런데도 제 가능성 전체라는 것은 궁극적으로는 형이상적 절대자의 개념으로 이끈다. 절대자는 절대자이기 때문에 절대적으로 하나라고 생각된다. 또한 절대적으로 하나이기 때문에 절대적으로 필연이라고 사유된다. 이 절대적 필연을 형이상적 필연이라고 칭할 수 있다. 이 개념은 이미 아리스토텔레스가 『형이상학』에서 서술했다.96) "부동(不動)의 동자(動者)"는 부동(不動)의 이유를 가지고, "다른 것처럼 존재하는 우연을 결코 갖지 않는다."(οὐκ ἐνδεχεται ἄλλως ἔχειν οὐδαμῶς) 따라서, "필연적으로 존재하는 것"(ἐξ ἀναΥοης ὄν)이다.(178쪽 참조) 이 "부동의 동자" 이외의 것은 전부 타자(他者)에 의해서 움직여지는 것이기 때문에, "다른 것처럼 존재하는 우연을 가지고 있다."(ἐνδεχεται ἄλλως ἔχειν) 즉 형이상적 필연의 부정으로서의 형이상적 우연이다.

이 형이상적 필연과 형이상적 우연의 개념은, 이접적 필연과 이접적 우연을 형이상적 지평으로 적용한 것이 틀림없는데, 중세기에 이르러서 아리스토텔레스 숭배자인 모제스 마이모니데스에 의해서 채용되어, 신 존재의 "우주론적 증명"의 계기로서 생겨났다. 토마스 아퀴나스도 마이모니데스를 본받아 세계의 우연성으로부터 "자기에 의해서 필연적인 어떤 자"(aliquid guod est per se necessarium)로의 추론을 이루었다.97) 형이상적 필연과 형이상적 우연의 관계는 '자인성(自因性: aseitas)'과 '타인성(他因性: abalietas)'의 대립 형태를 가졌다. 스피노자가 말

96) Aristoteles, *Metaphysica*, Δ. 7. 1072^b.

97) T. Aquina, *Summa theologiae* Ⅰ. 2. 3.

한, "자기 원인"(causa sui)도[98) 바로 형이상적 절대적 필연이다. "신은 필연적으로 존재한다.(Deus necessario existit)"[99) 그에 반해서, "그 존재를 필연으로 규정하거나 혹은 그것을 필연으로 배제하는 어떠한 것도 발견하지 않는 한, 나는 개개의 사물을 우연(contingentes)이라고 칭한다."[100) 라이프니츠도 『변신론』(辯神論)이나 『단자론』(單子論) 중에서, "필연적 존재자(Être nécessaire)"로서의 신과 "우연적 존재자(êtres contingents)"로서의 세계 사건에 대하여 말했다.[101)

우리들은 경험적 지평에 있어서와 형이상적 지평에 있어서에 의해서 필연 및 우연의 의미가 정반대가 되는 것을 안다. 경험적 지평은 '아래로부터' 가는 방법으로, 인과적 필연의 계열을 무한히 소급해서, 원시 우연에 도달한다.(170쪽 참조) 형이상적 지평은 '위로부터' 가는 방법으로, 절대적 필연의 부정으로서 인과성 내에 사로잡혀 있던 우연의 개념을 획득한다. 다시 말해서, 인과성에 의해서 규정되는 것은 경험적 견지로부터는 필연이라고 하고, 형이상적 견지로부터는 우연이라고 말할 수 있다. 또한 인과 계열의 시초(始初)가 이념으로서 파악될 때, 경험적 견지로부터는 원시 우연이라고 말하고, 마찬가지로 이념이 형이상적 견지로부터는 이접적 필연의 형태에 있어서 절대적 필연이라고 말할 수 있다. 즉 필연성에는 '절대적 필연(絶對的必然)'과 '가설적 필연(假說的必

---

98) Spinoza, *Ethica*, Ⅰ, def. 1.

99) *ibid.* Ⅰ. 11.

100) *ibid.* Ⅳ, def. 3.

101) Leibniz, *Opera philosophica*, ed. Erdmann, p.506, 708.

然)'의 구별이 있다.

'절대적 필연'(nécessité absolue)과 '가설적 필연'(nécessité hypothétique)의 구별은 라이프니츠도 했는데102), 크리스티앙 올프에 의하면, "필연적 존재란 그 존재가 절대적으로 필연(absolute necessaria)인 것이다. 우연적 존재란, 자기의 존재 이유를 자기 외에 갖고 있는 것" 따라서, "우연적 존재의 존재는 단순히 <u>가설적으로</u> 필연(hypothetice necessaria)이다."103) 칸트도 『형이상학강의』(形而上學講義)에서 이러한 구별을 했다. 즉 절대적 필연(absolute Notwendigkeit)이란 사물의 존재가 단적으로(simpliciter) 선천적(先天的)으로 인식되는 경우이고, 가설적 필연(hypothetische Notwendigkeit)이란 사물의 존재가 <u>어떤 것에 따라서</u>(secundum quid) 선천적으로 인식되는 경우이다.104) 그리하여 이 단순히 가설적으로 필연인 바의 형이상적 우연은 이미 아리스토텔레스에서도 보였던 것처럼 자기 이외의 어떤 원인에 의해서만 존재한다고 하는 이유에 기초해서, 존재하지 않는 것도 가능하다. 그 때문에, 토마스 아퀴나스는 우연을, "존재하지 않는 것의 가능한 것(possibilia non esse)"105)라고 칭했다. 형이상적 우연은 결국 바로 경험적 필연인데, 경험적 필연이라 할지라도 절대자의 형이상적 필연에 대해서 목격되는 한, 우연의 성질을 띠는 것이다.

우리는 경험적 필연과 원시우연(原始偶然)의 대립관계

---

102) Leibniz, *Opera philosophica*, ed. Erdmann, p.763.

103) Christian Wolff, *Ontologia*, §309f., §316.

104) Kant, *Vorlesungen über die Metaphysik*, 2 Aufl. hrsg. v. Schmidt, S. 27.

105) Thomas Aquinas, *Summa theologiae* I. 2.3.

가 원인결과의 관계로서, 가설적 견지에 있어서 성립하고, 형이상적 우연과 절대적 형이상적 필연과의 대립관계가 전체와 부분의 관계로서 이접적 견지에서 성립하는 것을 보았다. 다음으로 우리는 원시우연과 절대적 형이상적 필연과의 관계 및 경험적 필연과 형이상적 우연과의 관계에 대해서 다시 상세히 고찰해보지 않으면 안 된다.

먼저 원시우연과 절대적 형이상적 필연과의 관계는 어떠한 것인가? 원시우연은 인과계열의 원시적 시작으로서 가설적 지평에 있어서 얻을 수 있던 개념이다. 경험적 필연의 인과계열을 무한히 소급할 때에 이념으로서 원시우연의 개념에 도달했던 것이다. 원시우연은 "원시사건"(原始事件: Urereignis)이고, "역사의 단초"(Anfang der Geschichte)이다.106) 그렇지만 인과적 연쇄에 제약되던 필연적 계열의 절대적 시작은 또 계열의 각개 구성원인 경험적 필연의 전체를 부분으로서 함축하는 전체라고 생각할 수 있다. 다른 한편에 있어서 절대적 형이상적 필연이란 이접적 지평에 있어서 형이상적 우연 전체를 부분으로 하는 전체이다. 그래서 전체인 절대적 필연은 부분인 이접지의 선정(選定)을 제약한다고도 볼 수 있기 때문에, 인과계열의 절대적 시작으로도 생각할 수 있는 것이다.

계열적인 견해와 외연적인 견해가 이렇게 서로 교환

106) Schelling, *Sämmtliche Werke*, Ⅱ, 2, 1857. S. 153.

될 수 있는 한, 원시우연과 절대적 형이상적 필연은 동일한 것이 아닐 수 없다. 또한 가설적 지평에 있어서는 무한한 인과계열은 직선의 형태로 표상되고, 그 이념적 단초로서 원시우연이 생각되었던 것인데, 참된 무한성은 계열의 최종이 최초로 귀환하는 원(圓)의 형태로 표상 되기 때문에, 원의 각 부분을 포괄하는 원 전체로서 절대적 형이상적 필연이 생각되는 것이다. 이 점에서 봐도 원시우연과 절대적 형이상적 필연이 동일한 것임은 분명하다. 원시우연도 절대적 필연도 결국 형이상적 절대자인 것이다. 역(易)의 태극(太極)과 같은 것도 형이상적 절대자로서의 원시우연으로도 절대적 필연으로도 생각할 수 있는 것이다. 요컨대, 절대적 형이상적 필연과 원시우연은 하나의 양면에 불과하다. 스피노자의 '자기원인'(自己原因)도 셸링의 '자기우연'(自己偶然: das durch sich selbst Zufällige)도 결국은 하나로 합하는 것이다. 절대자는 '필연 - 우연자'라고 하는 모순적 성격을 갖춘 것으로 생각할 수 있다. 야콥 뵈메가 말한 것처럼, '그렇다'(Ja)와 함께 '아니다'(Nein)이다. "'그렇다'와 '아니다'는 단순히 하나의 것이고, 단지 자기가 두 가지의 시작에서 분리해서 두 가지 중심을 만들고 있다."107)

107) Jakob Böhme, *Sämtliche Werke* 6, S.597.

원시우연과 절대적 형이상적 필연은 절대자에 있어서 하나의 것이면서, 또 '두 가지 중심'을 만들고 있다. 원시우연은 '아래로부터' 가는 방법인 바의 경험적 가설적 견지에 있어서 최후의 이념으로서 포착될 수 있는 것이고, 절대적 필연은 '위로부터' 가는 방법인 바의 형이상적 이접적 견지에 있어서 최초의 개념으로서 세울 수 있는 것이다. 그런 이유로 절대적 형이상적 필연은 절대자의 이른바 긍정적 성격을 표하고, 원시우연은 이른바 부정적 성격을 표하고 있다. 절대적 형이상적 필연은 절대자의 바로 즉자태(卽自態)이다. 원시우연은 절대자의 속에 있는 타재(他在)이다. 절대적 형이상적 필연을 신적 실재(神的實在)라고 보고, 원시우연을 세계의 단서 혹은 추락(Zufall=Abfall)으로 생각할 가능성도 여기서 기인하고 있다. 절대적 필연은 절대자의 정적(靜的) 측면이고, 원시우연은 동적(動的) 측면이라고 생각해도 틀리지 않는다. "모든 사물의 최초의 것은 단적으로 필연적인 것이다. 모든 상태의 최초의 것은 단적으로 우연적인 것이다."(Das erste der Dinge ist das schlechterdings notwendige. Das erste der Zustände ist das schlechterdings zufällige.)라고 말했던 『비판』 전기(前期)의 칸트의 말은 음미할 만한 것이다.108)

108) Kant, *Reflexionen zur Metaphysik*, Akademie Ausgabe. XVIII. S. 142.

이렇게 고찰하면, 인과계열의 절대적 시작으로서의 원시우연과, 이접지로서 선정된 형이상적 우연과의 밀접한 관계도 저절로 명확해진다. 이접지가 우연자로서 선정되는 가능성의 아프리오리한 근거는 원시우연의 우연성에 있다고 생각할 수 있다. 원시우연의 우연성은 형이상적 이접적 우연을 가변성(可變性) 속에 우연성으로서 결정하는 절대적 근거임에 틀림없다. 마찬가지로 부분의 전체로서의 형이상적 필연과 인과계열의 성원으로서의 경험적 필연의 밀접한 관계도 명료하다. 이미 말했듯이 양자의 관계는 절대적 필연과 가설적 필연의 관계이다.

또한 다른 관계에 있어서, '필연 - 우연자'로서의 절대자의 성격을 천명할 필요가 있다. 대체로 전체와 부분은 상관하면서 의미를 갖는다. 부분이 없이 전체가 없고, 전체가 없이 부분은 없다. 따라서 절대적 형이상적 필연의 필연성은 형이상적 우연의 우연성 없이는 생각할 수 없다. 형이상적 우연의 우연성도 또한 절대적 형이상적 필연의 필연성 없이는 생각할 수 없다. 절대적 필연의 필연성은 우연성을 부분으로 하는 전체를 갖는 필연성이다. 필연성은 우연성을 제약하고, 우연성은 필연성을 제약하고 있다. 요컨대 절대자는 공허한 추상적 전체가 아니고, 충실하게 하는 구체적 전체인 한, 단순한 필연자도 아니고 단순한 우연자도 아니고, 필연과 우연의 상관에 있어서 의미를 가진, '필연 - 우연자'이다. 그래서 절대자는 상대적인 유한자에 의해서 비로소 절대자일 수 있는 것, 다시 말하자면 우연적 부분으로서 타재(他在)하는 것에 의해서 비로소 절대적 전체의 구체적 의미를 획득하는 것이기 때문에, '필연 - 우연자'로서의 절대자는 절대자의 변증법에 있어서 즉자(卽自)이며 대자(對自)의 단계라고 생각해도 틀림없을 것이다. 또한 원시우연이 인과계열의 각 성원(成員)을 부분으로 하는 전체로 생각할 수 있는 한, 원시우연과 경험적 필연의 관계에 대해서도, 형이상적 필연과 형이상적 우연과의 관계에 관해서와 완전히 동일한 고찰을 할 수 있는 것은 말할 것도 없다. 이상에 있어서 원시우연과 절대적 형이상적 필연이 '필연 - 우연자'로서의 절대자의 양면인 것을 분명히 할 수 있었다고 믿는다.

다음으로, 경험적 필연과 형이상적 우연과의 관계는 어떠한가? 가설적 지평에 있어서의 경험적 필연이 이접적 지평에 있어서는 형이상적 우연이 되어 나타난다. 라이프니츠는 『형이상학서설』에서 필연(nécessaire)과 확실(certain)을 구별하고자 했다. 전자는 그것의 반대가 모순을 포함하는 것이고, 후자는 그것의 반대가 모순을 포함하지 않는 것이다. 그리고 절대적 필연(absolument nécessaire)만이 엄밀한 의미에서 필연인 것이고, 가설적 필연(nécessaire ex hypothesi)은 확실함에 불과하다고 한다. 예를 들면, 시저가 루비콘 강에서 멈추지 않고 그 강을 건넜던 것, 파르살루스 전쟁에서 패하지 않고 승리했던 것109)은 필연은 아니지만 확실이다. 그리고 확실하기는 하지만 필연은 아니기 때문에 그것은 우연이라고 설명한다. 또 확실이기는 하지만 필연이 아니므로, 즉 우연인 이유를 신의 의지, 즉 선택의 자유에 근거하고 있다.110)

---

109) 역주 : 시저 Gaius Julius Caesar (BC 100.7.12~BC 44.3.15) 시저는 로마 공화정 말기의 정치가·장군. 로마 출생. BC 58년부터는 속주 갈리아의 지방장관이 되어 BC 50년까지 재임 중 이른바 갈리아전쟁을 수행하였다. BC 53년 크라수스가 메소포타미아에서 쓰러지자 제1회 3두정치는 붕괴되고 폼페이우스와도 관계가 악화되어 마침내 충돌하기에 이르렀다. BC 49년 1월, 그 유명한 "주사위는 던져졌다"라는 말과 함께 갈리아와 이탈리아의 국경인 루비콘강을 건너 로마를 향하여 진격을 개시하였다. 우선 폼페이우스의 거점인 에스파냐를 제압한 다음 폼페이우스를 추격하여 BC 48년 8월 그리스의 파르살로스에서 이를 격파하였다.

110) Leibniz, *Discourse de métaphysique*, §13.

요컨대 라이프니츠의 '확실'이란 개념은 경험적 필연 즉 형이상적 우연을 말하고자 하는 것이다. 어쨌든, 계열의 각 구성원은 절대적 시작에 의해서 제약되는 한, 절대적 시작의 성격을 반영하고, 각 부분은 전체의 부분인 한, 전체의 성격이 투사되는 것이다. '필연 - 우연자'로서의 절대자의 성격은 각 구성원, 각 부분에 있어서, '필연 - 우연자'로서의 운명의 형태를 취한다. 칸트가 말하는 "우연자의 법칙성"(Gesetzlichkeit des Zufälligen), 즉 합목적성(合目的性)[111]의 개념도 바로 전체에 의해서 규정하게 된 부분이 가진 필연 우연적 성격에서 벗어나지 않는다.

111) Kant, *Kritik der Urteilskraft*, §76.

또 칸트는 우연성을 경험적 우연성(經驗的偶然性: empirische Zufälligkeit)과 가상적 우연성(假想的偶然性: intelligibele Zufälligkeit)의 두 가지 종류로 나누는데, 칸트가 말하는 경험적 우연이란 우리가 말하는 경험적 필연에 해당하고, 칸트가 말하는 가상적 우연이란 우리가 말하는 형이상적 우연에 해당된다.

'경험적 우연'에 관해서 칸트는 다음과 같이 말했다. "세계에 있어서 여러 가지의 변화로부터 경험적 우연성(즉, 변화는 경험적으로 한정한 원인에 의존하는 것)이 추론되어, 경험적 여러 제약의 상승적 계열을 얻을 수 있었다."[112] 또한, "존재에 있어서 제약되었던 것은 일반적으로 우연이라고 칭해지고, 제약될 수 없는 것은 필연

112) 칸트, 『純粹理性批判』, B. 486.

이라고 칭한다."113)라든가, "우리들은 우연성을 어떤 사건이 어떤 원인의 결과로서만 존재함이 가능하다고 하는 것으로부터 인식한다. 그러므로 어떤 것이 우연적이라고 상정하게 되면, 그것이 어떤 원인을 갖는다는 것은 하나의 분석적 명제이다."114) 등으로 말하는 것도 경험적 우연에 관해서이다.

'가상적 우연'을 칸트는 또, '순수오성의 개념에 의한 우연성'(Zufälligkeit nach Begriffen des reinen Verstandes)이라고 말한다. 이런 종류의 우연성에 관해서, "범주의 순수한 의미에 있어서 우연적인 것은 그 모순대립이 가능적인 것이다."고 말한다. "운동이 있었던 것과 같은 시간에 운동 대신 정지가 있을 수 있었다."와 같은 경우가 가상적 우연이다. 갑이 존재할 때, 갑을 대신해 갑이 아닌 것이 존재하는 것도 가능한 경우가 가상적 우연이다. 즉, 이접적 지평에 있어서의 형이상적 우연을 가상적 우연이라고 말하고 있다. 경험적 우연과 가상적 우연의 차이는 반대가 계기적으로 가능한 경우와 동시에 가능한 경우와의 차이라고 말해도 된다. 그리고 칸트는 경험적 우연성으로부터 가상적 우연성으로 이동하는 것은 '다른 종류로의 전이'(μεταβασις εις ἄλλο γενος)로서 전연 불가능하다고 말하고 있다.115)

비판주의의 입장에서 현상계의 인식에 국한하는 한, 이 두 종류의 우연성을 준별해서 한 쪽에서부터 다른 쪽

113) *ibid.* B.447.

114) *ibid.* B.291.

115) *ibid.* B.486-488.

으로의 추이를 불가능하게 하는 것은 당연한 것이라고 말할 수 있다. 그렇지만, 경험적 인과적 필연을 이접적으로 우연화해서 형이상적 우연으로 보는 것, 즉 차원의 전화에 의해서, '경험적 우연'과 '가상적 우연'을 근본에 있어서 동일한 것으로 보는 것은 형이상학적 지평에 있는 한은 허용되어야 하는 것이 아닐 수 없다. 칸트가 말한 경험적 우연은 인과적으로 제약된 것이기 때문에 그 한계에 있어서는 당연히, 경험적 필연이라고 칭할 수 있는 것이다.

쇼펜하우어도 『칸트철학의 비평』에서, 모든 우연적인 것은 원인을 갖고 있다고 생각하는 것은 "명백한 모순"이라고 말하는데, 쇼펜하우어도 서술하고 있듯이, 그 생각은 칸트에서 시작되었던 것은 아니고, 이미 아리스토텔레스에 연원을 두고 있다.116) 어쨌든, 경험적 필연을 경험적 우연이라고 칭하기 위해서는 적어도 그 명명의 동기에 있어서, 부지불식간에 형이상적 이접적 지평에로 일탈해서, 필연을 우연화한 것이라고 생각해야 할 것이다. 경험적 필연은 가설적 필연으로서 <u>타자의 제약에 의해서만</u> 필연인 것이기 때문에 우연이라고 일컬어지는 것인데, 그것이 우연이라고 불려지기 위해서는 그것 <u>자체에 의해서</u> 필연인 절대적 필연을 생각해서 그것에 대해서 말하는 것이다. 또한 타자의 제약에 의해서만 필연인 것은, 타자의 제약마저 해제하면 그 모순대립이 가능

---

116) Schopenhauer, *Sämtliche Werke*, hrsg. v. Deussen, I. S.552~553.

적이기 때문에 우연인 것이다. 요컨대 경험적 필연을 경험적 우연으로 보기에는 형이상적 이접적 차원에서 이루어지는 우연화가 근저에 예상되어야 한다. 이상에 있어서 경험적 필연과 형이상적 우연이 차원을 달리해서 보여진 유한자(有限者)인 것을 명백히 했다고 믿는다.

이상의 고찰을 다음과 같은 도형으로 표시해놓겠다.

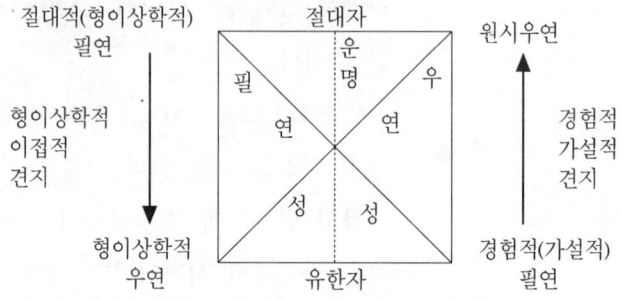

14. 유(有)와 무(無)

우연은 무(無)에 가까운 존재이다. 필연 - 우연의 관련은 유(有)와 무의 관련을 암시하는 것이어야 한다. 갑이기도 하고, 을이기도 하고, 병이기도 하고, 정이기도 하는 이접적 긍정은 그 이면에 갑도 아니고, 을도 아니고, 병도 아니고, 정도 아니라는 이접적 부정을 갖고 있다. 절대자가 '필연 - 우연자'인 것은 절대자가 절대유(絶對

有)임과 동시에 절대무(絶對無)인 것을 말하고 있다. 갑이 아닐 수도 있는데도 갑일 우연성은 유와 무의 경계선에 아슬아슬하게 입각한 극한적 존재임에 틀림없다. 가능성은 현실성을 갖지 않는 비현실이지만, 필연성으로의 움직임을 갖추고 있는 한, 유의 색채가 짙다. 가능성은 실로 실재성의 차원에 있어서 필연성과 대소대립의 관계에 선 것이다. 그에 반해서, 우연성은 현실성을 가지면서 불가능성에 접근하는 한, 무를 만끽하는 것이다. 우연성은 허무성의 차원에 있어서 불가능성과 대소대립의 관계에 서 있는 것이다.

원으로 필연성과 가능성에 공통인 유(有)의 성격을 표시하면 우연성은 불가능성인 무(無)가 때때로 유에 접하는 접점에 불과하다.(215쪽 참조) 삼각형으로 필연성과 가능성에 공통되는 실재성을 표시하면 우연성은 삼각형의 정점에 현실로서 자리하고 있는 동시에 무의 선상에 위치하는 것이다.(217쪽 참조) 필연성은 유의 영역을 완전히 차지하는 것이다. 가능성은, '가능적 존재' 즉 '생성가능성'으로서 유에 인접해 있고, 우연성은 '반대가능성' 즉 '가능적 비존재'로서 무에 인접해 있다. 이론으로 실천으로 항상 필연성을 마음속에 간직하는 자는 무를 자각하는 일이 적을 것이다. 가능성의 추구에만 애쓰는 자는, 단순히 '결여'로서 개념적으로 무를 아는 경우가 많을 것이다. 그에 반해서 우연성을 목격하는 감관을 가진

자는 무를 근원적으로 직관하는 것이다. 우연에 수반되는 경이는, 무를 유의 배경으로 하고, 무로부터 유로의 추이든 유에서 무로의 전이든, 그 이유를 물을 때, 물음 그것을 움직이는 정서이다. 우연은 무의 가능을 의미한다. 불가능성을 무의 중핵으로부터 끌고 와서 유에 접촉시키는 역설을 감행하는 것도 우연성이다.

이상 서술했던 관계를 다음과 같은 도형으로 나타낼 수 있다.

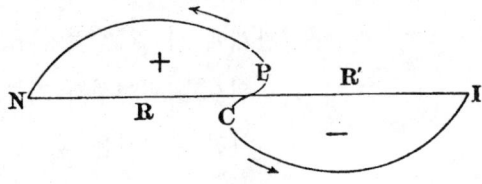

위의 그림에 있어서 N은 필연성을, I는 불가능성을, P는 가능성을, C는 우연성을, R은 현실성을, R'는 비현실성을 나타낸다. +는 유의 영역을, -는 무의 영역을 나타낸다.(219~220쪽 참조) R과 R'는 직선 상에 위치하는 것으로 직선을 좌우로 등분하고 있다. +와 -는 두께를 갖고 있는 것으로 곡선에 의해서 나타나는 산과 골짜기를 분할하고 있다. N은 R임과 함께 +이고, I는 R'임과 함께 -이다. P는 R'와 +에 걸치는 것으로, R'이면서 +이다. C는 R과 -에 걸친 것으로 R이면서 -이다. 화살표 방향은 귀추를 가리키는 것이다.

다음과 같이 좌표축에 의해서도 도시할 수 있다.

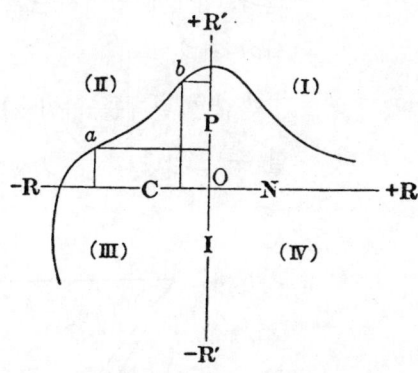

이 그림에 있어서 N, I, P, C, R, R´, +, – 등의 기호는 앞의 그림과 똑같은 의미를 갖고 있다. O를 원점으로 한다. O를 통해서 서로 직교하는 두 점 직선 ROR 및 R´OR´를 취한다. O의 오른쪽은 플러스(+)라 하고, 왼쪽은 마이너스(–)로 한다. 또 O보다 위를 플러스(+), 아래는 마이너스(–)이다. 좌표축의 가운데 가로축 ROR은 현실성의 영역을 나타내고, 세로축 R´OR´은 비현실성의 영역을 나타낸다. 필연성 N은 가로축 상에 있어서 (+)방향에 위치하고, 우연성 C는 (–)방향에 위치한다. 가능성 P는 세로축 상에 있어서 (+)방향에 위치하고, 불가능성 I는 (–)방향에 위치한다. 제1상한(Ⅰ)과 제3상한(Ⅲ)은 대소대립관계의 장면이고, 제4상한(Ⅳ)과는 반대대립관계의 장면

이며, 제2상한(Ⅱ)과 소반대대립관계의 장면이다. 곡선 ab 를 살펴보면, 점 a에 있어서는 가능성이 적고 우연성이 크다. 점 b에 있어서는 그와 반대로 가능성이 크고 우연 성이 적다.

똑같은 관계를 약간 다른 관점에서 다음과 같이 도시 할 수도 있다.

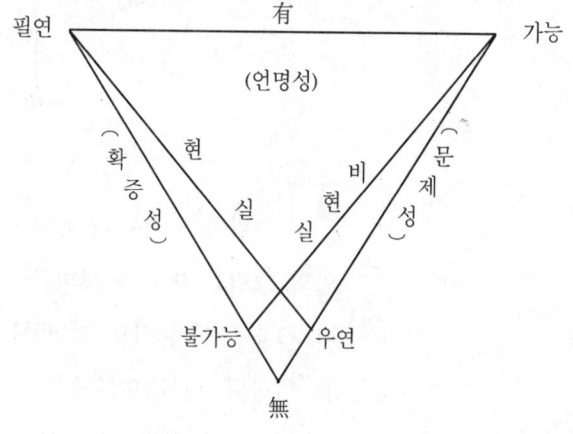

이 그림에 있어서 우연이 '문제성'의 직선 상을 위쪽 을 향해 가능의 방향으로 즉 유(有)의 방향으로 접근할수 록 우연의 우연성이 감소하고, 그에 반해서 아래쪽을 향 해 무(無)의 방향으로 접근할수록 우연성이 현저해지는 것은 말할 것도 없다. 우연성은 '현실성'에 의해서 필연 성으로 연결되는데, '유'는 도리어 필연성과 가능성을 연 결하고 있다. 가능성은 '비현실성'에 의해서 불가능성과 결합되어 있는데, '무'는 도리어 불가능성과 우연성을 숨기지 않고 있다.

우연은 무개념적이다. 무관련적이다. 무법칙, 무질서, 무심함, 무관심이다. 우연에는 목적이 없다. 의도가 없다. 관계가 없다. 우연은 불확실하다. 맹목적이므로 눈이 없다. 우연은 셰익스피어가 말한 바와 같이, "밑이 없다." 헤겔이 말한 바와 같이, "이유를 갖지 않는다." 우연에 있어서는 무(無)가 유(有)를 깊이 침범하고 있다. 그 범위 내에서 우연은 나약한 존재이다. 우연은 단지, '이 장소'에 또 '이 순간'에 첨단적인 허약한 존재를 연결할 뿐이다. 일체의 우연은 붕괴와 파멸의 운명을 본래적으로 자기 속에 간직하고 있다. "만난 것은 헤어지는 것이 있으며 모든 것은 다 사라져 간다.(合會有別離, 一切皆遷滅)"(『열반경』, 권2) 현실이 무(無)에 직면하고 무(無)가 현실을 위태롭게 할 때, 우리는 미란왕(彌蘭王)과 함께 이제 새삼스럽게 놀라서 "왜, 어째서"라는 물음을 시작하는 것이다.

결 론

1. 우연성의 핵심적 의미

이상, 정언적(定言的), 가설적(假說的), 이접적(離接的)의 세 지평에 있어서 우연성을 천명할 것을 계획했다. 정언적 우연은, 정언적 판단에 있어서, 개념으로서의 주어에 대해서 술어가 비본질적 징표를 의미할 때에 성립했다. 즉, 어떤 언명적(言明的) 판단이 주어와 술어의 동일성이 없기 때문에 확증성, 따라서 필연성을 갖지 않는 것이 명확하게 된 경우이다. 가설적 우연은 가설적 판단의 이유귀결 관계 이외에 있는 것으로서 성립했다. 즉, 이유와 귀결의 동일성에 의해서 규정되는 확증성, 따라서 필연성의 범위 이외에 있는 것으로서 성립했다. 이접적 우연은 주어진 정언적 판단 혹은 가설적 판단을 이접적 판단의 한 구분 가지로 보고, 그밖에도 또 몇 개인가의 구분 가지가 존재한다고 생각하는 것에 의해 성립된다고 한다. 즉, 언명적 혹은 확증적 명제를 이접 관계에

서서 구분지로 보는 것에 의해서, 피구분개념의 동일성에 대해 차별성을 역설함과 동시에, 언명성(현실성) 및 확증성(필연성)을 문제성으로 문제화하는 것이다.

정언적 우연은 정언적 구조에 있어서 비본질적 징표 즉 우연적 징표가 개념의 동일성에 대해서 보이는 우연성이었다. 그래서 개념의 필연적 징표와 우연적 징표와의 관계는 분석적(分析的) 판단과 종합적(綜合的) 판단의 차별에 있어서 분석적 판단의 기초를 이루는 동일성과 종합적 판단의 바탕에 숨어있는 우연성이라고 볼 수 있다. 또 전칭판단(全稱判斷)과 특칭판단(特稱判斷)의 차별에 있어서도 필연성은 전칭판단에 의해서 언표되고, 우연성은 특칭판단에 의해서 진술되는 것을 알았다. 다음으로 정언적 우연이 고립적 사실로서 다시 예외로서 나타나는 것을 고찰했다. 개념의 본질적 징표가 법칙의 가치를 가질 때, 법칙에 대한 예외라는 의미 밖에는 갖지 않는 우연적 징표의 우연성이 예외적 우연으로서 특히 우연성을 강조하고 있는 것이다. 그렇다면, 정언적 우연의 핵심적 의미는 무엇인가? 예외적 우연이 정언적 우연 중에서 특히 현저한 우연성을 갖고 있는 것에 의해서도 잘 알게 된 것처럼, 정언적 우연의 핵심적 의미는 마침내 일반 개념에 대한 '개개의 사물 및 개개의 사건'이라고 하는 것으로 귀착되었다.

다음으로 가설적 우연은 이유성의 가설적 구조에 있

는 동일 필연성에 대해서, 이러한 구조의 둘레 밖에 있는 것이 보이는 우연성이었다. 순논리적 범위에 있어서는 이유적 우연으로서 나타나고, 경험계에 있어서는 이유적 우연의 적용의 형태로 목적적 우연 및 인과적 우연으로서 나타났다. 가설적 우연의 세 양태는 다시 각각 소극적 우연과 적극적 우연으로 나뉜다. 소극적 우연은 하나의 사건에 관해서 이유성, 인과성, 목적성의 비존재가 소극적으로 목격되는 경우이고, 적극적 우연은 둘 혹은 둘 이상의 사건 사이에 이유성, 인과성, 목적성의 가설적 필연적 관계의 비존재를 볼뿐만 아니라, 다시 더 나아가 적극적으로 다른 어떤 관계가 존재함을 목격하는 경우이다. 적극적 우연은 그 적극성에 의해서 소극적 우연보다도 현저한 우연성을 보이고 있다. 뿐만 아니라 소극적 우연의 바탕에는 또 반드시 어떠한 적극적 우연이 존재하고 있는 것이다. 적극적 우연은 상대적 우연의 성격을 가지는 한, '하나의 계열과 다른 계열과의 해후'라는 구조를 보인다. 그래서 이 구조가 또 실로 가설적 우연의 핵심적 의미였다. 또한 목적적 우연과 인과적 우연은 경험계에 속하는 것으로서 경험적 우연이라고 부를 수 있었는데, 경험적인 것에 기초해서 시간적 계기를 갖고 있다. 경험적 적극적 우연은 시간 내에 있어서 해후하는 것이다. 그것에는 동시적 우연과 계기적 우연 둘이 있고, 후자는 전자로 환원되는 것이다. 그래서 동시성이 공간성과 관계하고 있는 한 경험계에 있어서의 우연의 핵심적 의미는, '이 곳에서의 이 순간에서의 해후'라고 하는 역사적 비합리성의 형태를 취하게 되지 않으면 안 된다.

끝으로 이접적 우연은 이접적 구조에 있어서 가능적 이접지의 전체에 있는 동일성에 대해서 각각의 가능적 이접지가 보이는 우연성이었다. 우연성과 가능성의 관계를 아는 데 이르러 제양상을 구성하는 체계 내에 있어서 우연성이 차지하는 위치, 특히 우연성이 가능성에 대해서 갖는 특수한 관계를 천명할 필요가 생긴다. 가능성의 극소가 우연성의 극대이다. 유(有)인 것의 가능성이 적은 것은 무(無)인 것의 가능성이 큰 것을 의미한다. 이접적 우연의 핵심적 의미는 '무인 것의 가능'으로서 '무인 것의 필연'으로 육박하는 것이었다. 우연성은 불가능성의 무의 성격을 띤 현실이다. 단순히 현실로서 장난과 같이 현재의 순간에 현상한다. 현재의 '지금' 현상한 이접지의 현실성의 배경에서 무를 목격해서 경이하는 것이 우연이다. 그래서 경이의 정서는 실존에 있어서 운명을 통고한다. 또 가능적 이접지 전체는 본질적 의미에 있어서 형이상적 절대자를 의미하고, 형이상적 절대자는 그 구체성에 있어서, '필연 - 우연자'로서 개명(開明)된다. 또 절대자와 유한자를 묶는 것이 운명인 한, 운명도 또한 '필연 - 우연자'의 성격을 갖고 실존의 중핵을 뒤흔드는 것이다. 필연 우연의 관련이 유와 무의 관련에 기초하는 것을 터득하는 것이 우연성에 관한 식견의 바탕을 이루지 않으면 안 된다.

요컨대 정언적 우연의 핵심적 의미는, '개개의 사물 및 개개의 사건'이라고 하는 것이었다. 가설적 우연의 핵심적 의미는, '하나의 계열과 다른 계열과의 해후'라는 것이었다. 이접적 우연의 핵심적 의미는, '무(無)인 것의 가능'이었다. 개개의 사물 및 개개의 사건이기 때문에, 일반 개념에 대해서 우연적 징표를 갖추고 있던 것이다. 독립된 계열과 계열과의 해후이기 때문에 이유와 귀결의 필연적 관계의 외에 있던 것이다. 무인 것의 가능성 때문에 제 가능성 전체가 갖는 필연성에 어긋난 것이다. 그래서 우연의 이들 세 가지 의미는 결코 개개로 분리되어 있는 것은 아니고, 혼연히 하나로 융합하고 있다. '개개의 사물 및 개개의 사건'의 핵심적 의미는, '하나의 계열과 다른 계열과의 해후'라고 하는 것에 있고, 해후의 핵심적 의미는 해후하지 않는 것도 가능인 것, 즉, '무인 것도 가능'이라는 것에 있다. 그래서 이들 모두를 근본적으로 규정하고 있는 우연성의 근원적 의미는 일자(一者)로서의 필연성에 대한 타자의 선정이란 것이다. 필연성과 동일성 즉 일자의 양상임에 틀림없다. 우연성은 일자와 타자의 2원성이 있는 경우에 비로소 존재하는 것이다. 아리스토텔레스가 우연이란, "자기로서가 아니고 타자(他者)인 것으로서"(οὐκ ἦ αὐτο ἀλλ ἦ ετερον) 존재한다고 하고[1], 헤겔이 우연적인 것과는 일반적으로 그 존재의 근거를 "자기 자신 속에는 아니고 타자 안에"(nicht in sich selbst, sondern in Anderen) 가지고 있는 듯싶은 것[2]이라고 했던 것도 완전히 그 때문이다. 개개의 사물의 기원은 일자에 대한 타자의 2원적 선정으로 소급한다. 해후는 독립한 두 가지 근원의 해후임에 틀림없다. 무인 것의 가능은 하나 혹은 다른 선택에 기초하는 것으로서 두 가지 근원을 예상하고 있다. 유의 의미를 동일률에 의해서 규정하고, 동일률에 반하는 것을 무로 간주했던 에레아파의 철학은 우연에 대한 경이에서 발생해 타자의 2원적 조정에 대한 비극적 거부로 마쳤다. 그래도 우리는 에레아파의 철학에 일면의 진리를 승인하지 않을 수는 없다. 거기서 또한 인간의 고뇌라든가 기쁨이라든가 하는 것이 숨어있는 것이다.

---

1) Aristoteles, *Metaphysica*, Δ. 30. 1025ª.

2) Hegel, *Encyklopädie*, hrsg., v. Bolland, 1906, §145, Zusatz. S.193.

2. 우연성의 내면화

우연성의 문제는 무(無)에 대한 물음을 포함하기 때문에 엄밀히 형이상학의 문제라고 말했다. 또한 형이상학으로서의 철학 이외의 학문은 무의 문제를 제외하기 때문에 우연성을 문제로 하지 않는다는 것도 말했다. 우연성은 '이 장소', '이 순간'에 있어서의 독립된 두 가지 근원의 해후로서 날카로운 정점에 위태롭게 선 한계 없는 무에 당면한 것이다. 우연성은 보편적 사유를 모범으로 하고 법칙의 필연(必然) 내지는 개연(蓋然)만을 추구하는 학문에 있어서는 일고의 가치도 없는 비합리라고 생각될지도 모른다. 아리스토텔레스도 우연의 '배리(背理)'(παράλογος)[3])에 대해서 말했다. 우연성은 학적 인식에 대해서 한계를 형성하고 있다.

그렇지만 이 한계는 이론적 실존성에 대해서 단서의 의의를 가지는 것을 알아야 한다. 경험적 인식은 인식의 한계인 우연성에서부터 출발해서 항상 이 한계에 제약된 것이 아닐 수 없다. 경험에 제합(齊合)과 통일을 부여하는 이론적 체계의 근원적 의미는 타자의 우연성을 파악해서 그 구체성에 있어서 일자(一者)의 동일성으로 동화해 내면화하는 것에 존재한다. 참된 판단은 우연-필연의 관련에 있어서 사실의 우연성에 입각해서 우연의 내면화를 과제로 하는 것이어야 한다. 사유의 근본원리인 동일률은 내면화의 원리에서 벗어나지 않는다. '갑은 갑이다.'고 하는 것은 '나는 나이다.'고 하는 것에서 벗어나지 않는다. 판단의 본질적 의미는 해후하는 '너'를 '나'에게 심화하는 것이어야 한다. 외적인 너를 나의 내적 동일성에로 구체적으로 동일화하는 것이 판단의 이념이다. 그러나 그것은 에레아적인 추상적 보편성에 있어서

---

3) Aristoteles, *Physica*, II, 5. 197^a.

의 공허한 동일성을 목표로 하는 것이어서는 안 된다. 동일률에 의한 내면화는 사실로서 해후하는 너의 우연성에 제약된 구체적 내면화가 아니면 안 된다. 거기서 학문의 부문적 독립과 학적 체계의 단계조직과의 기초가 존재한다. 또한 거기에 한 부문 내의 학적 노력의 구체성, 현실성의 보증도 존재하고 있다. 단순한 동일화, 단순한 필연화는 일체의 너, 일체의 우연성을 부정하는 것에 의해서 무(無)우주론으로 이끈다. 이론적 인식에 도달할 수 있는 이상은 단순한 필연성이어서는 안 된다. 우연을 만끽하고 우연성으로 포화 상태가 된 '우연 - 필연자'가 아니면 안 된다.

대체로 우연성의 시간성격이 직태(直態)로서의 현재인 한, 필연적 사유의 방법론적 체계로서의 논리학에 대해서 우연성이 비합리성으로서 나타나는 것은 조금도 이상하지 않다. 그렇기는 하지만 논리적 규정을 '너'의 직접성에 입각해 출발시키고, '너'의 내면화에 학적 노력의 이념을 포착하는 것은 논리 그 자체에 생명을 가져오고, 학문에 구체적 가치를 부여하게 된 까닭이다. '나=나'인 사유의 동일성의 영역과, '나'에 의한 '너'의 체험의 직접성을 가능한 한 긴밀한 관계로 유지하고, 필연과 우연을 불가분리의 관련에 있어서 접촉하게 하는 것은 생의 논리학으로 맥진(驀進)하는 이론적 실존에 의해서 공리적(公理的) 요구가 아니면 안 된다.

추상적 보편성으로 잘못된 학문에 의해 우연성이 의미를 갖지 않았던 것과 마찬가지로, 과학에서 모범을 가져온 합리적 형식적 윤리설에서도 우연을 용납할 곳은 없을 것이다. 도덕법으로 하여금 예외를 허락하지 않는 보편적 자연법과 같이 존재케 하려는 듯한 윤리설은 추상적 동일성을 추구하는 것에 의해서, '어떤 것도 의지하지 않는 의지'에 도달해서 실천상의 무(無)우주론에 빠질 것이다. 도덕 내용은 현재 드러난 우연성에 의해서 개별화된 것이 아니면 안 된다. 도덕의 과제로 된 실천적 보편성은 추상적 보편성이어서는 안 된다. 우연을 계기로 전체를 내포적으로 한정하는 구체적 보편이 아니면 안 된다. 만약 전체를 형식적 동일성으로 단일화하려고 하는 윤리설이 있다면 그 추상적 보편성에 반항해서, 죽음에 임하여 거짓말을 한 데스데모나처럼 속일 것이고, 라이모레온과 같이 사람을 죽일 것이고, 옷토와 같이 자살을 할 것이고, 다비드와 같이 신전에 들어가 도둑질을 할 것이고, 굶주림 때문에 안식일에 보리이삭을 잘라낼 것이라고[4] 말하는 자가 있어도, 그 소리는 인간의 내면에서 소리치는 양심의 소리로서 들리게 될 것이다. 우연성의 실천적 내면화는 구체적 전체에 있어서의 무수한 부분과 부분의 관계의 자각임에 틀림없다. 고립된 일자(一者)는 여기저기에 뜻밖에도 타자와 해후하는 찰나, 바깥의 너를 나의 심연에 내면화하는 것에서 전 실존의

---

4) Jacob, *Werke*, Ⅲ. 1816, S.37.

고뇌와 희열을 연결하는 것이 아닐 수 없다. 나의 심연으로 빠지는 것처럼 우연으로 하여금 우연히 해후하게 하는 것이 아닐 수 없다. 하이데거도, "우연이라 칭하는 것은 공동적 환경적 세계로부터 결의성(決意性)으로 향해서만 우연할 수 있다."고 말했다.5) 야스퍼스도, "받아들일 수 있는 어떠한 사상도 초월해서 나머지는 한계 상황에 있어서 경악을 경험하고 그래서 내가 사물로서 파악한 우연과 일체임을 경험한다."고 말했다.6) 설괘전(說卦傳)에, "음양의 변화를 자세히 관찰하여 괘를 정하고, 음양의 변화가, 강(剛) 유(柔)로 발동되는 것을 효로 정하였다. 성인은 이 이치를 옮겨 사용함으로써 도덕을 협화순성(協和順成)케 하고 정의를 다스리게 된다. 만물의 오묘한 법칙을 다 알아내고 모든 생령(生靈)의 천성을 정확히 구명하여 사람의 천명을 알기에 이르렀다."7)라고 한 것도 우연성의 실천적 내면화를 설명하고 있음에 틀림없다. 우연을 성립시킨 2원적 상대성은 도달하는 곳에 간주체성(間主體性)을 개시하는 것에 의해 근원적 사회성을 구성한다. 간주체적 사회성에서의 너를 실존하는 나의 구체적 동일성에로 동화해서 내면화하는 점에, 이론에 있어서의 판단의 의미도 있는 것과 마찬가지로, 실천에 있어서의 행위의 의미도 존재하는 것이 아닐 수 없다. 도덕이 단순히 가공인 것이 아니고, 힘으로서 현실에 타당하기 위해서는 주어진 우연을 도약판으로 하여 내

---

5) Heidegger, *Sein und Zeit*, S.300.

6) Jaspers, *Philosophie*, II, S. 217.

7) 易, 說卦傳, 觀變於陰陽而立卦 發揮於剛柔而生爻 和順於道德而理於義 窮理盡性 而至於命

면성을 향해 초연히 처신하는 것이어야 한다.

우연에 대한 경이는 단순히 현재에만 기초를 정해야 한다. 우리는 우연성의 경이를 미래에 의해서 거꾸로 기초를 정할 수 있다. 우연성은 불가능성이 가능성에 접하는 접점이다. 우연성 중에 극미한 가능성을 파악하고, 미래적인 가능성을 육성하는 것에 의해서 행위의 곡선을 전개하고, 반대로 현재적인 우연성의 생산적 의미를 거꾸로 이해할 수 있다. '목적 없는 목적'을 미래의 생산에 만들어내서 해후의 '순간'에 경이를 가져올 수 있다. 그래서 일체의 우연성의 경이를 미래에 의해서 강조하는 것은 '우연 - 필연'의 관계를 성립시키는 것이고, 또 따라서 우연성으로 하여금 참으로 우연성이게 하는 것이다. 이것이 유한한 실존자에게 주어진 과제이고, 동시에 또한 실존하는 유한자의 구제가 아니면 안 된다. 『정토론』(淨土論)에 "부처의 본원력을 보아 허무하게 지나가는 것 없다.(觀佛本願力 遇無空過者)"라고 한 것도 필경 이것일 것이다. '만난다'는 것은 현재에 있어서 나에게 해후하는 너의 우연성이다. '허무하게 지나가는 것 없음'이란 너에게 제약되면서 너의 내면화에 관해서 존재하는 내가 미래의 가능성으로서만 의미를 갖는다. 불가능에 가까운 극미한 가능성이 우연성에 있어서 현실로 되고, 우연성이라고 견고하게 파악된 것에 의해서 새로운 가능성을 낳고, 다시 가능성이 필연성으로 발전하는 데에 운명으로서의 부처의 소원도 있다면 인간의 구제도 있다. 무(無)를 내면에 간직하고 멸망의 운명을 가지고 있는 우연성에 영원한 운명의 의미를 부여하려면 미래에 의해서 순간을 살리게 할 수밖에 없다. 미래적인 가능성에 의해서 현재적인 우연성의 의미를 폭등시킬 수밖에 없다. 저 미란왕(彌蘭王)의 '왜, 어째서'에 대해서, 이론의 권내에 있어서는 우연성은 구체적 존재의 불가결조건이라고 답하는 것까지이지만, 실천적 영역에 있어서는 '만나서 허무하게 지나지 말라'라고 하는 명령을 자기에게 주는 것에 의해서 이론의 틈을 채울 수 있을 것이다.

역자 후기

쿠키슈우조오(九鬼周造)의 명저 『偶然性の問題』는 1935년에 토오쿄오(東京)에서 이와나미(岩波) 서점에서 이 표제를 달고 나왔다. 그러니까 이 책은 두 세대도 넘는 옛날에 나온 그야말로 '옛날 책'이다. 그러나 이 책은 쇄를 거듭해, 1976년까지 13쇄를 냈다. 판을 고치지 않고 쇄만 거듭해도 한 세대를 풍미한 것을 보면 이 책이 처음부터 완성된 체계를 갖고 시작되었음을 알 수 있다. 이 책에서 우연의 성격을 규정해 가는 방식을 보면 과연 여기서 논의하는 바를 넘어설 만한 다른 저작이 있을까 싶을 정도로 치밀하다. 그가 얼마나 치밀하게 이 문제를 풀어갔는지는 동서양을 넘나든 방대한 인용 서목(書目)의 양과 범위를 보면 잘 알 수 있다. 이 책은 1976년에 나온 13쇄 판을 이용해 번역했는데, "우연성의 문제"라는 원제를 "우연이란 무엇인가"로 바꾸었다. 이렇게 하는 것이 우연이란 무엇인지를 규명해 가려는 저자의 의도를 잘 나타낼 수 있을 것 같아서이다.

　원저자는 감각적인 것으로만 여겨졌던 'いき'를 철학적 대상으로 삼아 일본 사상의 이론적 깊이를 더한 인물로 잘 알려져 있다. 철학적 사변의 대상일 것 같지 않은 감각적인 것으로서의 '멋'을 규정함으로써 일본 미학의 사변적 기초를 놓았다고 생각된다. 우연의 문제도 언뜻 보기에 도저히 철학적 범주로 잡히지 않을 것 같은 우연이라는 문제를 필연의 부정형으로 이해해 포착한 것은 비록 서유럽의 철학이 그래왔던 것을 답습했다고는 하지만, 그에 이르러 거의 집약되는 것이 아닌가 한다.

　우연에 대한 탐구는 동경대학교의 교양과정에서 커리큘럼으로 지정되었다. 작금 동경대학교의 교양과정을 배우려는 움직임이 많다. 1980년 초에는 동경대학교의 교양과정이 지상(紙上)에 소개된 적이 있고 최근 동경대학교의 교양교재인 지식론—『지의 기법』, 『지의 논리』, 『지의 윤리』, 『지의 현장』—이 번역되는 등 일본의 명저를 소개하는 데 그치지 않고 일본의 교육 자체에 대한 관심이 지속적으로 이루어져왔다. 인문교양의 필수인 사변적 기초를 닦기 위해서는 우리 나라의 사정과 매우 닮은 동경대학교의 교양학부의 운영 실태를 이해하는 것이 효과적이라는 판단에서인 듯싶다.

　이 책은 우연성이라는 문제 자체를 치밀한 논리로 해명하고자 시도한 점에서 국내의 연구에 큰 반향을 불러

일으킬 것이라 생각된다. 현재 우리 나라에는 우연성이라는 문제에 대한 본격적인 연구서는 전무하기 때문이다. 또 한편, 우연성은 소설론, 허구론 등 문학에서 매우 중요한 문제를 담고 있다. 이런 문제에 대해 본격적으로 연구하기 위해서도 우연성의 문제를 깊이 천착할 필요가 있다.

원저자는 우연성의 문제를 먼저 필연성으로부터 출발해 규정하고자 한다. 우연성이란 필연성의 부정이다. 필연이란 반드시 그러한 것이 있음을 뜻한다. 즉, 존재가 무엇인가의 의미로 자기 내에 근거를 가지고 있는 것이다. 그렇다면 우연이란 필연의 이와 같은 성질을 부정한 바탕에서 만들어지는 것이 된다. 다시 말해서 그러한 것이 있다는 것이 필연적이 아니라는 것, 즉 우연히 그러한 것이 있다는 의미로, 존재가 자기 내에 충분한 근거를 가지고 있지 않는 것을 의미하게 된다. 이는 우연이란 없는 것이 생겨난 것을 의미하는데 이는 있지 않는 것이 생겼다는 뜻에서 부정적인 존재가 존재한다는 뜻이 되고 만다. 결국 우연이란 존재하고 있는 어떤 것이 그의 존재하지 않음, 즉 비존재와 떨어질 수 없는 내적 관계가 성립되는 때를 말하는 것이 된다.

그렇다면 문제는 필연적으로 어떤 것이 존재한다는 의미가 과연 무엇이며 그것의 부정에 따라 어떤 우연한 존재가 성립하게 되는가 하는 문제가 발생한다. 그는 필연의 문제를 그 동안의 서유럽 철학에서 논의된 바를 바탕으로 다음과 같이 정리했다.

<필연성의 세 양태>

영역	내용	Lotze	Hegel	九鬼周造	언표
개념성	개념과 징표	보편적 판단	일체성과 속성의 관계	정언적 필연	정언
이유성	원인과 결과	가설적 판단	인과성의 관계	가설적 필연	가언
전체성	전체와 부분	離接的 판단	교호작용의 관계	이접적 필연	選言

이에 따라 그 부정의 형태인 우연성도 다음과 같은 세 가지 양태를 갖는 것이라고 생각했다.

<우연성의 세 양태>

영역	아리스토텔레스	G.Milhaud	Rickert	필연성으로부터 도출
논리적 우연	accidens	rareté 稀有	본질적이지 않음	정언적 우연
경험적 우연	casus, fortuna	rencontre 遭遇	원인 없음	가언적 우연
형이상학적 우연	contingens	un possible 하나의 가능	법칙적이지 않음	선언적 우연

사실 이는 필연성을 단순 부정함으로써 우연성을 획득할 수 있다는 방법론 출발 상의 편리성이라는 측면에서 매우 경제적인 출발을 했다고 평할 수 있다. 이로써 우연이라고 하는 복잡하고 규정되지 않은 문제에 대해

규정적인 접근을 가능하게 하는, 즉 무규정적임을 속성으로 하는 것에 규정을 가할 수 있게, 범주로부터 벗어남을 속성으로 하는 것에 범주의 망을 씌울 수 있게 되었다. 이러한 방법론적 출발에 대한 다음과 같은 말은 시사하는 바 크다.

"우연에 관한 이론이 항상 명석함이 부족한 것은 물론 문제 그 자체의 어려움에도 있지만, 문제를 제기하는 출발점에 있어서 우연성의 양태를 구분하는 것이 전혀 원리에 기초해서 명석하게 이루어지지 않고, 그것을 통일적으로 파악하는 것이 명확하게 주제로서 의식되지 않는 데 근거하는 바가 크다고 생각한다."(본문 중에서)

역자는 일문학 전공자도 철학 전공자도 아닌 국문학 전공자이다. 그런데도 이 책을 번역하기로 마음먹게 된 동기는 두 가지이다. 첫째, 그 동안 우연이라는 문제에 그토록 많이 직면했으면서도 그것을 규정지을 엄두를 내지 못했던 것은 우연이란 규정될 수 없는 것이어서(말하자면 필연적인 것이 아니어서) 그대로 둘 수밖에 없는, 인간의 존재 인식 규정 밖의 문제라고 여겼기 때문인데, 이는 사고의 무기력함 내지 나태함이라고 하지 않을 수 없다. 우연을 규정하려고 드는 것 자체가 규정되지 않는 것을 속성으로 하는 어떤 것을 규정하고자 한다는 날카로운 사고의 대립을 볼 수 있는 것이다. 그것만으로도 흥미로울 만하다.

그러나 그보다 더욱 긴요했던 것은 우리 나라의 고전소설 때문이었다. 역자는 한국 고전문학을, 그 중에서도 문학사상을 전공했다. 문학사상을 통해 문학 작품들을 살펴보면, 우리의 서사문학이 갖는 특이성에 우선 당황하게 된다. 고전소설은 천편일률적 플롯이나 우연적 사건이 등장함으로써 흥미를 잃게 해 가독성(可讀性)이 떨어진다. 천편일률적인 플롯이나 우연적 사건의 등장은 소설 장르의 덕목으로 보자면 부정적인 요소라고 할 수밖에 없다. 신소설이 근대적 소설이 되지 못하는 이유의 하나로, 신소설의 대표작 『血의淚』에서 남녀 주인공의 우연적 만남을 들기도 하고, 근대소설 『무정』에서 주인공들의 우연한 회동(會同)도 이 작품이 아직 전근대적인 특징을 갖고 있는 것으로 지적되는 바이다.

이렇게 우연적 사건이 플롯에 등장하는 것은 왜 미적 특성을 떨어뜨린다는 것인가? 세상은 절대적 필연성으로만 구성되어 있다는 것인가? 혹 우연적 사건인 것처럼 보이는 어떤 사건이 발생하기 위해서는 무수히 많은 필연적 동기가 준비되어 있었는데 그것을 보지 못하기 때문은 아닌가? 말하자면 우연은 인간의 합리적 추론을 벗어나는 것은 아닌가? 만약 우연이 인간의 합리적 추론의 범위를 벗어나는 일이라면, 비합리적 세계는 더욱 확장된다. 그것은 우연은 사건이 발생한 것이 우연이라는 말이지만, 아예 사건이 등장하게 되는 시공간적 조건, 인과적 조건, 관습적이고 감정적인 조건이 경험적 현실의 그것과는 달라지는 경우도 생기게 되는 것이다. 그것은 환상이라고 불리는 세계이다. 나의 관심은 거기에 있었다.

처음 이 책을 접하게 된 것은 김형수 학형 덕분이다. 그는 아동문학에 관심을 기울이고 있었는데 아동문학과 고전소설이 공동으로 갖고 있는 환상적 속성에 대해서 깊이 연구하고 있었다. 우리는 톨킨에 대해서 말하고, 보르헤스를 거론하면서 그들의 판타지와 마술적 리얼리즘에 대해서 말했다. 그리고 이러한 환상적 속성들이야말로 이야기하기의 동기이며 이야기 내용의 속성이 아닌가 하고 생각했던 것이다.

그것은 이렇다. 우리는 숱한 동기들을 가지고 담화를 나눈다. 대체로 세상 돌아가는 형편에 대한 것, 자기의 감정에 관한 것, 상대에 대해 이러저러한 태도의 변화를 요구하는 것, 그저 말하기 좋아서 하는 것, 상대가 좋아서 하는 것 등등으로 주관적 동기는 대단히 다양하다. 그러나 그냥 말하기가 아니라 이야기하기라고 한다면 어떨까? 거기에는 적어도 두 가지 요건이 갖추어져 있어야 할 것이다. 첫째는 그저 말하기와 구별하는 이야기 자체에 대한 집중을 요구해야 한다. 이봐 이것 좀 들어봐, 참 별일도 다 많지, 옛날 옛적에 하는 등의 이야기하기의 기교는 앞으로 전개될 것이 일상적인 말하기와 구별되는 어떤 성질의 것임을 표지하고 있다. 둘째, 이야기는 논리적, 인과적, 관습적 제약에 의해 선형(線形)으로 전개되지만 그것은 우리가 숨쉬고 살아가고 있는 경험적 현실의 세계와는 전연 다른 세계를 만들어낸다. 모든 이야기는 허구세계이다. 백 보를 양보해 그 허구세계가 경험적 현실세계와 아주 흡사하게 닮았다고 하더라도 허구세계는 경험적 현실세계로부터 추상(抽象)된 것이다. 그것이 경험적 현실세계와 흡사한 것이기는 해도 같은 것은 아니다.

이렇게 이야기하기의 동기나, 이야기의 내용을 보면 이야기란 경험적 현실세계로부터의 분리를 속성으로 하고 있음을 알 수 있다. 그런데 이와 같은 이야기에 경험적 현실세계가 갖추어야 할 속성을 확장하는 일은 과연 정당할까? 서사(敍事)에서 서유럽 리얼리즘 미학을 반성한 지 이미 오래다. 리얼리즘이 일상적 존재의 필연성을 기반으로 하는 미학이라면, 그것은 일상적 존재의 필연성이 허구 세계, 비존재 세계의 영역에까지 확장되었음을 말하는 것이 된다. 지금 허구 세계 외에도, 가상 세계라는 또 다른 비존재의 세계가 등장해 비존재의 영역은 더욱 확장되고 있다. 그러므로 이들 비존재의 세계에 몰밀어서 모두 존재세계의 필연법칙을 기준 삼기를 강요한다면 이는 주제넘은 일이라고 할 수밖에 없다. 물론 우연의 논리는 비존재의 세계에 대한 논리의 일부일 것이다. 이것으로써 모든 세계에 두루 적용할 수는 없는 일이다. 그것은 또 다른 침략이 될 것이다. 다만, 존재의 필연과 비존재의 우연이 어떻게 이야기 속에서 관련을 맺느냐 하는 양자 협동의 모습을 살피는 일이 대단히 긴요해졌다는 것을 말하고 싶을 뿐이다.

그런 면에서 저자가 말한 다음 대목은 우연의 문제가 인간사를 이야기하고 소설 속에 들어오게 될 필연성을 예고하고 있다.

> 동일률에 의한 내면화는 사실로서 해후하는 너의 우연성에 제약된 구체적 내면화가 아니면 안된다. …… 단순한 동일화, 단순한 필연화는 일체의 너, 일체의 우연성을 부정하는 것에 의해서 무(無)우주론으로 이끈다. 이론적 인식에 도달할 수 있는 이상은 단순한 필연성이어서는 안된다. 우연을 만끽하고 우연성으로 포화상태가 된 '우연 - 필연자'가 아니면 안된다.

원문이 집필 당시의 일본 사정이나 문화 등에 의존한 바가 많고, 일본의 사건 등을 인용한 바가 많아 제대로 내용을 알 수 없는 것이 태반이다. 또한 원문은 주석이 따로 없고 본문에 모든 인용논저를 처리한 데다가, 인용 방법도 일관성을 유지하지 않았다. 이것을 각주로 처리했다. 본문에 특별한 표시가 없는 것은 다 원문 본문에 밝혀진 논저들이다. 역주는 몇 안 되는데 오로지 역자의 독서 필요성에 의해서 이리저리 손에 닿는 문헌들을 통해 주석을 달은 것이다. 그러다 보니 주로 일본 상황을 아는 데 치중해 그 보다 더 많은 부분을 차지하고 있는 유럽 철학의 내용들을 오히려 등한시한 결과가 되고 말았다. 시정할 기회가 닿기를 바랄 뿐이다.

초고를 번역한 다음 일문학을 전공하는 대학원생에게 통독을 부탁해 상당 부분의 오역을 바로 잡았다. 그러나 많은 부분에 미숙한 점이 여전히 발견되므로 결국 다시 번역하는 길을 택할 수밖에 없었다. 그래도 여전히 마음에 들지 않으나 이제는 더 이상 미루어둘 수 없어 무잡(蕪雜)함을 무릅쓰고 상재(上梓)하기로 한다. 여러 제현(諸賢)들이 이 책의 오류와 미진함을 바로잡아 지도해주기를 기다릴 뿐이다.

이 책을 소개하고 복사해준 김형수 학형과, 번역하는 동안 갖가지 문제를 마다 않고 상의해 주고, 참고할 문헌까지 내준 안장리 선생에게 특별히 고마운 마음 전하고 싶다. 난삽한 초고를 읽고 훌륭한 의견을 준 상명대학교의 김선희양과, 이 책에 등장한 희랍어를 일일이 찾아 타자해준 내 연구실의 김경연양과 연구실의 온갖 궂은 일을 하면서 내게 최우선적인 독자 노릇을 하느라 수고한 오대환군에게는 무어라 고마운 마음을 표현해야 할지 모르겠다. 이들의 노력이 없었다면 이 책은 이만한 모습도 갖추지 못했을 것이다. 이 책은 호서대학교 1999년 교내 학술연구비의 지원을 받았는데 연구처 관계자에게 고마움을 표한다. 학술연구비제도는 이 책을 공간(公刊)하기로 결심하는 계기도 됐지만 이 책을 오래 가다듬을 여유를 갖지 못하게도 했다. 그러나 모든 것은 역자가 게으른 탓이지 다른 데 이유가 있는 것은 아니니 사실 이렇게 핑계댈 것은 아니다.

2000년 9월 20일에
우보실(牛步室) 주인 김성룡(金成龍)

■ 본 서는 쿠키슈우조우(九鬼周造)의 『偶然性の問題』(東京, 岩波書店, 1935 1판1쇄; 1976 13쇄)를 전문 번역한 것이다. 한국에서의 번역출판은 岩波書店의 승인 하에 이루어졌다.

■ 저자 : 쿠키슈우조우(九鬼周造 : くきしゅうぞう)

철학자. 1888년 동경에서 탄생했다. 1921년부터 1929년까지 유럽에서 유학하면서 파리의 철학계에서 인정을 받았다. 또한 무명이었던 사르트르가 가정교사였다고 한다. "이키의 구조"의 초고는 파리에서 썼다. 그 뒤, 경도대 강사(뒤에 교수가 되었다.)로 근무했다가 1941년에 사망. 주요저작으로 『우연성의 문제』, 『인간과 실존』, 『문예론』 등이 있다.

■ 역자 : 김성룡

서울대 국어국문학 박사 (1993)
현 호서대학교 부교수 srkim@office.hoseo.ac.kr
역서 : 『존재와 시간 입문서』, (시간과 공간사, 1990)
저서 : 『여말선초의 문학사상』, (한길사, 1995)
　　　『한국고전비평』(공저), (중앙대출판부, 1995: 여명, 1999)
논문 : "환상적 텍스트의 미적 특성 연구", "고전소설의 환상미학" 외 다수

우연이란 무엇인가

저　자 : 쿠키슈우조우(九鬼周造)
역　자 : 김성룡
발행인 : 박영희
발행처 : 이회문화사
　　　　서울 광진구 광장동 102번지 현대골든텔Ⅱ 501호
　　　　전화 (02) 457-7912, 7920　팩스 (02) 454-1961
발행일 : 2000년 10월 2일
ISBN : 89-8107-140-3　03110
등　록 : 제1-1342(1992. 5. 2)
정　가 : 9,000원